Marcus Damm

Praxis der Schemapädagogik

Schemaorientierte Psychotherapien und ihre Potenziale
für die psychosoziale Arbeit

Marcus Damm

PRAXIS DER SCHEMAPÄDAGOGIK

Schemaorientierte Psychotherapien und ihre Potenziale
für die psychosoziale Arbeit

ibidem-Verlag
Stuttgart

Bibliografische Information der Deutschen Nationalbibliothek
Die Deutsche Nationalbibliothek verzeichnet diese Publikation in der Deutschen Nationalbibliografie; detaillierte bibliografische Daten sind im Internet über http://dnb.d-nb.de abrufbar.

Bibliographic information published by the Deutsche Nationalbibliothek
Die Deutsche Nationalbibliothek lists this publication in the Deutsche Nationalbibliografie; detailed bibliographic data are available in the Internet at http://dnb.d-nb.de.

Coverbild: Fondo Abstracto © Pakmor #4540264. www.fotolia.de

∞

Gedruckt auf alterungsbeständigem, säurefreien Papier
Printed on acid-free paper

ISBN-10: 3-8382-0040-3

ISBN-13: 978-3-8382-0040-8

Printed in Germany

Inhalt

Vorwort von Rainer Sachse

Liest man den Text, dann wird schnell klar, dass der Autor sich einiges vorgenommen hat: die Übertragung von Erkenntnissen und Prinzipien aus einem Bereich (hier: Psychotherapie) auf einen anderen (hier: psychosoziale Arbeit) ist immer sehr schwierig und heikel; schwierig, weil man dazu beide Felder gut kennen muss, auch in der Praxis, und heikel, weil man durch die Einführung neuer Ideen oft Kritiker auf den Plan ruft, die meinen, das alles sei nicht nötig, schon bekannt oder sowieso gänzlich verfehlt.

Wie schnell erkennbar wird, lässt sich der Autor davon nicht abschrecken und, wie noch schneller erkennbar wird, weist der Autor eine hohe Fachkompetenz auf: er erörtert in kompetenter und gut nachvollziehbarer Weise die relevanten Therapieverfahren, die sich mit „Schemata" befassen (Kognitive Therapie (KT), Schematherapie (ST) und Klärungsorientierte Psychotherapie (KOP)) und geht auch auf die Relevanz des Schemaansatzes ein.

Er erörtert, wie stark (ungünstige) Schemata das Erleben und Verhalten von Klienten bestimmen und wie Schemata zentral psychischen Problemen zugrundeliegen. Dabei wird deutlich, welche Interpretationsfehler und Voreingenommenheiten aus Schemata resultieren, und wie Schemata auch ungünstiges Interaktionsverhalten stark steuern.

Der Autor stellt exemplarisch relevante Schemata dar, die man beachten, analysieren und verändern sollte, weil sie Klienten Kosten und Probleme bereiten.

Sehr wesentlich ist, dass der Autor deutlich macht, was die Besonderheiten der psychosozialen Arbeit im Vergleich zur psychotherapeutischen Arbeit sind und ausführlich diskutiert, unter welchen Bedingungen, wann und wie Prinzipien und Strategien der Schematherapien auf die psychosoziale Arbeit übertragen werden können, und wie die psychosoziale Arbeit davon profitieren kann: So ist auch in diesen Arbeitsfeldern wesentlich, eine gute Beziehungsgestaltung zu realisieren, sich auf die Bedürfnisse von Klienten einzustellen, relevante Schemata gut zu verstehen und zu diagnostizieren, diese, soweit möglich, zu bearbeiten, Ressourcen zu aktivieren u.ä.

Der Autor macht deutlich, dass durch die Anwendung Schematherapeutischer Ansätze der Bereich psychosozialer Arbeitsfelder stark bereichert werden kann.

Und deshalb ist es konsequent, eine „Schema-Pädagogik" zu entwickeln, die diese Erkenntnisse auf diese Arbeitsfelder überträgt. Dies gelingt dem Autor in sehr stringenter und konsequenter Weise. Das Ergebnis ist ein sehr gut fundierter, durchdachter und praktisch hoch relevanter Ansatz, der den Arbeitsbereich massiv befruchten kann.

Natürlich erfreut es mich auch persönlich zu sehen, dass KOP auch außerhalb des eigenen Feldes von Psychotherapie sinnvoll Verwendung findet und danke dem Autor dafür.

Fachbücher sind oft trocken und schwer zu lesen – was für das vorliegende Buch glücklicherweise aber nicht gilt. Der Autor schreibt sehr frisch, gut verständlich und spannend. Ich empfand das Buch, obwohl ich die Inhalte gut kenne, als bereichernd und hoffe, dass es von vielen Lesern rezipiert wird.

Bochum, im Februar 2010
Rainer Sachse

Prof. Dr. Rainer Sachse
Begründer der Klärungsorientierten Psychotherapie (KOP). Leiter des Instituts für Psychologische Psychotherapie (IPP) in Bochum. Zahlreiche Veröffentlichungen, unter anderem zur Psychotherapieforschung und zur therapeutischen Beziehungsgestaltung. Arbeitsschwerpunkte: Klinische Psychologie, Klientenzentrierte Psychotherapie, Verhaltenstherapie.

Vorwort von Eckhard Roediger

Als Schematherapeut und Vater dreier schulpflichtiger Kinder habe ich mich schon öfter gefragt, ob es nicht eine gute Idee wäre, die Konzepte und Techniken der Schematherapie auch auf Probleme in der Schule anzuwenden. Man wundert sich als pädagogischer Laie und therapeutischer Fachmann nicht selten darüber, wie Lehrer mangels besseres Wissen auf die interaktionellen Inszenierungen (bzw. mit den Worten Rainer Sachses), auf die „Spiele" von Schülern (und manchmal auch Eltern) einsteigen, und wünscht sich etwas mehr Verständnis dafür, wie Menschen „psychisch funktionieren".

Das gilt natürlich nicht nur für die Schule, sondern auch für andere psychosoziale Kontexte. Dabei hat sich die Psychotherapie in den letzten Jahren verstärkt dem Verständnis und der Behandlung von Menschen mit sog. Persönlichkeitsstörungen gewidmet und damit gute Modelle zum Verständnis und der Behandlung von dysfunktionalen Interaktionsmustern auch in anderen Kontexten entwickelt.

Der Autor nimmt sich nun dieser dankenswerten Aufgabe an, dieses Wissen in die verschiedenen psychosozialen Arbeitsfelder zu übertragen: Er beschreibt in diesem Buch zunächst in einer lebendigen und anschaulichen Sprache kurz die drei in Deutschland populärsten schemabasierten Therapieansätze und deren Hintergründe.

Im vierten Kapitel entwickelt er daraus eine praktische Vorgehensweise, die die Stärken des klärungsorientierten Ansatzes mit denen der Schematherapie zu verbinden versucht: Dabei steuert ersterer vor allem die komplementäre Beziehungsgestaltung und den Umgang mit Störungen in der Beziehung bei, letztere ein biographisches Verhaltensverständnis, die Systematik von Schemata und Modi und das praktische Vorgehen mit konkreten dysfunktionalen Verhaltensweisen.

In den anschaulichen Beispielen aus den wichtigsten Arbeitsfeldern in Kapitel 5 wird deutlich, wie gut sich das Verhalten „schwieriger" Klienten vor diesem Hintergrund verstehen und effektiver beeinflussen lassen könnte.

Damit dürfte das Buch einen wichtigen und innovativen Beitrag zu dem Diskurs leisten, wie die Pädagogik weiterentwickelt werden kann. Besonders wichtig finde ich die Hinweise auf eigene Schemaaktivierungen bei den Beratern. Werden die besser verstanden und früh genug wahrgenommen, können Berater rascher aus den „Beziehungsfallen" aussteigen. Sie können dann nicht nur effektiver arbeiten, sondern sie schonen auch ihre eigenen Ressourcen. In Zeiten zunehmenden Burn-outs bei Mitarbeitern im psychosozialen Bereich kein unwesentlicher Aspekt!

Es bleibt zuletzt nur die Frage, wie leicht psychotherapeutisch nur begrenzt vorgebildete Berater die komplexeren psychologischen Modelle z.B. der Schematherapie in ihre inneren Arbeitsmodelle übernehmen können. Dieses Buch trägt dazu bei, dass es gelingen kann.

Frankfurt am Main, im Februar 2010
Eckhard Roediger

Dr. med. Eckhard Roediger
Neurologe, Psychiater und Arzt für Psychotherapeutische Medizin, Ausbildungen in tiefenpsychologischer und Verhaltenstherapie. Leiter des Frankfurter Instituts für Schematherapie (IST-P), Sekretär der Internationalen Gesellschaft für Schematherapie. Bekannt sind seine Veröffentlichungen zur Schematherapie: *Was ist Schematherapie?* (bei Junfermann), *Praxis der Schematherapie* (Schattauer) und *Fortschritte der Schematherapie* (Hogrefe).

Vorwort des Autors

Im vorliegenden Buch werden erstmals Brücken zwischen ausgewählten Psychotherapiekonzepten und verschiedenen Arbeitsfeldern geschlagen, die der Sozialpädagogik, Sozialen Arbeit und psychosozialen Arbeit zugerechnet werden. Im Fokus stehen auf der einen Seite: *Kognitive Therapie*, *Klärungsorientierte Psychotherapie* und *Schematherapie* – auf der anderen: Paarberatung, Sozialpädagogische Familienhilfe, Erziehungsberatung, Schulsozialarbeit, Strafvollzug (und Bewährungshilfe) und Straßensozialarbeit.

Auch eine klassische Methode der Sozialen Arbeit, die Einzelfallhilfe, wird entsprechend in Verbindung mit schemaorientierten Elementen gebracht. (In der Sozialen Arbeit und im Praxisfeld Erziehung sind die erwähnten Konzepte in der Regel völlig unbekannt, sie sind nicht Bestandteil der Ausbildung und werden auch erfahrungsgemäß nicht in Fortbildungen thematisiert.)

Darüber hinaus werden auch modifizierte schemaorientierte Vorgehensweisen im Sinne einer Schemapädagogik dargelegt, die zur Professionalisierung des Denkens und Handelns in den erwähnten Praxisfeldern beitragen sollen.

Die Stärke der schemaorientierten Ansätze, insbesondere der Klärungsorientierten Psychotherapie und Schematherapie, liegt in ihrer vielfältigen, integrativen wissenschaftlichen Ausrichtung. Psychodynamische, kognitiv-behaviorale, transaktionsanalytische und emotionsfokussierende Perspektiven ergänzen sich vor dem Hintergrund aktueller Befunde der Neurobiologie, Bindungsforschung beziehungsweise Motivationspsychologie zu kreativen Konzepten, die in sich stimmig sind und in Bezug auf ihre Wirksamkeit empirisch überprüft wurden (positiv).

Ein weiterer Vorteil: Die beiden erwähnten Ansätze verwirklichen diejenigen Wirkfaktoren, die der populäre Psychotherapieforscher KLAUS GRAWE (2004) infolge der Auswertung von zahlreichen Studien vor wenigen Jahren als besonders wirksam erachtet: Ressourcenaktivierung, Problemaktualisierung, aktive Hilfe zur Problembewältigung und Klärung. Diese Faktoren tragen demnach repräsentativ zur Lösung von psychosozialen Problemen im ambulanten und stationären Setting bei.

In der psychosozialen Arbeit/Sozialpädagogik werden die erwähnten Qualitätsmerkmale hingegen nur teilweise realisiert. Eine in sich geschlossene Methodik im Sinne GRAWES gibt es in den genannten Helferberufen strenggenommen nicht. Hier geht es vor allem darum, die Klienten zur Selbsthilfe zur motivieren, sprich um die rasche Modifikation von nachteiligen, weil kostenintensiven Verhaltensweisen.

Nicht oder nur unzureichend berücksichtigt wird gewöhnlich der Faktor (innerpsychische) Klärung des Eigenanteils am jeweiligen Problem. Dies wird gewöhnlich damit begründet, dass die intensive Arbeit mit psychischen Mustern nicht die Angelegenheit des Sozialarbeiters sei, sondern, so der Konsens, die des Psychotherapeuten.

Diese (offensichtlich gewollte) Lücke zwischen psychotherapeutischer und sozialpädagogischer Didaktik und Methodik stellt ein Manko dar, wie noch zu zeigen sein wird.

Innerpsychische Faktoren, das hat die therapeutische Erfahrung gezeigt, bringen die meisten Probleme, die Klienten mit sich selbst und anderen haben, erst hervor. (Das ist eine Tatsache, die sowohl dem Betreffenden selbst als auch vielen Angehörigen der Helferberufe fremd ist.)

Es dürfte daher auch für Menschen, die sozialpädagogische Leistungen in Anspruch nehmen, sehr gewinnbringend sein, wenn sie erkennen würden, dass auch *eigene* Konstruktionen, Interpretations- und Erwartungsmuster (Schemata) an den aktuellen Unstimmigkeiten beteiligt sind.

Erst mithilfe dieser Einsicht – darauf wird noch eingegangen – lassen sich festgefahrene Denk- und Verhaltensmuster ändern und sich ständig wiederholende Teufelskreise aufbrechen. Erfahrungsgemäß haben Klienten nur wenig Bewusstsein von ihren inneren Motiven und automatisierten Verhaltensweisen, die im Alltag in bestimmten Situationen immer wieder aufs Neue aktiviert werden. Daher kommt es, dass viele Klienten immer wieder dieselben Konflikte erleben. Aus Sicht der Betroffenen sind demgegenüber häufig „die Umstände“ beziehungsweise „die Anderen“ daran schuld.

Doch die neurowissenschaftliche Forschung hat gezeigt, dass Menschen aktiv ihre Beziehungen gestalten, das heißt einen sehr großen Einfluss auf die soziale Umwelt ausüben (aber eben unbewusst).

Im vorliegenden Rahmen soll gezeigt werden: Mit dem Wissen um die Inhalte der schemaorientierten Psychotherapiekonzepte lässt sich psychosoziale Arbeit entsprechend einsichtsfördernd gestalten.

Hier wird außerdem der Versuch unternommen, die oben erwähnten Wirkfaktoren unter Berücksichtigung der schemaorientierten Psychotherapiekonzepte in psychosoziale Arbeitsfelder zu transferieren.

Das Buch richtet sich an Psychotherapeuten, die sich für integrative Konzepte interessieren, und insbesondere an alle Angehörige der psychosozialen und sozialpädagogischen Berufe.

Im ersten Kapitel werden zunächst die erwähnten schemaorientierten Psychotherapien vorgestellt und beschrieben. Danach (zweites Kapitel) folgt eine Einführung in die Schematheorie. Auf die unterschiedlichen Schemabegriffsdefinitionen der psychotherapeutischen Ansätze wird außerdem eingegangen.

Das dritte Kapitel enthält die wissenschaftlichen Fundierungen, auf die sich die einzelnen Programme berufen. Entsprechend geht es um neurobiologische, bindungstheoretische und motivationspsychologische Befunde.

Im vierten Kapitel werden die Vorgehensweisen und Arbeitsmethoden im ambulanten Psychotherapie-Setting beschrieben. Die Möglichkeiten und Grenzen des Transfers von schemaorientierten Arbeitsweisen in ausgewählte psychosoziale Arbeitsfelder sind Inhalte des fünften Kapitels.

Am Schluss (sechstes Kapitel) findet der Leser noch ein Resümee.

Derzeit (Frühjahr 2010) werden die theoretischen und praktischen Grundlagen der hier skizzierten Schemapädagogik in der Lehrer-Weiterbildung „Berufsförderpädagogik“ am Institut für schulische Fortbildung und schulpsychologische Beratung (IFB) in Speyer angeboten. Thematisiert werden dabei vor allem das Schemamodell, die Schemamodi, Psychospiele (siehe unten) sowie die sich daraus ergebenden schemapädagogischen Arbeitsweisen im Unterricht. Im Wesentlichen handelt es sich dabei um modifizierte Arbeitsweisen von Psychotherapeuten, die schemaorientierte Ansätze praktizieren.

Die ersten Rückmeldungen von Lehrerinnen und Lehrern, die am eben genannten Angebot teilnehmen, lässt die Schlussfolgerung zu, dass Schemapädagogik im Arbeitsfeld berufsbildende Schule einerseits dabei helfen kann,

- (a) Unterrichtsstörungen zu reduzieren und
- (b) Schülerinnen und Schüler in den Bereichen Personal- und Sozialkompetenz zu fördern; andererseits dient der Ansatz auch
- (c) der Prävention des Burn-out-Syndroms.[1]

Danksagung
Verschiedene Personen haben mir beim vorliegenden Projekt zugearbeit, und dafür möchte ich mich bei den Betreffenden an dieser Stelle bedanken. Zunächst geht mein Dank an meine Frau Astrid, die das Manuskript in mehreren Versionen gelesen und mir wichtige Rückmeldungen und Anregungen gegeben hat – trotz der zeitintensiven Ansprüche, die unsere kleine Lea, seit wenigen Monaten auf der Welt, anmeldet.

Mein Dank geht auch an Herrn Schön vom Ibidem-Verlag. Die Zusammenarbeit gestaltete sich professionell und motivierend. Auch Herrn Gudel, der Berufsschullehrer in der Jugendstrafvollzugsanstalt Schifferstadt ist, möchte ich besonders für die interessanten Gespräche über die sozialpädagogische Arbeit mit jugendlichen Insassen danken. Sehr aufschlussreiche Unterhaltungen führte ich auch mit Frau Ernst, sie ist Schulsozialarbeiterin an der Berufsbildenden Schule Hauswirtschaft/Sozialpädagogik Ludwigshafen. Dasselbe gilt auch für Frau Hufnagel, die als Sozialarbeiterin im Ludwigshafener Zentrum für Individuelle Erziehungshilfen (LZI) tätig ist.

Letztlich möchte ich mich noch bei drei sehr wichtigen Personen bedanken. Ich habe sie zwar noch nie persönlich getroffen, aber sie haben aufgrund ihrer Veröffentlichungen, die mich sehr fasziniert und inspiriert haben, einen großen Anteil an der Entstehung dieses Buches und somit auch an der Schemapädagogik. Hierbei handelt es sich (1.) um Rainer Sachse; er hat die Klärungsorientierte Psychotherapie entwickelt. Dann möchte ich noch (2.) Jeffrey Young nennen, den

1 Eine entsprechende Publikation für Lehrer mit dem Titel „Mit schwierigen Schülern klarkommen: Schemapädagogik im Unterricht" ist derzeit in Vorbereitung.

Begründer der Schematherapie; last but not least geht mein Dank (3.) an Eckhard Roediger, der viel zur Verbreitung der Schematherapie im deutschsprachigen Raum beiträgt und sie weiterentwickelt. Ich konnte außerdem erfreulicherweise stets mit einer konstruktiven Antwort rechnen, wenn ich ihm „mal wieder" per E-Mail eine fachliche Frage stellte. Danke, Eckhard, auch hierfür.

Auf eines möchte ich noch hinweisen: Die hier geschilderten Praxisbeispiele entstammen unter anderem meinen eigenen Lebens- und vor allem Berufserfahrungen als Lehrer beziehungsweise Einzel- und Paarcoach, andererseits gehen sie auf Schilderungen von Kolleginnen und Kollegen in psychosozialen Arbeitsfeldern zurück. Zwecks Wahrung ihrer Anonymität wurden die Klienten äußerlich verändert.

Worms, im Frühjahr 2010
Dr. Marcus Damm

Kontakt
Institut für Schemapädagogik
Dr. Marcus Damm
Höhenstr. 56
67550 Worms
E-Mail: info@marcus-damm.de
Internet: www.schemapädagogik.de

Einleitung

Der Alltag in psychosozialen Arbeitsfeldern (etwa Schulsozialarbeit, Erziehungsberatung, Straßensozialarbeit) ist für den professionellen Helfer sehr anspruchsvoll, vielseitig – und er wird nie zur Routine.

Sozialarbeiterinnen und Sozialarbeiter[2], Sozialpädagoginnen und Sozialpädagogen[3] müssen im hohen Maße belastungs- und vor allem multitaskingfähig sein. Sie beobachten, planen, fördern junge Menschen, Erwachsene und ältere Klienten[4] in allen möglichen Lebenslagen.

Sie regeln soziale Konflikte zwischen Einzelnen und/oder Gruppen. Kurz gesagt, sie leisten überall dort Hilfe zur Selbsthilfe, wo einzelne Klienten, Paare, Eltern und Familien wirkungsvolle Unterstützung brauchen, weil sie keinen Ausweg mehr sehen.

Entsprechend werden in der sozialpädagogischen Ausbildung Personal-, Sozial-, Methoden- und Fachkompetenzen vermittelt und gefördert.

Psychosoziale Arbeit findet, und das klingt zunächst selbstverständlich, immer zwischen Menschen statt. Die Fachkraft wirkt bestenfalls überwiegend durch ihre Persönlichkeit selbst.

---

2 In diesem Buch wird die geschlechtsspezifische Anrede (auch im Falle von anderen Berufsbezeichnungen) abwechselnd gebraucht, freilich ohne diskriminierende Absicht.

3 Da das Berufsfeld Soziale Arbeit von Sozialpädagogen und Sozialarbeitern mittlerweile gleichermaßen besetzt wird und weil beide Begriffe nicht gänzlich voneinander abgegrenzt werden können – es gibt zu viele Überschneidungen (ERLER 2007) –, werden sie synonym gebraucht.

4 Im Folgenden werden sämtliche Adressaten von psychosozialer Arbeit als Klienten bezeichnet.

Wer sich selbst und andere verstehen und effizient Hilfe zur Selbsthilfe leisten will, der braucht neben den eben erwähnten Kompetenzen vor allem eins: Menschenkenntnis, die sich an aktuellen humanwissenschaftlichen Erkenntnissen orientiert.

Menschenkenntnis ist in dieser Berufssparte ein absolutes Muss. Auf ihr bauen schließlich die Beziehungsgestaltung, Diagnostik, Problemklärung, Ressourcenaktivierung und Hilfeplankonzeption auf.

Vorstellungen über menschliche, allzu menschliche (geistig-psychische) Phänomene und soziale Unstimmigkeiten gab es schon immer. Die Vorläufer der modernen Psychologie und psychosozialen Arbeit waren vor allem Philosophen und Theologen.

Humanistische Psychologie und psychosoziale Arbeit

In Bezug auf das Menschenbild sind sozialpädagogische Arbeitsfelder vor allem beeinflusst von dem Konzept der humanistischen Psychologie. Sie ist insbesondere mit dem Namen CARL ROGERS (1972/1999) verbunden.

Demnach trägt jeder Mensch die Lösungen seiner psychosozialen Probleme in sich. Kompetenzen sind gewissermaßen latent vorhanden, aber aufgrund von innerpsychischen Blockaden unbewusst. Die Ressourcen und Potenziale aufseiten des Klienten schließlich zu erkennen und zu fördern – dies ist unter anderem ein Ziel psychosozialer Arbeit.

Der Klient sollte ferner irgendwann gewillt sein, mitzuarbeiten und letztlich auch die Verantwortung für sein zukünftiges Handeln zu übernehmen. Um dies zu erreichen, setzt die Sozialarbeiterin die bekannten, an der humanistischen Psychologie orientierten Grundhaltungen Empathie (Einfühlungsvermögen), Kongruenz (Echtheit) und Akzeptanz ein.

Darüber hinaus erhält der Klient auch praktische Hilfe bei der Bewältigung seiner Lebensaufgaben und, was sehr oft vonnöten ist, wird unterstützt bei der Organisation seines Alltags.

Empathie, Kongruenz und Akzeptanz eignen sich sehr zum Aufbau einer stabilen Arbeitsbeziehung. Aber ihr Effekt ist in Bezug auf die Anregung von innerpsychischen Veränderungen – aufseiten des Klienten – aller Wahrscheinlichkeit nach begrenzt.

Aktuelle Erkenntnisse der Neurobiologie und Motivationsforschung lassen

Zweifel daran aufkommen, dass diese Merkmale inklusive einer aktiven temporären Unterstützung ausreichen, um aufseiten des Klienten eine *dauerhafte* Verbesserung seiner Lebensqualität zu bewirken.

– Häufig kommt es, so berichten Praktiker aller Couleur, nach einer gewissen „Zeit der guten Vorsätze" wieder zu einer Re-Inszenierung der speziellen Probleme, zu Rückfällen, die die Klienten gewöhnlich bereits bestens kennen. Das hat unter anderem auch neurobiologische Ursachen (siehe unten).

Die Konzeptionen der Klärungsorientierten Psychotherapie und Schematherapie beinhalten effiziente Methoden, die dabei hilfreich sind, eingefahrene Verhaltensteufelskreise dauerhaft zu modifizieren; auf diese wird unten eingegangen.

Psychotherapie und psychosoziale Arbeit

Psychosoziale Hilfe findet, so wurde festgehalten, immer zwischen Menschen statt. Diese Tatsache trifft auch auf die Kolleginnen und Kollegen in der Nachbardisziplin Psychotherapie zu.

Die Arbeitsweisen im psychiatrischen und psychotherapeutischen Setting unterscheiden sich trotz vieler Überschneidungen mehr oder weniger in der Regel von denjenigen, die in den meisten sozialpädagogischen Berufsfeldern zum Tragen kommen. Psychotherapeuten (etwa Psychoanalytiker, Verhaltenstherapeuten, Gesprächspsychotherapeuten usw.) arbeiten gewöhnlich langfristiger, intensiver, tief greifender mit ihren Klienten zusammen als ihre pädagogisch orientierten Kollegen, etwa Sozialpädagogen, Lehrer, Erzieher oder Sozialarbeiter.

Die erwähnten theoretischen und praktischen Überlappungen resultieren daraus, dass Erkenntnisse aus der Psychologie seit jeher in den sozialpädagogischen Alltag integriert wurden und noch immer eingearbeitet werden.

Nur ein Beispiel: Vor allem die Befunde der Entwicklungs- und Lernpsychologie sind so gut wie allen Angehörigen der sozialen Berufe präsent – und sie müssen es auch sein.

Natürlich besteht kein Zweifel daran, dass so manche psychotherapeutische Arbeitsweise, effizient wie sie vielleicht sein mag, im pädagogischen Alltag gar nicht zur Anwendung kommen kann, weil schlicht und einfach die Rahmenbedingungen und zeitlichen Voraussetzungen dafür nicht gegeben sind.

Es gibt noch einen wesentlichen Unterschied, der die Klientel selbst betrifft: Personen, die einen Psychotherapeuten aufsuchen, sind in den meisten Fällen *motiviert*, an ihren aktuellen Lebensschwierigkeiten zu arbeiten.

In psychosozialen Berufen kann es vorkommen, dass man mit Menschen zu tun hat, die zwar auch schwerwiegende Konflikte mit ihrer sozialen Umwelt haben, aber nicht im geringsten daran interessiert sind, auch nur den kleinsten Eigenanteil an dem jeweiligen Problem wahrzunehmen. Es zählt dann nur das Motto: „Die Anderen sind schuld".

Allgemeine Psychologie und psychosoziale Arbeit

Der Transfer neuartiger Entwicklungen in der Psychologie in psychosoziale Arbeitsfelder hat seit jeher einige Zeit, meistens Jahre, in Anspruch genommen. Das gilt etwa für die Psychoanalyse, die zu einer *Psychoanalytischen Sozialarbeit* umgearbeitet wurde (etwa PFISTER 1921) und noch immer modifiziert wird; aber auch für die Lernpsychologie (Grundlage: Behaviorismus), die ebenfalls in der sozialpädagogischen Arbeit zeitversetzt Berücksichtigung erfuhr, zum Beispiel in der Einzelfallhilfe (Übersicht in: ERLER 2007).

Schemaorientierte Psychotherapiekonzepte wie die Kognitive Therapie, Klärungsorientierte Psychotherapie und Schematherapie wurden noch nicht in Hinsicht auf ihre Potenziale und Einsatzmöglichkeiten in der psychosozialen Arbeit untersucht.

Immerhin fanden Methoden der Kognitiven Therapie, zum Beispiel der sogenannte *sokratische Dialog* oder die *rationale Untersuchung von Denkfehlern*, ansatzweise ihren Weg in verschiedene Arbeitsfelder.

Die beiden Anwendungen gehören etwa zum Repertoire von Schul- und Straßensozialarbeitern und anderweitig orientierten Einzelfallhelfern.

Weil die Klärungsorientierte Psychotherapie (SACHSE 1992) und Schematherapie (YOUNG et. al. 2003) noch gänzlich unberücksichtigt, aber bei den meisten psychischen Auffälligkeiten effektiv sind, stehen sie und ihre Potenziale für die psychosoziale Arbeit im Vordergrund der folgenden Untersuchungen.

Diese noch relativ jungen Psychotherapiekonzepte werden der sogenannten dritten Welle der Verhaltenstherapie[5] zugeordnet. Gemein ist ihnen, dass sie den

---

5 Bis etwa Anfang der 1960er Jahre dominierte die klassische Verhaltenstherapie die Psychotherapieszene (erste Welle). Der Mensch wurde als *black box* angesehen, der als *unbe-*

Menschen ganzheitlich begreifen, verkürzt gesagt, vom Denken, Fühlen und Verhalten her verstehen.

Sie wurden schon, wie bereits erwähnt, empirisch überprüft und gelten – wie auch die Kognitive Therapie – als wirksam unter anderem bei Persönlichkeits- und Angststörungen, Depression und Suchterkrankungen.

Warum psychosoziale Probleme meistens in Zusammenhang mit innerpsychischen Strukturen des Betroffenen stehen

Vertreter der schemaorientierten Psychotherapieansätze gehen davon aus, dass irrationale kognitive Muster, das heißt Erwartungen, Wahrnehmungen, Konstruktionen (Schemata[6]), hohe Kosten in Bezug auf den Umgang mit sich selbst und anderen verursachen.

(Diese Muster haben, darauf soll gleich zu Beginn hingewiesen werden, auch emotionale Anteile.) Davon wird gewöhnlich auch das soziale Umfeld negativ beeinträchtigt.

So kann ein nachteiliges *Selbstschema* wie „Ich bin ein Nichts" weitreichend sein, zentrale Lebensbereiche beeinflussen. Dieses Schema kann sich zum Beispiel nachteilig im Berufsalltag auswirken und etwa dafür sorgen, dass der Betreffende leistungsmäßig weit unter seinen wahren Fähigkeiten bleibt, unterfordert ist und darunter emotional leidet.

Ein populäres schädliches *Beziehungsschema* von Personen, die häufig Konflikte in intimen Beziehungen erleben, heißt: „Partnerschaften sind nicht verlässlich".

Entsprechend sind Konflikte mit dem Anderen nicht nur nicht ausgeschlossen, sondern werden latent erwartet und unbewusst sogar provoziert. Betref-

---

schriebenes Blatt geboren wird. Jegliches Verhalten, auch problematisches, wurde demnach ausschließlich auf äußere Einflüsse zurückgeführt. Die Verhaltenstherapie war entsprechend reduktionistisch konzipiert. Integriert wurde in den 1970er Jahren der Faktor Kognition (Ebene des Denkens, Wahrnehmens). Entsprechend begann die zweite Welle. Infolge der dritten Welle der Verhaltenstherapie (1990er Jahre) werden nunmehr auch die Emotionen berücksichtigt, womit man den jüngeren wissenschaftlichen Erkenntnissen Rechnung trägt, wonach Menschen auch bindungsbedürftige und soziale Wesen sind.

6 Vorläufige Definition: Ein Schema ist eine Art gedanklicher Leitfaden, der die Wahrnehmung und Informationsverarbeitung organisiert; dieses kognitive Grundgerüst hilft dem Menschen, das Erlebte, die Wirklichkeit zu erklären. Das organisierende Muster wird der Realität und dem Erleben auferlegt.

fende sind dann gefangen in einem Teufelskreis, den sie selbst nicht durchschauen.

Nachteilige Selbst- und Beziehungsschemata steuern – wenn aktiviert[7] – die Informationsverarbeitung, Emotionsregulation, verkürzt gesagt, das Denken, Fühlen und Verhalten des Betreffenden, oder, wie SACHSE et al. (2008) feststellen, seinen *state of mind*. Sie wirken also gleichzeitig – auf verschiedenen Ebenen.

„Die Anderen sind schuld!" – externale Kausalattribuierung

Das Hauptproblem dabei ist: Dem Betreffenden ist während der Schema-Aktivierung nicht bewusst, dass er von einer ganz bestimmten, sehr persönlichen innerpsychischen Struktur beeinflusst wird, die

- (a) ihren Ursprung in seiner Kindheit oder Jugend hat,
- (b) lediglich aufgrund von speziellen sozialen Verhältnissen reflexweise entstanden ist und
- (c) nunmehr im Erwachsenenalter überwiegend nur Kosten und wenig Nutzen mit sich bringt.

Das heißt – das wird noch zu zeigen sein –, ein irrationales Schema war früher einmal sinnvoll. Der Heranwachsende entwickelte das Muster (neben anderen), um sich an die soziale Umwelt anzupassen. Nunmehr, im Erwachsenenalter ist es nicht mehr *up to date*, aber immer noch existent.

Doch ein nachteiliges Selbst- oder Beziehungsschema kann interessanterweise vom Betreffenden nicht aufgegeben werden, da er das Muster als ein Teil von sich selbst ansieht und infolgedessen nicht infrage stellt.

Ein weiteres Dilemma in diesem Zusammenhang: Der Betreffende merkt nicht, dass die jeweilige äußere Situation (oder Person) das eigene leidige Schema mitsamt den damit einhergehenden Nebenwirkungen nur *auslöst* beziehungsweise verstärkt (*triggert*) – und nicht dafür *verantwortlich* ist.

Man meint irrtümlicherweise, der Mitmensch wäre *schuld* am negativen

---

[7] Durch bestimmte Schlüsselreize (sogenannte Trigger), etwa Situationen, Personen oder von Mitmenschen ausgesprochene Sätze, kann es zur Aktivierung von nachteiligen Wahrnehmungen kommen.

emotionalen Erleben im Hier und Jetzt. Dies führt gewöhnlich zu übertriebenen Reaktionen, die aus Sicht des Betreffenden zwingend gerechtfertigt sind. Dieser populäre Wahrnehmungsfehler, bei nahezu allen psychosozialen Problemen auffällig (siehe unten), wird auch *externale Kausalattribuierung* genannt.

Fallbeispiel: Ein wegen mehrfachen Autodiebstahls und mehrfacher schwerer Körperverletzung vorbestrafter 18-jähriger Jugendlicher gerät eines Tages in einer Discothek in eine Schlägerei. Einer der Beteiligten zeigt ihn bei der Polizei an. Er wird wenig später verhaftet und muss sich nach kurzer Zeit vor dem Richter verantworten. Das Urteil: zwei Jahre Haft ohne Bewährung. Er wird in die Jugendstrafvollzugsanstalt verlegt. Zeugen der Schlägerei sagten im Prozess aus, er hätte ohne ersichtlichen Grund auf sein Opfer mit äußerster Brutalität eingeschlagen, bis es bewusstlos wurde.

In der Jugendstrafvollzugsanstalt wird er von einem Sozialarbeiter betreut, der nur mühsam einen freundschaftlichen Kontakt zu ihm aufbauen kann. Die pädagogische Fachkraft konfrontiert ihn irgendwann mit seinen Taten. „Warum hast Du die Autos geknackt?" – Antwort: „Tja, wenn die Besitzer so doof sind und die Schlüssel stecken lassen! Selbst schuld!" – „Und wie kam es zu den Schlägereien?" – Antwort: „Weil die Anderen mich immer so blöd angeguckt haben!"

An diesen Aussagen sieht man die Funktionsweise von reflexartigen Selbstrechtfertigungstendenzen. Dem Sozialarbeiter gelingt es in den zwei Jahren nicht, den Wahrnehmungsfehler externale Kausalattribuierung bei dem Inhaftierten zu reduzieren.

Es kommt trotz gemeinsamer Absprachen („Keine Gewalt!") während des Aufenthalts immer wieder zu Handgreiflichkeiten mit anderen Mithäftlingen, die „mich wieder blöd angeguckt haben". Auch gegenüber dem Sozialarbeiter verliert der Häftling in dieser Zeit mehrmals die Fassung („Sie machen mich aggressiv!").

Die meisten Menschen, die psychotherapeutische Hilfe in Anspruch nehmen, so resümiert der Begründer der Klärungsorientierten Psychotherapie RAINER SACHSE (2006b), haben im Laufe ihrer Kindheit und Jugend dysfunktionale Schemata in Wechselwirkung mit ihrer sozialen Umwelt entwickelt.

Diese Muster sind demnach hauptverantwortlich für innerpsychische und soziale Probleme. Autoren der Kognitiven Therapie (etwa AARON T. BECK und ALBERT ELLIS) und Schematherapie (YOUNG et al.) stimmen mit SACHSE dahingehend überein.

Im therapeutischen Setting wird daher in allen hier thematisierten Psychotherapiekonzepten vor allem an den irrationalen Schemata angesetzt. Sie stehen im Mittelpunkt des Prozesses, wobei sich die Arbeitsmethoden je nach Konzeption unterscheiden. Die Zieldefinitionen hingegen sind bei allen Konzepten dieselben:

1. Nachteilige Schemata bewusstmachen/aufdecken,
2. bearbeiten,
3. gemeinsam abbauen,
4. den Klienten dazu befähigen, dass er seine Schemata zukünftig selbstständig positiv beeinflusst.

Schemaorientierte Psychotherapien verfügen über Potenziale, die auch die psychosoziale Praxis bereichern können

Schwierige Klienten erleben überdurchschnittlich oft Nickligkeiten mit dem sozialen Umfeld, die sich häufig sehr ähnlich sind. Diese Probleme haben, so die klinische Erfahrung, einen hohen Selbstanteil und gehen aus der Perspektive der schematherapeutischen Ansätze entsprechend einher mit hinderlichen Selbst-, Beziehungs- und Wirklichkeitsschemata.

Diesen Befund können auch Angehörige anderer Helferberufe berücksichtigen. Verschiedene relevante Fragen etwa, die vorwiegend in sozialpädagogischen Arbeitsfeldern auftauchen, lassen sich aus schemaorientierter Sicht völlig neu beantworten. Dies soll in Bezug auf obiges Beispiel transparent gemacht werden:

- Wieso geriet der junge Mann vor seiner Verurteilung immer wieder in ähnliche Konfliktsituationen (Schlägereien, Autodiebstähle)? – Antwort: Vielleicht stand er (a) unter dem Einfluss eines irrationalen Beziehungsschemas, das in bestimmten sozialen Situationen ausgelöst wurde (etwa „Ich muss andere zuerst angreifen, sodass sie mir nicht schaden können"); ebenso kann (b) ein Selbstschema wie „Gesellschaftliche Normen gelten für mich nicht" delinquentes Verhalten in spezifischen Alltagskonstellationen begünstigen, genauer gesagt, auslösen.
- Weshalb hält der Klient gemeinsam vereinbarte Absprachen („Keine Ge-

walt!") nicht ein und fällt in sein altes Muster zurück? – Antwort: Weil ein etwaiges Beziehungsschema wie „Ich muss andere zuerst angreifen, sodass sie mir nicht schaden können" nicht vom Sozialarbeiter thematisiert und bewusst und konsequent mit dem Klienten modifiziert wurde. Daher bleibt er weiterhin dem Schema und der externalen Kausalattribuierung ausgeliefert.

- Wieso entwickelt der Jugendliche Aggressionen gegen den Sozialarbeiter, obwohl er ganz sachlich und freundlich mit ihm kommuniziert, ihn sogar unterstützen will. – Antwort: Der Helfer löst vielleicht durch sein Aussehen, seine Mimik und Gestik, sein Vorgehen ein irrationales Beziehungsschema aufseiten des Klienten aus, was diesen dazu veranlasst, aggressiv zu werden.

Betrachtet man den Fall aus der tiefenpsychologischen Perspektive und vor dem Hintergrund des Schema-Modells, so ergeben die irrationalen Verhaltensweisen des Jugendlichen ein stimmiges Muster.

Er handelt demnach lediglich im Sinne seiner innerpsychischen Schemata, die irgendwann einmal infolge von bestimmten Erfahrungen mit der sozialen Umwelt entstanden sind.

Dass diese Muster negative Konsequenzen nach sich ziehen, hohe Kosten verursachen, strenggenommen sogar Delinquenz auslösen, ist für ihn nicht von Belang. Er sieht ja seine Probleme als von außen verursacht an.

Würde der Straftäter erkennen, dass sein Anteil an den sozialen Konflikten viel höher ist als er meint, nämlich auf seinen ganz persönlichen Schemata beruht, wären stabile Grundlagen für eine dauerhafte Veränderung geschaffen. Mittels Achtsamkeit beispielsweise könnte er zukünftig Schema-Aktivierungen auf emotionaler und gedanklicher Ebene in kritischen Situationen bemerken und sie gezielt unterdrücken. Ein Ausbruch aus seinen subjektiven Verhaltensteufelskreisen wäre dadurch möglich.

In den schemaorientierten Psychotherapiekonzepten werden die Klienten genau in dieser Hinsicht gefördert. In psychosozialen Arbeitsfeldern hingegen findet das Schema-Modell, wie oben schon erwähnt, keine Berücksichtigung.

Perspektiven einer Schemapädagogik

Kognitive Therapie, Klärungsorientierte Psychotherapie und Schematherapie sehen den Menschen ganzheitlich, sie liefern überzeugende Erklärungen für auffälliges Verhalten, Beziehungsstörungen und orientieren sich an aktuellen neurobiologischen, bindungstheoretischen beziehungsweise motivationspsychologischen Befunden.

Sozialpädagogische Arbeitsweisen, die sich auf schemaorientierte Psychotherapiekonzepte beziehen, können entsprechend die Sozial-, Methoden- und Personalkompetenz des professionellen Helfers fördern und gleichzeitig dem Klienten dabei helfen, seine kostenintensiven Verhaltensweisen zu reduzieren.

Die Konzeption einer Schemapädagogik macht daher Sinn. Sie befähigt den Sozialarbeiter dazu, mit einem neuen, integrativen Blickwinkel die Probleme des Klienten – und den Klienten selbst – zu verstehen.

Die Diagnostik der innerpsychischen Prozesse des Individuums steht im Zentrum der psychosozialen Schema-Arbeit beziehungsweise Schemapädagogik. Im Zuge schemapädagogischen Denkens wissen Sozialarbeiter irgendwann nicht nur um die nachteiligen Schemata ihrer Klienten, sondern auch um die eigenen. Dies führt dazu, dass man auch eigene Wahrnehmungsverzerrungen und Beziehungsmanipulationen (Spielebene), die ebenfalls auf Schemata basieren, reduzieren kann.

Ziele der Schemapädagogik sind:

1. Aufbau einer stabilen Beziehung, die aus Vertrauen und Wärme besteht (mithilfe von Empathie, Kongruenz, Akzeptanz und komplementärem Verhalten zur Motivebene des Klienten soll dies ermöglicht werden).
2. Reduktion der externalen Kausalattribuierung („Die Anderen sind schuld!") auf Klientenseite.
3. Klärung des innerpsychischen Eigenanteils von dysfunktionalen Verhaltensweisen.
4. Aktivierung von vorhanden Ressourcen.
5. Aufbau von neuen Verhaltensweisen, die einen motivierenden und belohnenden Charakter haben.

In der vorliegenden Arbeit geht es um schemapädagogisches Denken und Handeln in folgenden psychosozialen Arbeitsfeldern:

- Paarberatung,
- Sozialpädagogische Familienhilfe,
- Erziehungsberatung,
- Schulsozialarbeit,
- Strafvollzug/Bewährungshilfe,
- Straßensozialarbeit.

Im Folgenden werden zunächst die schemaorientierten Psychotherapiekonzepte vorgestellt.

1. Schemaorientierte Psychotherapiekonzepte

Heutzutage sind integrative Psychotherapiekonzepte sehr populär. Das war nicht immer so. Noch in den 1960er Jahren rang die Verhaltenstherapie[8] mit der Psychoanalyse um die Vorherrschaft in der Psychotherapieszene.

Man kann sagen, dass die Verhaltenstherapie als „Gegenprogramm" zur Psychoanalyse, vorher jahrzehntelang dominierend, entwickelt wurde (KRIZ 2007, 106). Viele Vertreter der beiden Richtungen führten regelrechte Grabenkämpfe.

Die kognitive Wende

Diesen Wettbewerb konnte die Verhaltenstherapie zunächst tendenziell für sich entscheiden. Unterstützt wurde sie vom empirisch orientierten Behaviorismus, der in der akademischen Psychologie nach dem 2. Weltkrieg Aufsehen erregte. Die Vertreter der Verhaltenstherapie waren davon überzeugt, dass psychische Auffälligkeiten ein Endergebnis von Lernprozessen sind.

Doch zu jener Zeit häuften sich auch Forschungsprojekte, in denen die Relevanz von gedanklichen (kognitiven) Faktoren erkannt wurde. Die letztliche Akzeptanz dieser Faktoren führte in den 1970er Jahren schließlich zur sogenannten kognitiven Wende.

Doch die Verhaltenstherapie und die kognitiv ausgerichteten Ansätze lagen nicht im Clinch miteinander, im Gegenteil. Die geistige Dimension wurde in bestehende Verhaltenstherapien integriert – wobei aber auch darauf hingewiesen werden muss: es entstanden auch überwiegend kognitive Therapiekonzepte

8 Der Begriff Verhaltenstherapie steht nicht für einen einzigen Ansatz, sondern für eine Gruppe von Konzepten, die auf die Modifikation aktuellen Verhaltens abzielen.

(Übersicht in: MARKGRAF & SCHNEIDER 2008).

Kognitive Erziehungswissenschaft

Nachdem die Lernpsychologie in ihrer Hochphase in den erziehungswissenschaftlichen Kontext eingebettet wurde, war es nur eine Frage der Zeit, bis der Kognitionspsychologie dasselbe wiederfuhr.

Mit der kognitiven Entwicklung von Kindern beschäftigte sich schließlich der Verhaltensforscher JEAN PIAGET (1976). Er führte auch den Schema-Begriff als Ordnungsprinzip von psychischen Prozessen in die Psychologie ein. Schemata entstehen demnach sehr früh durch Interaktionen mit der sozialen Umwelt und verändern sich unter positiven Bedingungen von Geburt an bis zur Mitte der Kindheit.

Sie gestalten sich durch wechselseitige Prozesse zwischen *Akkomodation* (Erweiterung des vorhandenen Wissens) und *Assimilation* (Anpassung der Umweltreize an bestehendes Wissen).

Der Heranwachsende lernt infolge der voranschreitenden Schemaentwicklung, sich in einer vielfältigen Umwelt zurechtzufinden. In jeder kindlichen Entwicklungsstufe findet eine neuartige innerpsychische Adaption (Aneignung) der Umwelt statt, anders gesagt, es entstehen neue Schemata.

Unter ungünstigen Umständen hingegen bleiben entsprechende Muster, die in der frühen Kindheit entstanden, auch noch im Erwachsenenalter aktiv.

Beispiel: Ein einjähriges Kind provoziert bei seinen Eltern Aufmerksamkeit, indem es häufig aufschreit, auch brüllt, wenn es alleine im Laufstall liegt. Mindestens eine Bezugsperson kümmert sich in diesem Fall um den Kleinen, nimmt ihn auf den Arm, beruhigt ihn usw.

Das Verhalten, genauer gesagt, das Schema des Kindes ist strenggenommen altersangemessen, das heißt funktional. Dahinter steht das Grundbedürfnis nach einer stabilen Bindung. Im Zuge der weiteren Entwicklung ändert sich im Normalfall das Schema „Ich brauche *immer* zwischenmenschliche Nähe". Es wird vielleicht modifiziert zu dem kognitiven Muster „Ich bin auch mal gerne alleine mit mir selbst".

Wenn diese Entwicklung nicht stattfindet, kann es sein, dass das eigentlich kindliche Schema im Erwachsenenalter in bestimmten Situationen immer noch ausgelöst wird (etwa wenn der Ehepartner das Haus verlässt). Sodann spürt der

Betreffende sein Schema „Ich brauche *immer* zwischenmenschliche Nähe", er steht sogar gezwungenermaßen unter dessen Einfluss.

- Solche Schemata verursachen schließlich soziale Konflikte, weil man gewöhnlich nicht die innerpsychischen Muster als Ursache der Missstimmung identifiziert, sondern den Mitmensch dafür verantwortlich macht.

Das Schema-Modell hat in den letzten Jahren eine hohe Popularität erfahren. Nicht zuletzt deshalb, weil auch schemaorientierte Psychotherapiekonzepte erarbeitet wurden.

Wie die Bezeichnung schon verrät, beschäftigen sich diese Ansätze mit Schemata von Klienten, genauer gesagt, mit unvorteilhaften, irrationalen, kostenverursachenden Mustern. Um schemaorientierte Therapien soll es im Folgenden gehen.

1.1 Kognitive Therapie (KT)

Es gibt verschiedene Therapieverfahren, die ihr Augenmerk vor allem auf die strukturierte Veränderung des dysfunktionalen, unsachgemäßen Wahrnehmens, Urteilens beziehungsweise Denkens legen.

Diese drei Faktoren werden in diesen Konzepten allgemein Kognitionen genannt. Andere Bezeichnungen sind: Einstellungen, Erwartungen, aber auch Werthaltungen und Problemlösestrategien (ANDRESEN 2001). (Daher auch die Bezeichnung: Kognitive Therapie.)

Alle kognitiven Therapieformen stehen unter dem Einfluss der Forschungen und Ausarbeitungen von AARON T. BECK (1976) und ALBERT ELLIS (1962).[9] Etwa zeitgleich entwickelten die beiden Wissenschaftler aufgrund von neuen klinischen Daten zu jener Zeit therapeutische Konzepte, die entsprechend hohe Anteile an kognitiven Methoden beinhalteten.[10]

Beide Wissenschaftler wandten sich in ihren Schriften von SIGMUND FREUDs Psychoanalyse ab. Insbesondere die tiefenpsychologische Vorstellung, dass vor allem frühkindliche Ereignisse emotionale Störungen im Erwachsenenalter ver-

9 A. LAZARUS und D. MEICHENBAUM sind ebenfalls bekannte Vertreter der Kognitiven Therapie.

10 In neueren Arbeiten (etwa BECK et al. 2004) wird die Persönlichkeit vielschichtiger gesehen, wobei dennoch der Schwerpunkt auf den kognitiven Prozessen bestehen bleibt.

ursachen beziehungsweise aufrechterhalten würden, wurde abgelehnt.

ELLIS' Ansatz wird als rational-emotive Therapie bezeichnet, BECKS Entwurf gilt nunmehr überwiegend als kognitiv-verhaltenstherapeutisches Konzept. Beide Ansätze weisen hohe Überschneidungen in Theorie und Praxis auf.

Die Kognitive Therapie, so kann man feststellen, fand viele Anhänger und wurde stets weiterentwickelt und insbesondere durch Methoden der Verhaltenstherapie ergänzt. Heute versteht man unter dem Begriff Kognitive Therapie ein mehr oder weniger einheitliches Konzept, das die unterschiedlichen kognitiven Konzepte der genannten Wissenschaftler subsumiert.

Die grundsätzliche These der Kognitiven Therapie lautet (verkürzt): Psychische Störungen und mangelhafte Emotionsregulation sind Folgen – nicht Ursachen – einer fehlerhaften Einschätzung, Informationsverarbeitung beziehungsweise dysfunktionalen Bewertung von Situationen und Mitmenschen.

Jede psychische Störung wird entsprechend aufrechterhalten durch irrationale Kognitionen. Therapeuten, die dieser Schule angehören, sensibilisieren die Klienten daher für rationales, angebrachtes Denken (LEAHY 2007).

AARON T. BECK

Anhand von BECKS Ausführungen zur Depression lässt sich die eben erwähnte These leicht transparent machen. Seine Tests mit depressiven Klienten beispielsweise wiesen nach, dass die äußeren Umstände und Lebensbedingungen nicht viel Einfluss auf das Krankheitsbild haben.

Denn sogar beruflich erfolgreiche oder auch sehr attraktive Menschen, die nach dem „gesunden Menschenverstand" gar nicht zu der Klientel gehören dürften, offenbaren doch die für Depression typischen kognitiven Phänomene/Schemata (etwa: „Ich kann nichts", „Ich habe noch nie etwas erreicht", „Ich bin nicht liebenswert").

Das heißt, Depressive haben – trotz unterschiedlicher Lebensentwürfe – in etwa die gleiche negative Selbsteinschätzung und ähnlich pessimistische Zukunftserwartungen und Ängste. Hieraus wurde geschlossen, dass Depression immer auch eine Beeinträchtigung des Denkens beinhaltet.

Eine negative Auswirkung solcher Beeinträchtigungen ist zum Beispiel der Mechanismus der sich selbst erfüllenden Prophezeiung. – Die grundsätzlich pessimistische Einstellung führt etwa dazu, dass man Gesprächspartner häufig als unfreundlich *wahrnimmt*. Schon alleine diese ungünstige Interpretation dämpft grundsätzlich die Stimmung, welche wiederum die Lebensqualität des Klienten insgesamt beeinträchtigt.

Ein Teufelskreis. Die Folge: die psychischen und physischen Symptome der Depression treten deutlicher hervor, sie werden verstärkt.

Dieser Befund wurde von BECK auch auf andere psychische Störungsbilder übertragen.

ALBERT ELLIS

Ebenso geht auch ELLIS von dem Primat des Denkens aus. Das heißt, vor allem die dysfunktionalen Kognitionen stehen im Vordergrund der rational-emotiven Therapie. Sie gelten als hauptverantwortlich für die Entwicklung und Aufrechterhaltung von psychischen Störungen.

Insbesondere ELLIS berief sich oft auf den bekannten Ausspruch des griechischen Philosophen EPIKTET: „Es sind nicht die Dinge selbst, die uns beunruhigen, sondern es ist die Vorstellung von den Dingen."

Sein Modell ist sehr von konstruktivistischen Thesen geprägt. Menschen erschaffen demnach ihre Realität durch die subjektiv eingefärbte Wahrnehmung und Beurteilung der Ereignisse. Durch stressbesetzte Erfahrungen (Traumata, soziale Beeinträchtigungen) können kognitive Störungen entstehen, die den Alltag im Hier und Jetzt beeinflussen.

Verzerrte Kognitionen in Bezug auf den Lebensstil, die Arbeitsstelle, Freunde usw. beeinflussen etwa das emotionale Verhältnis zu sich selbst und zu anderen. Es kommt zu Emotionsregulationsstörungen. Den Zusammenhang zwischen Kognitionen und Emotionen definiert ELLIS so: Emotionen sind das Ergebnis von Kognitionen.

Auf den Punkt gebracht: In einer bestimmten Alltagssituation (*activating event*) werden automatisierte Gedanken, Einschätzungen und Bewertungen ausgelöst (*belief system*), die eine bestimmte Emotion provozieren (*consequences*).

Das sogenannte A-B-C-Schema beschreibt diesen Prozess genau. Am Beispiel von sozialer Angst soll dies verdeutlicht werden:

- **A** (activating event): Ein Prüfling sitzt im Vorbereitungsraum von Universitätsinstitut X.

- **B** (belief system): Die durch die Situation ausgelösten Kognitionen beinhalten in diesem Fall folgende Thesen: „Ich kann den Stoff nicht 100-%ig!", „Ich rede bestimmt nur Blödsinn" und „Der Prof kann mich nicht leiden und wird mir schwere Fragen stellen".
- **C** (consequences): Infolge der negativen Gedanken kommt es zu den körperlichen und emotionalen Symptomen, die bei sozialer Angst typisch sind (Zittern, Erröten, Erhöhung des Pulses usw.).

Nun wird – aus Sicht der Kognitiven Therapie – deutlich, dass und wie es in bestimmten Situationen zu einer falschen Ursachenzuschreibung (externale Kausalattribuierung) kommt. Würde man dem Studenten nämlich in seiner prekären Lage die Frage stellen: „Wieso bist Du so aufgeregt?", würde er antworten: „Wegen der Prüfung!"

Tatsächlich ist diese Feststellung aber vor dem Hintergrund des A-B-C-Schemas nicht korrekt. Grund für seine Missstimmung ist nicht die Situation, sondern die negative Struktur seiner Erwartungs- und Bewertungsmuster. Das heißt, die Prüfung löst seine nachteiligen Emotionen nur aus und verursacht sie nicht.

ELLIS geht in seinen Schriften in Hinsicht auf die Bedeutung von irrationalen Kognitionen noch einen Schritt weiter. Es kommt demnach erst zu psychischen Krankheitsbildern, wenn das belief system mit zu vielen vernunftwidrigen Annahmen angefüllt ist. Mögliche Ursachen hierfür können sein:

- Ungünstige Lernprozesse (Prägung durch das elterliche Vorbild) und
- irrationale Konditionierungsprozesse (Verstärkung von Ängsten und Vermeideverhalten durch die Bezugspersonen).

Solche Phänomene führen eventuell dazu, dass Betreffende ihr Leben lang zu viele Alltagssituationen als bedrohlich wahrnehmen. In so gut wie allen Lebensbereichen können dann Probleme entstehen.

Hieraus folgt: Klienten kommen gewöhnlich in die Therapie, weil ihre früh erworbenen Schemata (Wahrnehmungen, Beurteilungen usw.) ihr eigenes Leben und meistens das ihrer Mitmenschen einschränken. Erwiesenermaßen tauchen vor allem bei Depression, Persönlichkeits- und Angststörungen irrationale

Kognitionen auf. Veränderungen des Denkens, so die These, ziehen Veränderungen des emotionalen Erlebens nach sich.

Die Ziele der Kognitiven Therapie sind eng an diese Hypothese angelehnt. Der Therapeut hilft dem Klienten dabei,

- (a) seine der irrationalen Kognitionen (automatisierten Gedanken) aufzuspüren,
- (b) seine Wahrnehmungsfehler zu korrigieren und
- (c) Alternativen zu entwerfen, die dann im Alltag zur Anwendung kommen sollen.

Kritik

Lange Zeit wurden unbewusste Prozesse von kognitiven Therapeuten abgelehnt, was wahrscheinlich mit der oben schon erwähnte Psychoanalyse-Aversion in den ersten Schriften zur Kognitiven Therapie zusammenhängt.

Nunmehr bezieht die Kognitive Therapie die Existenz von unbewussten/impliziten Kognitionen mit ein (BECK, FREEMAN & DAVIS 2004).

Die Kognitive Verhaltenstherapie hat sich nach HAUTZINGER (2000) bewährt bei diversen psychischen Erkrankungen, etwa bei Zwangsstörungen, Depression, Essstörungen, Alkoholabhängigkeit, Angst- und Persönlichkeitsstörungen.

Etwas kritisch sind die optimistischen Grundannahmen bezüglich der Selbsthilfe-Potenziale der Klienten und der therapeutischen Beziehungsgestaltung zu sehen. Man geht

- (a) davon aus, dass sich recht zügig eine tragfähige Arbeitsbeziehung ergeben könne;
- auch (b) die gemeinsame Auswahl der Behandlungsziele würde keine großen Schwierigkeiten bereiten, sondern sich quasi von selbst ergeben.
- Auf der anderen Seite (c) ist man davon überzeugt, dass Klienten grundsätzlich ein starkes Identifikationsgefühl haben.

Der hauptsächliche Kritikpunkt ist folgender: Nach den Erfahrungen von Therapeuten, die nach der Klärungsorientierten Psychotherapie und Schematherapie arbeiten, kommt es möglicherweise bereits in der *ersten* Therapiephase zu spezifischen unterschwelligen Beziehungsstörungen, die den Beziehungsaufbau geradezu unmöglich machen.

YOUNG et al. (2008, 56f.) haben bei zahlreichen Klienten spezielle Beziehungsschemata vorgefunden, die alle drei positiven Annahmen (siehe oben) von Beginn an stark beeinträchtigten.

Auch die Autoren der Klärungsorientierten Psychotherapie (HAMMELSTEIN 2009) kritisieren die zuversichtliche Auffassung von kognitiven Therapeuten. Sie meinen: Klienten mit Persönlichkeitsstörungen offenbaren dem Therapeuten gegenüber ein bestimmtes vorauseilendes Verhalten, das schon durch dysfunktionale Schemata verursacht ist.

Das heißt, das entsprechende Verhalten ist womöglich genau das Problem, weswegen die Therapie überhaupt erst begonnen wird! Die Betreffenden empfinden dieses kostenintensive Auftreten aber gar nicht als dysfunktional, sondern als zu ihrer Persönlichkeit gehörend (*ich-synton*). Darauf wird unten noch eingegangen.

Folgende Elemente sind, zusammenfassend gesagt, in den meisten Therapien auffällig, die kognitiv orientiert sind (nach KRIZ 2007, 137):

1. **Beobachten**: Der Therapeut erklärt offen das Konzept und die Ziele der Zusammenarbeit. Zur Sprache kommt auch die These, dass an psychosozialen Problemen immer auch irrationale, automatisierte Gedanken und Bewertungen beteiligt sind. Unter diesem Gesichtspunkt werden die Konflikte des Betreffenden begrifflich strukturiert. Der Klient lernt bereits in dieser Phase, sich im Alltag gezielt zu beobachten. Außerdem soll er von der ersten Sitzung an seine aufkommenden Gedanken in relevanten Situationen außerhalb der Therapie notieren.
2. **Identifizieren**: Das Material, das der Klient zusammenträgt, stellt die Grundlage für kritische Gespräche dar. In diesen werden nachteilige Kognitionen auf den Prüfstand gestellt, sprich: gemeinsam diskutiert und analysiert.
3. **Hypothesenüberprüfung**: Der Klient lernt, im Alltag von seinen automatischen Gedanken über sich selbst und die Umwelt Abstand zu nehmen. Er nimmt sich differenzierter wahr und bemerkt, dass seine subjektiven Bewertungen und Schlussfolgerungen nicht immer zutref-

fen. Außerdem werden Gegenbeweise zu der üblichen Lebensphilosophie gesammelt, etwa in den sogenannten sokratischen Dialogen. Gemeinsames Argumentieren gegen unangebrachte Gedanken führt außerdem zu einer effizienteren Emotionsregulation aufseiten des Klienten.

4. **Training der alternativen Erklärungen**: In der Therapie werden gemeinschaftlich alternative kognitive Konstruktionen entwickelt. Diese werden in der Realität (*in vivo*) ausprobiert. Durch den damit einhergehenden Erfolg bei der Lebensbewältigung werden die bisher aktiven dysfunktionalen Schemata abgebaut.

1.2 Klärungsorientierte Psychotherapie (KOP)

Der Bochumer Psychotherapeut RAINER SACHSE entwickelte die Klärungsorientierte Psychotherapie (1992; 2003). Zunächst an der klassischen Gesprächspsychotherapie angelehnt, wurde sie später weiter modifiziert.

Sie vereinigt nunmehr in sich Aspekte der sogenannten *Zielorientierten Gesprächspsychotherapie* (SACHSE 1996), *process-experiental psychotherapy* (GREENBERG 2004, GREENBERG et al. 2003), und sie wird ergänzt durch kognitiv-behaviorale Methoden.

Im Unterschied zur Vorgehensweise in der (nicht-direktiven) Gesprächspsychotherapie übernimmt der Therapeut die Verantwortung für den Prozess. Klärungsorientierte Psychotherapie ist im hohen Maß prozessorientiert aufgebaut (und nicht non-direktiv).

Es gelten nach SACHSE et al. (2009) hohe Anforderungen an den Therapeuten: er soll Experte für Beziehungsgestaltung, für Klärung und letztlich für Umstrukturierung von Schemata sein.

Klärungsorientierte Psychotherapie ist kein rein kognitives Verfahren, sondern – wie auch die Schematherapie – ein integratives. Hier wird vor allem dem motivationspsychologischen Befund Rechnung getragen, dass es, verkürzt gesagt, zwei innerpsychische Motivationssysteme gibt, die in der Therapie berücksichtigt werden müssen:

- (a) ein *explizites* (dem Klienten bewusst) und
- (b) ein *implizites* (dem Klienten nicht bewusst).

In diesem Ansatz versteht man entsprechend auch Schemata als Muster mit kognitiven *und* affektiven Anteilen; sie laufen automatisiert ab und steuern das Verhalten.

Die Schema-Aktivierungen und die damit verbundenen kostenintensiven Auswirkungen sind dem Betreffenden nicht präsent, weil dysfunktionale Schemata vor allem im impliziten Gedächtnis verortet sind (SACHSE 2003).

Theoretische Fundierungen dieses Ansatzes sind unter anderem die Bindungstheorie, Transaktionsanalyse, selbstverständlich das Schema-Modell und, wie schon angedeutet, die Motivationspsychologie.

Zur Anwendung kommt das Konzept vor allem bei Persönlichkeitsstörungen, Angststörungen, Depression, Abhängigkeitserkrankungen und psychosomatischen Störungen.

Wie auch in der Kognitiven Therapie und Schematherapie der Fall, so wird auch im Rahmen der Klärungsorientierten Psychotherapie davon ausgegangen, dass dysfunktionale Schemata persönliche und soziale Probleme verursachen.

Diese Schemata werden von Klienten nicht objektiv wahrgenommen, da bereits die Wahrnehmung schemaspezifisch eingefärbt sein kann. Von sich aus, so die therapeutische Erfahrung, führen Klienten selbst so gut wie keine Klärungsprozesse aus.

Die Ziele der Klärungsorientierten Psychotherapie können wie folgt benannt werden:

- Dysfunktionale Schemata werden gemeinsam mit dem Klienten repräsentiert, aktiviert und – affektiv und kognitiv – geklärt,
- Umstrukturierung der Schemata auf den entsprechenden Ebenen,
- Reduktion der *Alienation* (Entfremdung vom eigenen Motivsystem),
- Beseitigung von internalen (innerpsychischen) Konflikten,
- Konflikte zwischen Motiven und Schemata bewusstmachen und auflösen,
- dem Klienten dazu verhelfen, dass er ein Leben führen kann, das im Einklang mit seinen Motiven steht, da dies eine höhere Lebensqualität nach sich zieht.

Großen Wert legt man auf die gefühlsspezifische Schemabearbeitung, was in der Kognitiven Therapie gewöhnlich vernachlässigt wird. Gerade Schemata mit hohen affektiven Anteilen beinhalten überwiegend abgespeicherte biografische Situationen, die mit starken Affekten einhergingen.

Affektive Schemata lassen sich nur mit entsprechenden emotionsfokussierenden, erlebnisbasierten Methoden verändern, denn sie haben einen anderen Code als Schemata mit hohen kognitiven Anteilen.

Affektive Schemata müssen während der Aktivierung bearbeitet werden, und zwar durch die gleichzeitige Aktivierung von positiven Gegenaffekten. Hierfür gibt es spezielle Methoden, die der integrativen Umstrukturierung dienen.

Da sich Schemata aus dieser Perspektive nur verändern lassen, wenn man ihre emotionalen Inhalte mit bearbeitet, muss laut SACHSE (2006b) eine vertrauensvolle und produktive Beziehung hergestellt werden.

Dies wird vor allem durch allgemeine und spezielle Therapeutenverhaltensweisen sichergestellt.

Im Unterschied zur Schematherapie und Kognitiven Therapie geht der Therapeut zunächst verdeckt vor. Das heißt, der Klient wird zu Beginn der Zusammenarbeit nicht in das Schema-Modell beziehungsweise in den Therapie-Ablauf eingeführt.

Zunächst geht es vorwiegend um den Beziehungsaufbau und auch darum, dass der Therapeut ein Schema-Modell vom Klienten entwirft und damit arbeitet. Das Modell wird während der Therapie immer wieder modifiziert.

In Bezug auf die professionelle Beziehungsgestaltung gibt es klare Vorgaben. Der Therapeut verhält sich komplementär zur Motivebene des Klienten, um den sogenannten *Beziehungskredit* (stabile Vertrauensbasis) aufzubauen. Ohne Beziehungskredit können keine konfrontative Methoden eingesetzt werden.

Das heißt, Klienten, die beispielsweise den Eindruck vermitteln, dass sie Anerkennung brauchen („Ich habe selbst Psychologie studiert!"), werden konkret (schemaspezifisch) dort abgeholt, wo sie stehen.

Der Therapeut geht authentisch, aber nicht überdurchschnittlich auf das Bedürfnis ein („Das ist sehr gut, die Therapie wird dadurch enorm unterstützt!").

Die teils verborgenen Bedürfnisse erschließt der Therapeut bereits ab der ersten Sitzung mittels der Deutung von verbalen und nonverbalen Informationen.

Die bedürfnisorientierte Beziehungsgestaltung sorgt gleichzeitig dafür, dass der Klient sein intransparentes und teilweise manipulatives Interaktionsverhalten (Psychospiele) nach und nach unterlässt (SACHSE 2006a).

Wie in Kapitel 5.1.1 noch beschrieben wird, werden diese Therapeutenmerkmale in der Schemapädagogik-Konzeption besonders berücksichtigt.

Fazit: Klärungsorientierte Psychotherapie findet strukturiert und zielorientiert statt. Der Therapieablauf wird wie folgt beschrieben (HAMMELSTEIN 2009, 197):

1. Beziehungsaufbau (Entwicklung einer vertrauensvollen Beziehung, vor allem durch komplementäre Strategien),
2. Bearbeitung der Bearbeitung (Abbau der Schemaheilungs-Vermeidung, Internalisierung der Perspektive),
3. Phase der Klärung (Schemata werden dem Klienten kognitiv zugänglich gemacht),
4. Veränderung der dysfunktionalen Schemata,
5. Kompetenz-Training (Prüfung, Integration von Schemata, Verbindung mit Ressourcen, Ein-Personen-Rollenspiel),
6. Transfer-Phase (Übersetzung in den Alltag),
7. Ablösung.

1.3 Schematherapie (ST)

Der US-amerikanische Psychotherapeut JEFFREY E. YOUNG (1990; 1999) ist der Begründer der Schematherapie. Sie stellt eine Erweiterung der Kognitiven Verhaltenstherapie dar (YOUNG wurde am Forschungsinstitut für Kognitive Therapie von BECK ausgebildet).

Die Schematherapie ist eine schulenübergreifende Konzeption und wird, wie oben schon erwähnt, zur dritten Welle der Verhaltenstherapie gezählt (wie auch die Klärungsorientierte Psychotherapie).

YOUNGs Ansatz bezieht Aspekte der Verhaltenstherapie, Neurobiologie, Kognitiven Therapie, Bindungstheorie, Gestalttherapie und der psychodynamischen Therapie mit ein.

In Deutschland erfährt der Ansatz immer mehr Popularität, was sicherlich auch mit der in Fachkreisen bekannten Forderung von GRAWE (2004) zusammenhängt, den Schema-Begriff in die von ihm angeregte Allgemeine Psychotherapie mit einzubeziehen.

Der Psychiater ECKHARD ROEDIGER (2009a und b; 2010) unterstützt die Verbreitung im deutschsprachigen Raum sehr intensiv. Er veröffentlichte hierzulande den ersten Beitrag zur Schematherapie und bereicherte sie um einige Erweiterungen (siehe Kapitel 4.3).

Ferner bezog er die Schematherapie auf das von GRAWE entwickelte integrative Therapieverständnis.

Schematherapie wird unter anderem bei Angststörungen, Abhängigkeitserkrankungen, Beziehungsproblemen, Depression und Persönlichkeitsstörungen (insbesondere Narzisstische- und Borderline-Persönlichkeitsstörungen) angewendet (ARNTZ et al. 2005; GRUTSCHPALK 2008).

Auch in diesem Konzept geht es selbstredend um die Veränderung von dysfunktionalen (hier: maladaptiven[11]) Schemata.

Man geht davon aus, dass maladaptive Schemata durch schädliche oder spezifische Kindheitserlebnisse entstehen, etwa durch Vernachlässigung, elterliche Verstärkung von charakterologischen Auffälligkeiten.

– Dauerhafte Frustrationserfahrungen in Hinsicht auf die menschlichen Grundbedürfnisse (Bindung, Fürsorge, Anerkennung) gehören ebenso in diesen Kontext wie auch die sogenannten Fixierungen; sie entstehen durch die übertriebene Befriedigung eines oder mehrerer Grundbedürfnisse.

So kann zum Beispiel das kindliche Bedürfnis nach einer sicheren Bindung von Beziehungspersonen derart aufmerksam verfolgt werden, sodass der Heranwachsende gar keinen oder nur wenig Freiraum erfährt, sondern mit „Liebe" geradezu überschüttet wird. Gleichzeitig wird dadurch das Bedürfnis nach Autonomie unterdrückt.

Auf diese Weise kann möglicherweise ein Schema wie *Abhängigkeit/Dependenz* entstehen, was dazu führt, dass spätere Beziehungen des Betreffenden einmal spezifisch beeinflusst werden (solche Personen wirken eventuell sehr hilfsbedürftig oder geradewegs hilflos).

---

11 Im Rahmen der Schematherapie werden die Auswirkungen, die neuronalen Niederschläge der negativen Beziehungserfahrungen als „frühe maladaptive Schemata" bezeichnet.

Im Gegensatz zur Klärungsorientierten Psychotherapie und Kognitiven Therapie bezieht sich der Schematherapeut in Hinsicht auf die Existenz von maladaptiven Schemata auf eine bereits bestehende Schemaliste.

Diese Tabelle umfasst 18 maladaptive Muster, die von YOUNG et al. (2005) in eigenen Forschungsprojekten gefunden, empirisch überprüft und ausführlich beschrieben wurden (siehe unten). Sie stehen unter anderem im Zusammenhang mit Persönlichkeitsstilen beziehungsweise Persönlichkeitsstörungen.

Ein Schema besteht vor diesem Hintergrund aus Erinnerungen, Emotionen, Kognitionen und Körperempfindungen und beeinflusst, wenn es durch bekannte Situationen aktiviert wird, die Beziehung des Betroffenen zu sich selbst und zu seinen Mitmenschen. (Davon geht man auch in der Klärungsorientierten Psychotherapie aus.)

Klienten können aber auch, das hat die Praxis gezeigt, verschiedene Schemata gleichzeitig offenbaren. Im Alltag kommt es dann entsprechend zu rasch wechselnden Bewältigungsreaktionen. Im Rahmen dieses Konzeptes werden diese Zustände *Schema-Modi* genannt. Davon wird in Kapitel 4.3 die Rede sein.

Wenn Kinder oder Jugendliche maladaptive Schemata ausprägen (müssen), dann lernen sie auch gleichzeitig, mit ihnen umzugehen. Die Kompetenz, sich an schwierige Umgebungen anzupassen, ist wahrscheinlich evolutionären Ursprungs (MENTZOS 2009).

Spezielle angeborene Bewältigungsstrategien kommen infolge der Schema-Ausprägung zum Tragen: Vermeidung, Erduldung und/oder Kompensation. Diese Strategien werden von Betroffenen bereits im Kindesalter offenbart – was auch, nebenbei erwähnt, Auswirkungen auf das Schemapädagogik-Konzept hat.

Die Krux an den eigentlich sinnstiftenden Bewältigungsmechanismen ist, dass diese (aus Sicht des gesunden Menschenverstandes) extremen Verhaltensweisen auch noch im Erwachsenenalter in bestimmten Situationen gezeigt werden. Sie sind dann *völlig* unangemessen und verursachen nur Kosten.

Man kann sich trotz ihrer Nachteile nicht von ihnen lösen, da das zugrundeliegende Schema neuronal tief eingesenkt ist. Kompensation, Sich-Fügen, Vermeidung waren früher im Umgang mit einer bestimmten Person vielleicht sinnvoll, nunmehr aber sind sie bedeutungslos geworden beziehungsweise für den Betreffenden sehr nachteilig.

Er reagiert auch gegenüber Mitmenschen, die lediglich sein Schema auslösen, so übertrieben, wie dies früher der Fall war.

Beispiel: Ein Kind wird von einer wichtigen Bezugsperson über einen längeren Zeitraum hinweg regelmäßig erniedrigt und gemobbt. Infolgedessen wird reflexartig das Schema *Misstrauen/Missbrauch* ausgeprägt.

Jahre später, wenn aus dem Kind ein Erwachsener wurde, kann es nun zu folgendem Phänomen kommen: In jeder Situation, die vergangenen, riskanten Konstellationen ähnelt – vielleicht wird der Betreffende von seinem Lehrer mit einem bestimmten Tonfall kritisiert –, kommt es zu unangemessenen Wutausbrüche, die an das aufbrausende Verhalten eines Dreijährigen erinnern.

Diese basieren dann auf dem erlernten Bewältigungsmechanismus Kompensation. Nun verhält es sich aber fatalerweise so, dass in solchen Situationen weder die Lehrkräfte noch betreffende Schüler das Geschehen verstehen, geschweige denn erklären können. Was passiert gewöhnlich?

Im Normalfall erhält der Schüler für seine Reaktion einen Tadel, der aber nicht einmal, lapidar gesagt, am zugrundeliegenden Schema „kratzt". Daher kommt es immer wieder zu ähnlichen Situationen, ohne dass die Beteiligten das Geschehen verstehen, sie sind ihm geradezu ausgeliefert.

Wie geht man im Rahmen der Schematherapie nun professionell vor? Zunächst geht es um Diagnostik und Edukation (Aufklärungsarbeit).

In dieser ersten Phase wird mit dem Klienten zu Beginn der Therapie unter anderem das Schema-Modell erörtert. Gleichzeitig regt der Therapeut die Herstellung eine vertrauensvolle Beziehung an, die vor allem durch einen wertschätzenden Umgang gewährleistet wird.

Die aktuellen Probleme des Klienten werden vor dem Hintergrund des Schema-Modells gemeinsam analysiert. Mithilfe von erlebnisorientierten Methoden (Imaginationsübungen) werden verschiedene maladaptive Schemata, die vorher gemeinsam diagnostiziert wurden, ausgelöst, insbesondere emotional.

Dies führt unter Umständen zu sehr starken Emotionen (BERBALK & YOUNG 2008), und das ist beabsichtigt. Noch innerhalb der jeweiligen emotionsaktivierenden Sitzung übernimmt der Therapeut die sogenannte *Nachbeelterung*, die auch als *begrenzte elterliche Fürsorge* bezeichnet wird. Auf diese Weise unterstützt er nachträglich die Schemaheilung.

Denn nur durch positive Erfahrungen, die direkt am Schema orientiert sind und in der Regel konträr zu den Erfahrungen in der Kindheit und Jugend liegen, kann Schemaheilung stattfinden. Ähnlich sehen dies auch SACHSE et al. (2009).

Schematherapeuten müssen außerdem eine Balance zwischen elterlicher Fürsorge und Grenzsetzung (*empathische Konfrontation*) herstellen, weil sie vom Klienten latent, vor allem zu Beginn der Therapie, als Elternobjekt wahrgenommen werden (*Übertragung*).

Klienten lernen im Laufe der Therapie auch, wie sie selbst durch Mentalisierung an der Problemklärung mitarbeiten können.

Am Ende dieser ersten Phase (Diagnostik und Edukation) wird die Fallkonzeption erstellt, sie ist konkret auf die Probleme des Klienten bezogen. In der zweiten Therapiephase stehen die systematische Verhaltensänderung und die damit einhergehende Schemaheilung im Vordergrund.

Vorbereitet wird das anspruchsvolle Unternehmen insbesondere durch die spezifische Förderung des Klienten in Bezug auf (a) Achtsamkeit und (b) die Fähigkeit, sich von seinen Gefühlen zu distanzieren.

Außerdem wird der Klient dazu motiviert, im Falle von Schema-Aktivierungen im Alltag innere Dialoge zu führen. Hierzu hat ROEDIGER (2009a), in Anlehnung an das *Schemamemo* (siehe unten), das sogenannte B-E-A-T-E-Prinzip entworfen.

Es besteht aus den Teilschritten: Benennen, Erkennen, Anerkennen, Trennen, Einbrennen. Das Prinzip wird in Kapitel 4.3 erklärt.

Weitere Elemente, die der Verhaltensänderung dienen und entsprechend eingesetzt werden, sind: Dialoge auf Stühlen, populäre kognitive Methoden, das eben schon erwähnte Schema-Memo, Rollenspiele, Hausaufgaben, Tagebuch.

In folgender Übersicht ist der Ablauf einer Schematherapie noch einmal grob zusammengefasst (ROEDIGER 2009b, 92):

1. **Diagnostik- und Klärungsphase**: Therapeut und Klient identifizieren gemeinsam maladaptive Schemata und Modi. Im Zentrum steht dabei auch der Beziehungsaufbau. Die Grundlagen der Schematherapie werden vermittelt, Therapieziele erörtert. Zum Einsatz kommen auch die sogenannten Schema-Fragebögen, die der Diagnostik hilfreich sind. Erlebnisaktivierende Techniken können schon eingesetzt werden. Am Ende dieser Phase wird das Fallkonzept erstellt.

2. **Veränderungsphase**: Der Klient wird dazu animiert, Verhaltensveränderungen selbst durchzuführen. Unterstützt wird diese Phase durch erlebnisaktivierende, kognitive und verhaltenstherapeutische Elemente.

2. Schemata – wie wir uns, die Anderen und die Welt sehen

Im Folgenden wird auf das konstruktivistisch orientierte Schema-Modell und wie es in den hier vorgestellten Psychotherapiekonzepten aufgefasst wird, ausführlicher eingegangen.

In psychosozialen Berufen sind die entsprechenden theoretischen und praktischen Darstellungen sowie die Folgerungen in Hinsicht auf die zwischenmenschliche Beziehungsgestaltung und Selbst- und Fremdwahrnehmung leider weitgehend unbekannt.

Wir erwähnt, wurde der Schema-Begriff von JEAN PIAGET in die Psychologie eingeführt, und die meisten Angehörigen der Helferberufe bringen mit ihm die sogenannte kognitive/geistige Entwicklung des Kindes in Verbindung. Sie wurde von ihm aufgegriffen, empirisch untersucht und detailliert beschrieben.

Er war seiner Zeit voraus und ging bereits vor Jahrzehnten davon aus, dass Anlage und Umwelt während der kindlichen Entwicklung wechselseitig aufeinander einwirken.

Laut seinen Studien durchläuft der Heranwachsende in strenger Abfolge – bei optimaler Entwicklung – sechs Stufen geistigen Wachstums.

Es werden nur dann höhere Stufen erreicht, wenn das Kind viele äußerliche Anregungen vorfindet, die zunehmend komplexer werden.

Wird diese Voraussetzung vernachlässigt, wird das Gehirn besonders in den ersten beiden Lebensjahren, in denen ein enormer Wachstumsschub stattfindet, nicht ausreichend „gefordert". Dann können Entwicklungsstörungen die Folge sein.

Folgende vier zentrale Perioden, die die sechs Stufen implizieren, werden von PIAGET unterschieden. Sie lauten (siehe auch BODENBURG & KOLLMANN 2009, 154):

1. Periode des sensumotorischen Stadiums (circa 0–2 Jahre). In diesem Stadium zeigt sich bereits das Zusammenwirken von kindlicher Wahrnehmung und Handlung einerseits und die daraus resultierende Wirkung andererseits. – Das Kind erfährt schon, dass zunächst zufällige Handlungen Effekte erzielen, was sich wiederum per Rückkopplung positiv auf die Hirnentwicklung auswirkt.
2. Periode des voroperationalen Denkens (circa 2–7 Jahre). Die Sprachentwicklung findet verstärkt im 2. Lebensjahr statt. Gedanken, Erfahrungen und Symbole können nun verbal ausgedrückt werden. Außerdem kommt es zum Phänomen des sogenannten Egozentrismus: Das Kind sieht sich selbst als Maßstab der Dinge, es erwartet von seiner sozialen Umwelt dieselbe Wahrnehmung.
3. Periode der konkreten Operationen (7–12 Jahre). Über anschauliche, gegenständliche Sachverhalte können Kinder in dieser Phase auch nachdenken. Gegenstände bilden sich entsprechend mental ab.
4. Periode der formalen Operationen (ab 12. Lebensjahr). Das Denken verläuft zunehmend abstrakt und ist nicht mehr an die Anschauung gebunden. Kinder sind nun auch imstande, mit kognitiven Begriffen umzugehen (etwa mit mathematischen Formeln, Hypothesen, Mutmaßungen).

Der Entwicklungsverlauf im Verständnis von PIAGET ist in den letzten Jahren aufgrund von weiteren Forschungen, insbesondere von neurowissenschaftlich orientierten, geringfügig modifiziert worden (WILSON 2007).

Ein allgemeiner Konsens in erziehungswissenschaftlichen Kreisen herrscht aber darüber, dass die ersten Lebensjahre in Hinsicht auf die Ausprägung von kognitiven Schemata immens wichtig sind.

Durch entsprechend funktionale Muster ist das Kind dazu befähigt, die Welt, die es umgibt, zu ordnen und zu verstehen.

PIAGETs Schema-Theorie ist *das* Aushängeschild des Konstruktivismus. Das konstruktivistische Axiom, nach dem der Mensch nicht das Abbild der Realität wahrnimmt, sondern permanent seine eigene Wirklichkeit mittels vorauseilenden Annahmen und Hypothesen erschafft (konstruiert), gilt unter anderem auch in der *Systemtheorie.*

Vergleicht man aber

- (a) PIAGETs Schema-Modell,
- (b) die allgemeinen Grundsätze des Konstruktivismus und
- (c) die Auffassung der Systemtheorie mit
- (d) den Annahmen, die in den schemaorientierten Psychotherapieansätzen vorherrschen, so zeigt sich ein wesentlicher Unterschied.

Erstere Hypothesen implizieren, dass konstruktivistische Prozesse vorwiegend auf der kognitiven Ebene verortet sind (emotionale Konstruktionen spielen keine Rolle[12]), wohingegen letztere (mit Ausnahme der klassischen Kognitiven Therapie) die Ebenen des Emotionalen und Körperlichen besonders miteinbeziehen.

YOUNG und SACHSE stützen sich bei ihren integrativen Ausführungen auf neurobiologische beziehungsweise motivationspsychologische Befunde (siehe Kapitel 3).

Da sich die hier thematisierten Therapien schwerpunktmäßig mit Schemata beschäftigen, wird im Folgenden auf die Schemadefinitionen der einzelnen Konzepte eingegangen.

Kognitive Therapie

BECK, FREEMAN & DAVIS (2004) beschreiben neben ihren Thesen zur Therapie von Persönlichkeitsstörungen auch konkret dysfunktionale Schemata – BECK hat eine eigene Schema-Theorie vorgelegt. Die Autoren unterscheiden verschiedenartige Muster, etwa *persönliche* Schemata („Ich bin hilfsbereit"), *religiöse* („Gott hat die Erde erschaffen"), *berufliche* („Eine Ausbildung ist wichtig"), *familiäre* („Der Mann sollte das Geld verdienen, die Frau den Haushalt führen") usw. Nach

---

12 Lediglich die Thesen des Pädagogik-Professors ROLF ARNOLD stellen diesbezüglich eine Ausnahme dar (zum Beispiel 2008). Er hat den sogenannten emotionalen Konstruktivismus definiert und diesbezüglich auf die neurowissenschaftliche Forschung verwiesen. Seine Ausführungen zum Thema, wie man mit seinen eigenen (emotionalen) Konstruktionen im Alltag besser zurechtkommt, sind innovativ. Doch es fehlt ein didaktisch-methodisches Konzept in Hinsicht auf die emotionalen Konstruktionen (Schemata).

den Erfahrungen der Therapeuten ist es möglich, innerhalb von kurzer Zeit die Schemata eines Klienten zu diagnostizieren.

Im Falle der sogenannten Narzisstischen Persönlichkeitsstörung herrschen zum Beispiel folgende persönliche Schemata vor: „Ich bin etwas ganz Besonderes", „Ich bin mehr wert als die Anderen", „Ich habe Sonderstatus".

Diese Muster sorgen, wenn ausgelöst, für eine selektive Wahrnehmung bei Betreffenden, und zwar in Bezug auf sich und ihre sozialen Kontakte.

In Unterhaltungen beispielsweise neigen Personen mit Narzisstischer Persönlichkeitsstörung entsprechend zur übertriebenen Selbstdarstellung – gleichzeitig wird der Gesprächspartner verzerrt wahrgenommen, nämlich als Bewunderer ihrer „einzigartigen" Fähigkeiten.

Gleichzeitig sind Narzissten aber auch übermäßig anfällig für jedwede Art von Kritik. Dies ist gewöhnlich ein Hinweis darauf, dass auch negative Selbstschemata existieren.

Diese werden von Betreffenden aber erfahrungsgemäß verdrängt (SACHSE 2006b). Läuft aus Sicht des Betreffenden der Alltag nach Plan, sind etwaige negative Selbstschemata *inaktiv* und somit außerhalb des Bewusstseins verortet (BECK, FREEMAN & DAVIS 2004).

Menschen mit Persönlichkeitsstörungen finden in ihrer Umwelt immer wieder Beweise für ihre Selbst-, Beziehungs- und Wirklichkeitsdefinition, was strenggenommen einer Wahrnehmungsverzerrung entspricht.

Wie es zu kognitiven Verzerrungen kommt und welche Auswirkungen sie haben

Ursachen von irrationalen Schemata sind meistens negative Erfahrungen, die sehr viel Stress für den Betroffenen bedeuteten.

Diese Erlebnisse wurden fehlerhaft verarbeitet und häufig generalisiert, also verallgemeinert. Sie beeinflussen dadurch zukünftige Situationen, die der Ursprungssituation ähnlich sind.

Andererseits legen eventuell auch die Bezugspersonen durch positive Verstärkung den Grundstein für die Entstehung und Fundierung von dysfunktionalen Schemata.

Nach BECK et al. (1979/2001) weisen verzerrte Kognitionen, die in Kombination gezeigt werden, auf zugrundeliegende Schemata hin. Sie halten außerdem die jeweilige emotionale Störung aufrecht. Folgende Wahrnehmungsfehler, die besonders an das oben skizzierte kindliche Denken erinnern (siehe PIAGET), sind – neben anderen – bei Klienten häufig zu beobachten:

1. **Schwarz-Weiß-Denken**. Dieser Fehler ist folgenschwer. Man nimmt gewissermaßen im Alltag keine „Grautöne" wahr, sondern nur Extreme. Es fehlt an Differenzierungsmöglichkeiten. Ein Exempel: Wenn etwa dem Klienten ein Projekt im Job nicht gänzlich glückt, ist die Sache aus seiner Sicht „ein kompletter Misserfolg". Ist das Schwarz-Weiß-Denken ferner angetrieben von einer nachteiligen Stimmung, werden alle positiven Seiten des Selbst, der Beziehung beziehungsweise des Lebens ausgeklammert, genauer gesagt, umgedeutet, und zwar negativ.
2. **Übergeneralisierung**. Einzelne Vorfälle im Alltag werden bei dieser Wahrnehmungsverzerrung von Betreffenden übermäßig wichtig genommen und verallgemeinert. Sie spielen dann bei zukünftigen Situationen eine gewichtige Rolle. Beispiel: Eine Schülerin bekommt von Lehrer X die Note „ungenügend" auf die erste Klassenarbeit. Vor der nächsten Klausur denkt sie: „Ich schreibe bei Lehrer X nur Sechsen!" Und so kommt es dann auch leicht, und zwar aufgrund des Mechanismus sich selbst erfüllende Prophezeiung.
3. **Personalisieren**. Der Betreffende bezieht mittels dieses Fehlers bestimmte Ereignisse im Alltag – ohne kritische Prüfung – willkürlich auf die eigene Person. Dadurch erhalten Situationen eine subjektive Relevanz. Beispiel: Zwei Männer sitzen in der letzten Reihe in einem Linienbus und erzählen einander humorvolle Anekdoten aus ihrem Büroalltag. Dabei brechen sie dann und wann in Gelächter aus. Fünf Reihen vor ihnen sitzt eine junge Frau, die nicht die Geschichten, sondern nur das Gelächter mitbekommt. Sie denkt sich: „Die lachen über *mich*!" – und sie fühlt sich minderwertig.
4. **Gedankenlesen**. Wer diesem kognitiven Fehler ausgeliefert ist, glaubt zu wissen, was konkret in den Köpfen seiner Mitmenschen vor sich geht. Vorwiegend dreht es sich dabei um Meinungen, die über den Betreffenden bestehen (sollen). Viel zu schnell (und außerdem ohne Überprüfung) nimmt der Betreffende an, die Anderen würden negativ über ihn urteilen.
5. **Katastrophieren**. Es ist bekannt, dass Klienten mit generalisierter Angst-

störung (Hauptcharakteristikum: sich Sorgen machen) in Hinsicht auf die Zukunftsperspektive sehr pessimistisch eingestellt sind. Stets wird vom *worst case* in Bezug auf eigene Erfahrungen sowie auf Erlebnisse, die andere betreffen, ausgegangen. Ähnliches gilt auch für Klienten, die zum Katastrophieren neigen. Vor bestimmten Ereignissen werden automatisch Voraussagen konstruiert, die stets negativ sind. Außerdem wird die Bedeutung des vorausgesagten Ereignisses weit überschätzt. Einige Beispiele: „Wenn es schneit, wird bestimmt etwas auf Deiner Autofahrt passieren", „Im Krankenaus geht bei meiner OP sicher was schief" usw.

6. **Etikettieren**. Manche Klienten konstruieren aus einem einzigen Misserfolg einen umfassenden Selbstschema-Beweis. Betreffende versagen etwa bei einer Prüfung; sie kommen zu dem Schluss: „Ich bin durchgefallen, weil ich der geborene Verlierer bin."

In der Therapie geht es daher – besonders im Zusammenhang mit Persönlichkeitsstörungen – um die *kognitive Analyse* des Klienten. Hierbei dreht es sich um

- (a) die Meinungen des Betreffenden über sich selbst,
- (b) über andere (die für ihn wichtig sind) und
- (c) um spezifische negative Wertungen, die ganz allgemein mit der Selbst- und Fremdwahrnehmung zusammenhängen.

Zwingende und nicht zwingende Schemata

Nach den Erfahrungen von BECK können Schemata noch einmal unterschieden werden, und zwar in *weniger zwingende* und *zwingende* (siehe auch FREEMAN 2000).

Die weniger zwingenden Schemata offenbaren sich als Anschauungen, die mithilfe des Therapeuten leicht kritisiert und aufgegeben werden können. Solche Muster sind zum Beispiel Vorurteile gegen Personen oder Gruppen.

Anders liegen die Dinge bei den zwingenden Schemata. Hierbei handelt es sich um langlebige, in der Biografie fest verankerte Glaubenssätze. Sie sind sehr hartnäckig. Schon der leiseste Anschein, ein solches Schema könnte nicht zutreffen, stößt entsprechend auf Klientenseite auf heftigsten Widerstand. Unter anderem Menschen mit extremen politischen und religiösen Überzeugungen offenbaren solche Schemata.

Fallbeispiel: Schüler S. (18 Jahre) gilt in seiner Klasse als Sonderling. Er unterhält keine sozialen Kontakte und schottet sich gegenüber seinen Mitschülern ab. Auf sein äußeres Erscheinungsbild legt er keinen Wert. Seine Freizeitbeschäftigungen: Computerspiele „zocken" und Hollywood-DVDs schauen.
Im Gespräch mit dem Lehrer, zu dem er einen freundschaftlichen Kontakt aufgebaut hat, gibt er unter vier Augen an, dass er schon *immer* ein Sonderling war (*irrationales Selbstschema*). In Bezug auf die nicht vorhandenen Sozialkontakte in der Schule sagt er: „Die Anderen in der Klasse sind mir egal. Die nerven mich nur! Außerdem wollen die nichts mit mir zu tun haben!" (*Personalisierung, Gedankenlesen*)
Auf den Einwurf des Pädagogen: „Ich glaube, die S. findet Dich nett" erwidert er: „Ach! Quatsch! Die hat vorhin im Unterricht mit der K. über mich gelästert und dann gelacht!" (*Personalisierung, Gedankenlesen*)
Diese Beobachtung teilt der Lehrer nicht. Aber seine Versuche, die kognitiven Verzerrungen des Schülers zu wiederlegen, scheitern. Die Wahrnehmungsfehler basieren auf zu massiven Schemata.

Klärungsorientierte Psychotherapie

Der Schema-Begriff wird im Rahmen der Klärungsorientierten Schematherapie neutral verwendet. Es gibt demnach neben dysfunktionalen auch funktionale Schemata, sie tragen zur Alltagsbewältigung bei.

Entsprechende Muster lauten etwa (in Bezug auf sich selbst): „Ich bin nicht der Schönste, aber auch nicht der Hässlichste", „Im Grunde genommen bin ich in Ordnung", „Es gibt nichts Gutes, außer ich tue es" oder (in Bezug auf den Umgang mit anderen): „Was Du nicht willst, was man Dir tu', das füg' auch keinem Andern zu".

Strenggenommen sind Schemata „strukturierte und organisierte Gedächtnisbestände" (SACHSE et al. 2008, 32). Doch natürlich geht es im Therapiealltag ausschließlich um kostenintensive Muster.

Dysfunktionale Schemata entstehen einerseits infolge von spezifischen, sich häufig wiederholenden Beziehungserfahrungen; andererseits können sie sich auch durch Frustrationen der zentralen Beziehungsmotive etablieren.

Die Forschergruppe geht von sechs Grundbedürfnissen aus:

- Anerkennung/Akzeptierung,
- Wichtigkeit,
- Verlässlichkeit,
- Solidarität,
- Autonomie,
- Grenzen/Territorialität (siehe Kapitel 3.3).

Hinweise auf dysfunktionale Schemata liefern kognitive Verzerrungen - davon geht man, wie oben schon erwähnt, auch in der Kognitiven Therapie aus. Das heißt, wenn ein Klient sagt: „Ich wurde *immer* abgelehnt", dann meint er damit mit an Sicherheit grenzender Wahrscheinlichkeit: „Meine Bezugspersonen haben mich *manchmal* runtergemacht" oder Ähnliches.

SACHSE et al. (2008) stellen fest, dass sich nicht die Schemata selbst im sogenannten *biografischen Selbst* (bewusste Ich-Aspekte) abbilden, sondern nur die ungenauen *Schlüsse* der schemarelevanten Erfahrungen.

Im eben ausgeführten Beispiel resultiert das Statement des Klienten („Ich wurde immer abgelehnt!") wahrscheinlich lediglich aus einer Verinnerlichung von einzelnen Aussagen seiner Bezugspersonen.

Das heißt, das Feedback der Familienmitglieder schlägt sich irgendwann in der Psyche des Heranwachsenden nieder und wird zu einem nachteiligen Selbstschema.

Hieraus folgt, aus häufigen Sprüchen wie etwa „*Du* bist aber hässlich und dumm!" wird irgendwann ein dysfunktionales Selbstschema á la: „*Ich* bin nicht liebenswert". Aus „Du machst das immer wieder falsch" wird eventuell ein „Ich hab nichts drauf"-Muster.

Schemata sind also vor diesem Hintergrund „nur" zusammengefasste Erfahrungen, die hochgradig kognitiv verzerrt sind. (Diese Hypothesen zur Selbstschema-Entstehung entsprechen weitgehend SIGMUND FREUDs Konzeption des Über-Ichs.)

Ist ein dysfunktionales Schema einmal aktiviert, wird die Wahrnehmung, das Denken, Fühlen und Verhalten maßgeblich eingefärbt. - Automatische Gedanken laufen dann ab, provoziert werden auch affektive Zustände (etwa ein Gefühl der Bedrohung), Emotionen (Ängste, Ärger, Schuldgefühle) sowie Handlungsimpulse, aber auch Handlungen selbst (siehe unten stehendes Fallbeispiel).

Weiter wird davon ausgegangen, dass dysfunktionale Schemata immer auch an sogenannte kompensatorische Muster geknüpft sind. Das heißt, negative Selbst- und Beziehungsschemata werden nicht einfach zur Kenntnis genommen (das wäre innerpsychisch zu belastend).

Personen mit dysfunktionalen Schemata haben in früher Kindheit oder Jugend immer auch Kompensationsmotivationen entwickelt und praktisch umgesetzt - was sich wahrscheinlich im Laufe der Evolution als sinnvoll herausgestellt hat.

Kompensatorische Schemata zielen daher darauf ab, negative Annahmen aktiv auszugleichen. Beispiel: Ein dysfunktionales Selbstschema wie „Ich bin eine Null" ist etwa verknüpft mit einem kompensatorischen Muster wie „Ich muss viel leisten". Dasselbe gilt auch für die oben schon beschriebenen Beziehungsschemata.

Zusammenfassend gesagt: Es gibt es sogenannte

- (kompensatorische) normative Schemata (Annahmen darüber, was der *Betreffende* tun sollte, tun muss beziehungsweise nicht tun darf) und
- Regelschemata (Meinungen darüber, wie sich *andere* verhalten sollten, was sie tun müssen usw.).

Auf diese Schemata wird in Kapitel 3.3 noch einmal ausführlich eingegangen.

Verschiedene Schemata

Explizit werden in der Klärungsorientierten Psychotherapie Selbst- und Beziehungsschemata thematisiert. SACHSE (1992) unterscheidet weiter zwischen

- (a) *semantisch-konzeptuellen* Schemata (abstrahiertes Wissen über die Welt),
- (b) *biografisch-episodischen* (Speicherungen von Lebenserfahrungen) und
- (c) exekutiven Schemata (vernunftwidrige Schlussfolgerungen von Erfahrungen).

Um die exekutiven Schemata, auf die auch schon GRAWE (1998) eingegangen ist, geht es vorwiegend in der Klärungsorientierten Psychotherapie. Sie entsprechen geradezu den maladaptiven Schemata und weisen einen hohen Grad an innerer Ambivalenz auf. Und – um den Punkt noch einmal hervorzuheben – *sie bilden gewöhnlich nicht die biografische Realität ab.*

Deshalb, so die Anregung von HAMMELSTEIN (2009, 196), sollten die Bemerkungen von Klienten über ihre nachteiligen Biografie-Phasen vom Therapeuten (innerlich) kritisch hinterfragt werden; vielleicht stehen sie bereits unter dem Einfluss eines dysfunktionalen Schemas.

Nichtsdestotrotz sollte man die Biografiearbeit in die Diagnostik miteinbeziehen. Denn auch in der aktuell thematisierten Therapie dienen die unvermeidlichen kognitiven Verzerrungen in diesem Zusammenhang als Wegweiser, das heißt, sie führen geradewegs zu den exekutiven Schemata.

Maladaptive Schemata sind vor dem Hintergrund der Klärungsorientierten Psychotherapie hochgradig Personen-spezifisch oder, wie SACHSE et al. (2008) sagen, *idiosynkratisch.*

Hieraus folgt, dass in der Klärungsorientierten Psychotherapie keine vorformulierten Schemata-Kategorien in der Diagnostik-Phase (*a priori*) berücksichtigt werden (wie bei der Schematherapie), sondern es wird der Individualität des Klienten Rechnung getragen, der seine ganz persönlichen Selbst- und Beziehungsschemata mit einbringt.

Der Therapeut muss demnach stets (*a posteriori*) ein individuelles Klienten-Modell mitsamt dysfunktionalen Selbst- und Beziehungsschemata erstellen.

Verschiedene Schema-Ebenen

Es wird weiter davon ausgegangen, dass Schemata kognitive *und* affektive Inhalte aufweisen (SACHSE et al. 2008), das heißt, gewissermaßen sich aus der Kombination beider Faktoren zusammensetzen. Darauf wurde oben schon pro forma hingewiesen.

Drei Ebenen von Schemata werden vom Autorenteam beschrieben:

- Die *erste Ebene* enthält Annahmen über die eigene Person und über andere, etwa: „Ich bin keine große Nummer“, „Niemand kann mich leiden“ usw. Meistens ist diese Ebene angefüllt mit rein kognitiven Inhalten. Der Klient hat einen direkten Zugang zu solchen Inhalten. Lösen solche geäußerte Aussagen aufseiten des Klienten aber offensichtlich Affekte und

Emotionen aus, dann ist das zugrundeliegende Schema sicherlich nicht überwiegend kognitiv strukturiert. Meistens sind problematische Meinungen - wie die eben erwähnten - nur die „Spitze des Eisbergs" (SACHSE et al. 2009, 45).

- Auf der *zweiten Ebene* sind Wenn-dann-Beziehungsmuster verortet, sogenannte Kontingenzannahmen. Sie lauten etwa: „Wenn man ein Versager ist, hat man keine Freunde", „Wenn man peinlich ist, lacht einen jeder aus", „Wenn man etwas falsch macht, dann ist das ganz schlimm". Solche Annahmen erscheinen zwar auf den ersten Blick überwiegend kognitiv verortet zu sein - aber meistens löst gerade der Satzteil, der mit „dann" beginnt, beim Betreffenden Affekte und Emotionen aus (diese beiden Begriffe werden hier unterschieden, siehe auch Kapitel 3.3). Der Grund: Die Bewertungen hängen eben immer auch mit *eigenen* Gefühle und Affekten zusammen, die in der Biografie des Klienten in bestimmten Situationen relevant waren. Im Zuge der Aktivierung dieser Schema-Ebene werden neben Kognitionen meistens gleichzeitig auch Affekte ausgelöst. Sie äußeren sich dann in Form etwa von Spannungsgefühlen oder körperlichem Unbehagen.
- Die *dritte Ebene* eines maladaptiven Schemas besteht entsprechend überwiegend aus affektiven Anteilen. Und alleine sie entscheiden letztlich darüber, wie sich eine Person bei der Schema-Aktivierung *fühlt* - und nicht die kognitiven Anteile!

Die dritte Ebene ist laut SACHSE et al. (2008) von entscheidender Bedeutung. Hier sind alle (in Hinsicht auf das entsprechende dysfunktionale Schema) Frustrationen aus der Kindheit und Jugend verortet, anders gesagt, die *emotionalen* Konsequenzen von unliebsamen Konstellationen.

Wird diese Ebene aktiviert, kommt es in den meisten Fällen sehr schnell zu sehr heftigen Affekten, die der Klient nicht unter Kontrolle hat (Wut, Angst, Scham usw.). Auch die Kognitionen und Verhaltenstendenzen werden dann zeitgleich von der gefühlsmäßigen Aktivierung beeinflusst.

Die eben beschriebene Schema-Dreiteilung erklärt aus dieser Perspektive übrigens die jedem gängige Alltagbeobachtung, wonach manche Personen auf eigentlich „ganz normale" Aussagen in einer bestimmten Situation intuitiv übertrieben reagieren. Sie fahren dann völlig aus der Haut, und nichts und niemand kann sie beruhigen.

Wird nämlich, möglicherweise aus Zufall, durch eine x-beliebige Bemerkung ein dysfunktionales Schema ausgelöst, kommt es meistens zu sogenannten *bottom-up-Aktivierungen*. In einem solchen Fall überfluten die zuerst aktivierten affektiven Anteile „von unten" die beiden darüber liegenden Ebenen.

Der Person bleibt dann gar keine andere Wahl, als entsprechend dem Schema zu denken, fühlen und gegebenenfalls zu handeln. Der Betreffende kann sein irrationales Schema gar nicht unterdrücken, weil er erfahrungsgemäß gar nicht weiß, dass es existiert.

Selbst wenn das Muster gemeinsam mit dem Therapeuten im ambulanten Setting expliziert wird, in Reichweite des Bewusstseins gerät, so bleibt doch jederzeit die Neigung bestehen, das Schema zukünftig in ähnlichen Situationen zuzulassen. Der Grund liegt in Folgendem: Es ist vertraut!

Ein Beispiel: Eine Äußerung wie „Mensch, das hättest Du besser machen können!" wird von manchen Personen automatisch und unangemessen extrem als negative Kritik gewertet (vor allem Lehrer können hiervon ein Lied singen).

Das liegt daran, weil sich aufseiten des Klienten entsprechende unliebsame Situationen mit ähnlichem Inhalt in seinem impliziten Gedächtnis niedergeschlagen haben (siehe Kapitel 3.3).

Für eine solche Reaktion verantwortlich ist ein Schema á la „Ich bin so, wie ich bin, nicht in Ordnung". Was passiert nun im Zuge der Aktivierung? Der Betreffende erinnert sich, vorwiegend auf der affektiven Ebene, an früheres Scheitern in anderen, aber sicherlich ähnlichen Situationen.

Es kommt bei einer derartigen Schema-Aktivierung neben negativen Affekten und Emotionen auch zu nachteiligen Kognitionen („Was habe ich denn jetzt schon wieder falsch gemacht?").

Der Gesprächspartner andererseits hatte mit seinem Ausspruch eventuell etwas völlig Anderes im Sinn, vielleicht wollte er einfach nur witzig sein oder ironisch klingen. Doch das spielt für denjenigen, dessen Schema dadurch ausgelöst wurde, keine Rolle.

Ausschließlich das durch die Situation ausgelöste Schema ist jetzt relevant. Und das Muster wirkt, und das ist sehr nachteilig, auf verschiedenen Ebenen.

Es gestaltet sich, wie gesagt, dreigliedrig. Nun wird auch klar: Mit gut gemeinten Rechtfertigungsargumenten („Das habe ich doch gar nicht so gemeint!") alleine kann man die Schema-Aktivierung des Anderen nicht runter regeln, geschweige denn bearbeiten.

Argumente erreichen bei einer Schema-Aktivierung ja nur die kognitive Ebene, gerade die „Spitze des Eisbergs".

Fallbeispiel: Der 17-jährige K. klagt über zu viel Stress zu Hause und in der Schule. Er leidet zudem unter psychosomatischen Beschwerden (Magenschleimhautentzündung, Kopfschmerzen, Durchschlafstörungen).
Seine Erzieher, der 50-jährige W. (Rechtsanwalt) und die 49-jährige S. (Grundschullehrerin), legen sehr viel Wert auf die Vermittlung von traditionellen Werten, Disziplin und den schulischen Erfolg ihres Sohnes. Sie meinen unisono: „Wenn man in der Gesellschaft aneckt, taugt man nichts!"
Befolgt der Junge die Vorgaben seiner Eltern penibel – und schreibt er gute Noten, so herrscht zu Hause Harmonie (Grund: er zeigt ein komplementäres, angepasstes Verhalten zur Motivebene der Eltern).
Sobald er aber aus Sicht der Anderen die Regeln bricht (einmal färbte er sich die Haare blond), so wird dies intuitiv als Konfrontation verstanden (bottom-up-Aktivierung des Schemas „Wenn man in der Gesellschaft aneckt, taugt man nichts).
Er löst durch solche Aktionen außerdem aufseiten seines Vaters ein erworbenes maladaptives Beziehungsschema aus; es hat den Namen: „Die Anderen müssen sich so verhalten, wie ich das will". Er hat das Schema wiederum von seinem Vater übernommen. Im Falle dieser Schema-Aktivierungen nimmt das Verhalten des Älteren cholerische Züge an (Grund: Aktivierung der affektiven Schema-Ebene). Entsprechend reglementiert er den Jüngeren ausführlich und „in aller Ruhe" (die beiden anderen Schema-Ebenen sind dann aktiviert). Das wesentliche Motto, um das sich der Monolog mit integrierten Macht-Gefälle dreht, lautet: „Wenn man aneckt, taugt man nichts!"

Schematherapie[13]

In diesem Psychotherapiekonzept werden im Rahmen der Therapie ebenfalls maladaptive Schemata des Klienten, die vorwiegend kognitiv und affektiv aufge-

---

[13] Da im nächsten Kapitel ausführlich auf das Schema-Modell von YOUNG eingegangen wird, findet sich an dieser Stelle nur eine knappe Einführung in die Konzeption der Schematherapie.

fasst werden (siehe unten), geklärt. Auch ihre Entstehungsbedingungen werden gemeinsam erforscht.

Schemata werden vor allem als Ursachen und Ausdruck von Persönlichkeitsstörungen und leichteren charakterologischen Problemen verstanden (YOUNG 1999).

Bei einem maladaptiven Schema handelt es sich nach der Definition von YOUNG et al. (2008, 36) konkret „um

- ein weitgestecktes, umfassendes Thema oder Muster,
- das aus Erinnerungen, Emotionen, Kognitionen und Körperempfindungen besteht,
- die sich auf den Betreffenden selbst und seine Kontakte zu anderen Menschen beziehen,
- ein Muster, das in der Kindheit oder Adoleszenz entstanden ist,
- im Laufe des weiteren Lebens stärker ausgeprägt wurde und
- stark dysfunktional ist".

Wie man sieht, und darauf wird hier explizit hingewiesen, haben diese Muster mehrere Ebenen, beinhalten Erinnerungen, Emotionen, Kognitionen und Körperempfindungen - und haben außerdem einen starken Bezug zu einem frühkindlichen oder adoleszenten Thema.

YOUNG unterscheidet, ähnlich wie BECK, stark und weniger stark ausgeprägte Schemata.

Im Rahmen der Schematherapie heißen sie *bedingt gültige* und *bedingungslos gültige* Schemata.

Bedingungslos gültige Schemata

Letztere Muster üben einen sehr großen Einfluss auf den Betroffenen aus. Sie steuern im Falle einer Aktivierung die psychischen und physischen Vorgänge und schränken somit die Willensfreiheit im hohen Maß ein.

Der Grund: Bedingungslos gültige Schemata, etwa (a) *Verlassenheit/Instabilität* oder (b) *Misstrauen/Missbrauch* (siehe Kapitel 2.1), sind sehr früh entstanden und nehmen nunmehr wegen ihrem hirnphysiologischen Niederschlag einen zentralen Status im Leben des Betreffenden ein (wie sie sich konkret auswirken, sehen wir im nächsten Kapitel).

Das heißt, im ersten Fall (a) sind Betreffende während der Schema-Aktivierung wirklich davon überzeugt, dass etwa ihr Partner sie trotz zahlloser Liebesbekenntnisse verlassen wird, im zweiten (b) wird die Meinung vertreten: „Jeder will mir schaden!"

Erschwerend kommt hinzu: Klienten sind sich während der Aktivierung nicht über die innerpsychischen Vorgänge im Klaren. Sie haben aus Sicht des Umfelds „ihre fünf Minuten" (so erklären sich die Mitmenschen des Betreffenden manchmal Schema-Aktivierungen von Betreffenden). Gutes Zureden nützt rein gar nichts, selbst scheinbar überzeugende Argumente werden schemaspezifisch aufgefasst.

Es bleibt erfahrungsgemäß nicht nur bei den erwähnten „fünf Minuten". – Das Schema prägt unter Umständen die ganze Lebensphilosophie des Betreffenden, sein Verhältnis zu sich und anderen.

Es kann zu folgendem Phänomen kommen: Die Mitmenschen werden dazu animiert, Verhaltensweisen zu zeigen, die den vorauseilenden schemaspezifischen Erwartungen entsprechen. Dieser Mechanismus wird in der Psychoanalyse auch *projektive Identifizierung* genannt.

Bedingt gültige Schemata

Die bedingt gültigen Muster andererseits lassen kognitiven Spielraum zu. Das heißt, der Klient kann sie infrage stellen und sogar mithilfe des Therapeuten ad absurdum führen.

Hierzu zählen zum Beispiel die Schemata (a) *Unterwerfung* und (b) *Emotionale Gehemmtheit.* Klienten können solche Muster verändern, indem sie etwa (a) lernen, ihre Unterwerfungstendenz vor dem Hintergrund ihrer Biografie zu verstehen und sie zukünftig im Alltag zu unterdrücken; auf der anderen Seite (b) kann die Wirkung des hinderlichen Musters *Emotionale Gehemmtheit* durch Rollenspiele und Training der Sozialkompetenzen im Rahmen der Therapie reduziert werden.

Schemata sind, wie oben schon erwähnt, in die neuronalen Netzwerke des Gehirns höchstwahrscheinlich „eingebrannt". Sie haben daher die Tendenz, sich selbst zu erhalten, was außerdem mit den natürlichen Gesetzen des Hirnstoffwechsels zusammenhängen könnte.

Da das Gehirn im Erwachsenenalter circa 20 Prozent des gesamten Sauerstoffbedarfs beansprucht, ist davon auszugehen, dass es aufgrund von ökonomischen Gesetzmäßigkeiten überwiegend die vorhanden Ressourcen, das heißt die neuronalen Bahnungen nutzt, die bisher erbaut wurden.

Und zu solchen Bahnungen gehören auch die in neuronalen Netzwerken eingebrannten notdürftigen Anpassungen an die frühkindliche Umwelt, sprich die maladaptiven Schemata (siehe ROTH 2003).

Die hier beschriebene Tendenz zur Schemaerhaltung führt dazu, dass Klienten stets wieder dieselben Erfahrungen machen, auch wenn es sich dabei um nachteilige handelt. Dadurch bleibt das leidige Lebensthema/Schema immer aktuell.

Auf der anderen Seite macht dieser Mechanismus die in der Therapie angestrebte Schemaheilung so schwierig. Man gibt ungern das auf, was man seit der Kindheit kennt, auch wenn es nicht „gut" ist.

Die Klienten stehen sich aufgrund ihres Widerstandes sozusagen selbst im Weg, was sie aber gar nicht selbst merken. Sie meinen, sie würden in den sich stets wiederholenden Konfliktsituationen spontan, gerechtfertigt und gemäß ihres freien Willens handeln.

Doch die Wahrheit ist eine andere: Betreffende denken, fühlen und handeln letztlich genauso und nicht anders, weil ein bestimmtes Schema unangebrachtes Denken, Fühlen und Handeln provoziert.

Trotz der meistens zerstörerischen Wirkung gehören maladaptive Schemata zum Identitätsgefühl des Betreffenden.

Fallbeispiel: Die 21-jährige K. macht eine Ausbildung zur Heilerziehungspflegerin. Sie neigt stark zu selbstschädigenden Verhaltensweisen. Einerseits betreibt sie selbst aktiv Raubbau mit ihrem Körper, indem sie regelmäßig verschiedene illegale Drogen konsumiert, bis hin zum völligen Kontrollverlust. Andererseits unterstützt sie ihre Lebensverneinung durch die Auswahl von Liebespartnern, die latent aggressiv sind, sie runterziehen und außerdem selbst massive Drogenprobleme haben. Meistens sind ihre Liebhaber schon durch delinquentes Verhalten aufgefallen.

K. steht unter dem Einfluss des Schemas *Misstrauen/Missbrauch*. Sie selbst erlebte sexuellen Missbrauch im Alter von acht Jahren, ausgehend von ihrem Onkel, und zwar über mehrere Monate hinweg. In der Familie wurde das Thema tot-

geschwiegen.
Zeitweise spielt das Thema Selbstschädigung nunmehr überhaupt keine Rolle mehr. Sie fällt alle sechs Monate vom einen ins andere Extrem. Nach einer Entzugstherapie – vier hat sie bereits hinter sich – trennt sie sich von ihrem Freund und „will wieder ganz von vorn beginnen".
Die Dinge bessern sich, und K. versucht es sogar mit einem Mann „von der harmlosen Sorte", den sie in einer Discothek kennenlernt. Auch diese Partnerwahl ist kein Zufall, sie hat einen tieferen Sinn. Der neue Freund unterstützt sie (sein Schema heißt *Aufopferung*) bei der Jobsuche und hilft ihr bei der Neuorganisation ihres Lebens.
Doch nach wenigen Monaten kippt auch diese Partnerschaft. In der Wahrnehmung von K. verschlechtert sich „ohne Zweifel" die Beziehung. Der harmlose Partner wird aus ihrer Sicht „immer unberechenbarer". Sie befürchtet, er werde sie demnächst verlassen. Außerdem wird ihm mehr und mehr unterstellt, er würde ihr schaden wollen. Er versteht die Entwicklung nicht, beteuert seine Liebe, aber kann nichts gegen ihre Sicht der Dinge tun.
Sie trennt sich schließlich von ihm – und knüpft Kontakt zu „ihren Leuten" von damals.

2.1 Schemaentwicklung im Rahmen der Schematherapie

In langjährigen klinischen Beobachtungen von Patienten stellten YOUNG et al. (2008) schließlich 18 Schemata fest; sie wurden ausführlich empirisch untersucht. In der Schematherapie werden die Schemata fünf Kategorien emotionaler Grundbedürfnisse zugeordnet. Sie lauten:

1. Sichere Bindung.
2. Autonomie, Kompetenz und Identitätsgefühl.
3. Realistische Grenzen erfahren und selbst die Kontrolle innehaben.
4. Die Freiheit, berechtigte Bedürfnisse und Emotionen ausdrücken zu können.
5. Spontaneität und Spiel.

Kommt es in Hinsicht auf diese Grundbedürfnisse zu Frustrationen beziehungsweise zu sonstigen Fehlentwicklungen, etwa Fixierungen, werden häufig vom Betreffenden maladaptive Schemata ausgeprägt.

Sie stellen dann das jeweils frustrierte Bedürfnis dar, entweder offensichtlich oder verdeckt.

Die maladaptiven Muster werden von dem Forscherteam in sogenannten Domänen zusammengefasst. Sie heißen:

1. Abgetrenntheit und Spontaneität;
2. Beeinträchtigung von Autonomie und Leistung;
3. Beeinträchtigung im Umgang mit Begrenzungen;
4. Übertriebene Außenwirkung und Fremdbezogenheit;
5. Übertriebene Wachsamkeit und Selbsthemmung.

Die oben genannten Bedürfnisse sind laut YOUNG et al. (2008) universell, treffen also auf alle Menschen zu.

Strenggenommen weist die Auflistung geringfügige Abweichungen zu den Schlussfolgerungen von GRAWE (2004) auf.

ROEDIGER (2009b, 32) hat daher die Definition von YOUNG et al. (2008) etwas modifiziert und folgende Übersicht (inklusive der Auflistung der Schemata) vorgeschlagen:

Nr.	Schema	Domäne	Grundbedürfnis
1. 2. 3. 4. 5.	Emotionale Vernachlässigung Verlassenheit/Instabilität Misstrauen/Missbrauch Soziale Isolation Unzulänglichkeit	Ablehnung und Abtrennung	Bindung
6. 7. 8. 9.	Erfolglosigkeit/Versagen Abhängigkeit/Inkompetenz Verletzbarkeit Verstrickung/ unentwickeltes Selbst	Beeinträchtigung von Autonomie und Leistung	Kontrolle nach außen

10. 11.	Anspruchshal-tung/Grandiosität Unzureichende Selbst-kontrolle/Selbstdisziplin	Beeinträchtigung im Umgang mit Be-grenzungen	Kontrolle nach innen
12. 13. 14.	Unterwerfung/ Unterord-nung Aufopferung Streben nach Zustimmung und Anerkennung	Fremdbezogenheit	Selbstwerterhö-hung
15. 16. 17. 18.	Emotionale Gehemmtheit Überhöhte Standards Negatives hervorheben Bestrafungsneigung	Übertriebene Wach-samkeit und Ge-hemmtheit	Lust-/Unlust-Vermeidung

Von dieser Übersicht wird im Folgenden ausgegangen. Zunächst werden die maladaptiven Schemata ausführlicher erläutert.

2.1.1 Domäne 1: Abgetrenntheit und Ablehnung

Zur Domäne Abgetrenntheit und Spontaneität gehören folgende Schemata:

- *Emotionale Vernachlässigung,*
- *Verlassenheit/Instabilität,*
- *Misstrauen/Missbrauch,*
- *Soziale Isolation,*
- *Unzulänglichkeit/Scham.*

Emotionale Vernachlässigung

Wie die Bezeichnung schon vermuten lässt, entsteht dieses Schema vor allem infolge eines Mangels an gefühlsmäßiger Unterstützung vonseiten derer, die zu den engsten Bezugspersonen des Kindes gehören.

Klienten erlebten entsprechend ein eher „kaltes Elternhaus". Möglicherweise hatten die Erzieher wenig Zeit oder konnten aufgrund von eigenen charakterologischen Voraussetzungen Gefühle und Emotionen nicht dem Kind gegenüber zeigen.

Solche Voraussetzungen wirken sich in der Regel auf die Hirnentwicklung aus. Damit sich zum Beispiel die sogenannten Spiegelneuronen[14] in der frühen Kindheit entwickeln, braucht es ein soziales Umfeld, das den emotionalen Ausdruck den Kindes im wahrsten Sinne des Wortes körpersprachlich spiegelt (BAUER 2007a).

Dadurch lernt der Heranwachsende neben Emotionsregulation am eigenen Leib kennen, was Empathie bedeutet. Er kann sich später einmal in andere Menschen hineinversetzen und sein eigenes (moralisches) Handeln danach ausrichten. Bleibt die Entwicklung der Spiegelneuronen weitgehend aus, kann auch späterhin kein Einfühlungsvermögen entstehen.

Klienten, die das Schema *Emotionale Vernachlässigung* aufweisen, lebten häufig bei Menschen, die ihnen wenig Anteilnahme, Wärme und Aufmerksamkeit entgegenbrachten, aus welchen Gründen auch immer.

Dies kann zur Folge haben, dass Betreffende zukünftig wenig Verständnis dafür haben, was in anderen Menschen emotional vor sich geht. Diese Auffälligkeit kann einhergehen mit einer grundsätzlich schwach ausgeprägten beziehungsweise nicht vorhandenen sozialen Intelligenz (GOLEMAN 1995).

Wie wird das Schema bewältigt?

Üblicherweise werden maladaptive Schemata, die vorwiegend in der Kindheit und Jugend entstehen, mittels verschiedener Bewältigungsstile verarbeitet; diese Stile treten mehr oder weniger konstant auf. Das heißt, dass in einer potenziell schemaauslösenden Situation (oder in Bezug auf die allgemeine Lebensphilosophie) meistens dieselbe Verhaltenstendenz gezeigt wird, um gerade die Auslösung zu verhindern.

Es ist wichtig zu erwähnen, dass die Bewältigungsreaktionen strenggenommen nicht effizient in Hinsicht auf die Schemaheilung sind. Sie erhalten das Schema aufrecht, weil sie eine emotionale Verarbeitung der Erfahrungen unmöglich machen. Dadurch kommt es nicht zu Heilung. (Dies wird in der Schema-

---

14 Spiegelneuronen sind eine spezielle Art von Nervenzellen im Gehirn. Sie simulieren Gefühle und Emotionen, die in anderen Menschen vor sich gehen. Entsprechend sind Spiegelnervenzellen die neuronale Grundlage für Empathie, Mitgefühl, Mitleid und (emotional-bedingte) Hilfsbereitschaft.

therapie bewusst praktiziert, siehe ROEDIGER 2009b, 33ff.)

Bei den Bewältigungsstilen handelt es sich um: *Erduldung, Vermeidung, Kompensation*:

- Erduldung. – Man ergibt sich unbewusst seinem Schema und nimmt sich selbst und die soziale Umwelt entsprechend seiner frühen Prägung wahr, wenn auch in abgeschwächter Form. Beziehungspartner werden nach Kriterien des jeweiligen Schemas ausgewählt beziehungsweise dazu animiert, gemäß der eigenen Schema-Erwartungshaltung zu handeln.
- Vermeidung. – Wenn der Betreffende das Schema vermeidet, gestaltet er seinen Alltag, seinen Freundeskreis, seinen Lebensstil so, als ob das Schema gar nicht existieren würde.
- Kompensation. – Im Falle dieses Mechanismus kommt es zu einer Verkehrung ins Gegenteil. Das Schema wird nicht nur verdrängt, sondern geradewegs widerlegt. Betreffende tun dann genau das Gegenteil von dem, was das zugrundeliegende Schema eigentlich beinhaltet.

Im Falle des Schemas *Emotionale Vernachlässigung* gestalten sich die Reaktionen folgendermaßen:

1. Erduldung: Betreffende tragen wenig Verantwortung für das eigene Wohlergehen. Man neigt zur mangelhaften Selbstfürsorge. Andererseits werden auch eher gefühlskalte Partner bevorzugt, die sich wenig bis gar nicht um den Betreffenden kümmern. Das wird auch gar nicht von ihnen erwartet.
2. Vermeidung: Man zieht sich zurück, neigt zum Einzelgängertum und igelt sich ein. Auf der kognitiven Ebene ist man davon überzeugt: „Die Welt ist schlecht! Man kann sich nur auf sich selbst verlassen!" Beziehungen werden nicht eingegangen.
3. Kompensation: Betreffende melden hohe Ansprüche an; die Anderen sollen gezielt auf ihre Bedürfnisse eingehen. Dies kann dazu führen, dass man andere ausnutzt. Eine andersartige Kompensationsmöglichkeit: Man hilft anderen in extremer Weise.

Verlassenheit/Instabilität

Menschen, die dieses Schema offenbaren, sind der Meinung: „Beziehungen sind nicht verlässlich!" Sie nehmen ständig Hinweise darauf wahr, dass der Partner oder ein anderer wichtiger Mitmensch sie verlassen wird. Ständige Furcht, Traurigkeit oder Depression sind manchmal die Folgen.

Es fehlt grundsätzlich das Vertrauen in den Anderen. Übertriebene Eifersucht kommt auch manchmal in diesem Zusammenhang vor.

Das Schema kann außerdem extreme Anklammerungstendenzen hervorrufen. Verstärkt wird diese Auffälligkeit auch durch nachteilige Selbstschemata wie: „Andere sind attraktiver als ich", „Ich bin nicht liebenswert" usw.

Was Betreffende nicht sehen: erst durch diese Wahrnehmungen werden Mitmenschen zu entsprechenden Verhaltensweisen animiert.

Wie entsteht dieses Schema? Oft berichten Klienten, dass das Verhalten ihrer Bezugspersonen schwer vorherzusehen war. Häufig wird von einem steten Wechsel von elterlicher Fürsorge und Abwesenheit berichtet. Aber auch andere Faktoren können eine Rolle in diesem Zusammenhang spielen.

Wie wird das Schema bewältigt?

1. Erduldung: Man wählt und hält zwanghaft ein soziales Umfeld aufrecht, das nicht verlässlich ist. Betreffende klagen manchmal über den Zustand ihres sozialen Netzes, aber sie ändern nichts.
2. Vermeidung: In diesem Fall wird das Thema Beziehung mit allen möglichen Strategien verdrängt. Betreffende üben des Öfteren auch Hobbys aus, denen man vorzugsweise alleine nachgehen kann. Die Pflege von oberflächlichen Kontakten gehört in vielen Fällen ebenfalls zu diesem Bewältigungsmechanismus.
3. Kompensation: Wer dieses Schema kompensiert, bringt der eigenen Beziehung eine sehr große Aufmerksamkeit entgegen, das heißt er (oder sie) neigt zur übertriebenen Kontrolle des Partners. Eine andere Möglichkeit: man macht andere von sich abhängig und bricht dann aus heiterem Himmel die Beziehung ab. Man kommt dann aus eigener Wahrnehmung „dem Anderen zuvor".

Misstrauen/Missbrauch

Die möglichen Auswirkungen von traumatischen (sexuellen, körperlichen, emotionalen) Erfahrungen mit dem sozialen Umfeld in der Kindheit und Jugend lassen sich besonders gut an diesem Schema demonstrieren.

Betreffende leiden gewöhnlich ein Leben lang unter den Folgen. Sehr schwerwiegend: Sie erwarten vorauseilend geradezu dieselben unmoralischen Verhaltensweisen von aktuellen Beziehungspartnern.

Selbst gegenüber Personen, die man gar nicht oder nur oberflächlich kennt, gibt man sich sehr misstrauisch. Man geht naturgemäß nicht davon aus, dass andere auch einmal das Wohl des Betreffenden im Sinn haben.

Das heißt, den Mitmenschen werden überwiegend negative Absichten unterstellt – diese Tendenz wird auch als *paranoider Persönlichkeitszug* bezeichnet (DAMM 2009).

Lässt man einen Menschen nahe an sich heran, bleiben sehr negative Erwartungen nicht außen vor. Die Beziehung wird oft auf eine harte Belastungsprobe gestellt. Es kommt häufig zu Konflikten, die nur durch dieses Schema hervorgerufen werden.

Betreffende sehen eins vor allem nicht: Das zugrundeliegende Schema *Misstrauen/Missbrauch* entstand „nur" in Auseinandersetzung mit wenigen Personen in der Vergangenheit.

Sie wurden wahrscheinlich oft von den Bezugspersonen enttäuscht, betrogen, belogen – und eben in vielerlei Hinsicht missbraucht.

Wie wird das Schema bewältigt?

1. Erduldung: Betreffende suchen und finden Partner, die sie körperlich, emotional und/oder sexuell missbrauchen. Entsprechend „aggressiv" und „böse" werden auch andere Personen aus dem beruflichen, schulischen beziehungsweise sonstigen privaten Kontext wahrgenommen. Vor Freunden und Bekannten werden in „schwachen Momenten" die eigenen Probleme dargelegt. Doch der Wille, die Dinge zu ändern, ist erstaunlicherweise verschwindend gering. Ferner sieht man den Eigenanteil an dem Dilemma nicht.
2. Vermeidung: Der Betreffende geht keinerlei enge Beziehungen ein. Man verschließt sich lieber anderen gegenüber, behält seine Gedanken und Ge-

fühle für sich. Denn die Gesprächspartner, so die Annahme, könnten dies ausnutzen und dem Betreffenden dann Schaden zufügen.

3. Kompensation: Klienten, die dieses Schema aktiv bearbeiten, behandeln ihre Mitmenschen vorauseilend und gewissermaßen präventiv so unliebsam, wie sie selbst behandelt wurden. Ständig „findet" man Hinweise auf den Missbrauch des eigenen Vertrauens. (Unbewusst werden die Anderen auch ausgiebig getestet, ob sie das Vertrauen überhaupt verdienen – YOUNG et al. 2008, 265.) Man gibt sich nach außen hin latent aggressiv und verhindert auf diese Weise, dass andere einen verletzen. Eine solche vorauseilende Gewaltbereitschaft sorgt aus dieser Perspektive für Selbstschutz einerseits und Schemabekämpfung andererseits. Aus dem Opfer wird entsprechend ein Täter. Dies wirkt zwar für den Betreffenden entlastend, aber für die Mitmenschen belastend. Eine andere Kompensations-Möglichkeit: Man verhält sich übertrieben anbiedernd, kumpelhaft und vertrauensselig.

Soziale Isolation

Das Schema *Soziale Isolation* wird oft bei Klienten mit Außenseiterqualitäten diagnostiziert. Sie sind völlig davon überzeugt, schon immer irgendwie „anders" gewesen zu sein. Jugendliche zum Beispiel, die dieses Schema offenbaren, fühlen sich von ihrer Peergroup völlig ausgeschlossen.

Sie unterhalten wenig Kontakte zu Gleichaltrigen. Sie meinen, dass keine soziale Gruppe die eigenen Wertvorstellungen widerspiegelt. Entsprechend bleiben Betreffende vorwiegend alleine beziehungsweise praktizieren vor allem typische Einzelgängertätigkeiten.

Wenn man die Ursachen dieses Schemas in Augenschein nimmt, so kann man von zahlreichen Ausgrenzungserfahrungen in der Kindheit und (vorwiegend) Jugend ausgehen (ROEDIGER 2009b, 38). Unter anderem bei sozialen und ethnischen Minderheiten kommt dieses Schema vermehrt vor, aber auch bei hochbegabten und sonstwie außergewöhnlichen Menschen.

Wie wird das Schema bewältigt?

1. Erduldung: Dem Betreffenden fallen nur Unterschiede zu den Mitmenschen auf, keinerlei Gemeinsamkeiten. Er klagt ausschließlich über den

unliebsamen Zustand, bemüht sich aber auf der anderen Seite kein bisschen um Integration.

2. Vermeidung: Außerhalb des familiären Schonraums werden keine Beziehungen unterhalten. Das heißt, soziale Kontakte und Gruppen werden abgelehnt. Das Fremde ängstigt.
3. Kompensation: Betreffende bemühen sich auffallend häufig um Integration, sie fallen etwa durch starkes Leistungsverhalten auf, auch durch übermäßiges Unterordnen unter Gruppennormen.

Unzulänglichkeit/Scham

Dieses Schema ist dafür verantwortlich, dass man ausschließlich eigene Schwächen, Mängel, sprich Unvollkommenheiten an sich wahrnimmt. Betreffende stellen permanent ihr Licht unter den Scheffel.

Im permanenten Vergleich mit den Anderen ziehen sie immer den Kürzeren. Man ist etwa zu langweilig, unattraktiv, zu seltsam usw. Herabsetzungen vonseiten der Anderen werden bereitwillig angenommen beziehungsweise auch durch vorauseilende Selbstsabotage-Akte unbewusst herbeigeführt, etwa „saudumme Missgeschicke“. Sodann ist die eigene Welt wieder in Ordnung, im negativen Sinne.

Mit diesem Schema einher geht gewöhnlich ein starkes Scham-Empfinden, was aus Sicht des Betreffenden nur logisch ist. Wenn man in der Gesellschaft nicht gut ankommt beziehungsweise durch seine Unzulänglichkeit stets negativ auffällt, dann drängt sich die Scham sozusagen notgedrungen auf.

Wer von diesem Schema beeinflusst wird, verkauft sich im Alltag weit unter Wert. Selbst Erfolge werden kleingeredet, positive Kritik lässt man nicht gelten. Erhält man mal eine Form der Anerkennung, beispielsweise ein Geschenk oder ein Lob, so muss man es dem Anderen gleich doppelt und dreifach „heimzahlen“. Tief im Inneren ist man davon überzeugt: „Ich habe viele Fehler“, „Ich bin nicht liebenswert“, „Ich bin dumm“ usw.

In Hinsicht auf die Ursachen eines solchen Schemas ist anzunehmen, dass Betreffende von den Bezugspersonen über einen längeren Zeitraum hinweg aktiv gedemütigt, herabgesetzt oder sonstwie benachteiligt wurden. So hat die Familie vielleicht kindliches Verhalten häufig als „Fehlverhalten“ kritisiert und entsprechend sanktioniert.

In Bezug auf die Verhältnisse im Jugendalter können Mobbing, häufiges negatives Feedback vonseiten wichtiger Personen sowie Außenseitertum in der Schulkasse die Entstehung dieses Schemas begünstigen.

Wie wird das Schema bewältigt?

1. Erduldung: Man richtet sich ein soziales Umfeld ein, in dem man die Rolle des permanent Unzulänglichen spielen kann, das heißt, einen sehr kritischen Freundeskreis. Immer wieder „bestätigen" die Anderen das nachteilige Selbstbild des Betreffenden, kritisieren ihn, setzen in herab usw. Die Sündenbockrolle wird unter Mithilfe eines gewissen Eigenanteils übernommen, man spricht auch häufig selbstherabsetzende Äußerungen aus. Die Übernahme von entwürdigenden Berufsbeschäftigungen kann ebenfalls durch dieses Schema verursacht werden.
2. Vermeidung: Aus der Angst heraus, dass andere die eigenen Schwächen bemerken und offenlegen, vermeidet man sozialen Kontakt. Auch intime Beziehungen werden gemieden. In der Öffentlichkeit hält man sich zurück.
3. Kompensation: Infolge dieses Mechanismus werden nunmehr die Anderen herabgesetzt, gedemütigt usw. Man überschätzt seine eigene Wirkung im Alltag zwanghaft und macht die Anderen runter, weil sie etwa nicht irgendwelche Standards erfüllen. Mittels dieser Verhaltensweisen lenken Betreffende von den eigenen Schattenseiten ab.

2.1.2 Domäne 2: Beeinträchtigung von Autonomie und Leistung

In der Domäne Beeinträchtigung von Autonomie und Leistung sind folgende Schemata relevant:

- *Erfolglosigkeit/Versagen,*
- *Abhängigkeit/Inkompetenz,*
- *Verletzbarkeit,*
- *Verstrickung/Unentwickeltes Selbst.*

Erfolglosigkeit/Versagen

Manche Eltern beziehungsweise Elternersatzpersonen versagen ihrem Nachwuchs im hohen Maß die Unterstützung bei der Bewältigung des Alltags. In manchen Fällen werden auch Projekte und andere Vorhaben des Kindes bereits im Keim aktiv erstickt.

Beides führt, weil das Dilemma bereits im Kleinkindalter passiert, gewöhnlich zu zahlreichen Misserfolgen im Kindergarten, später zu Niederlagen in der Schule, Ausbildung usw.

Klienten mit diesem Schema denken, fühlen und verhalten sich so, als wären sie totale Versager. Das Thema offenbart sich etwa im Beruf, Sport, in der Familie usw. Die Wahrnehmung ist sehr selektiv.

Selbst beruflich erfolgreiche Klienten sind notorisch unglücklich und glauben, kurz vor dem nächsten Misserfolg zu stehen. Äußere Erfolge wirken sich nicht positiv auf das Innerpsychische aus. Daher sind die Anderen – aus Sicht des Betreffenden – stets talentierter, kompetenter usw.; man selbst bleibt weit unter den Fähigkeiten.

Die Betreffenden erkennen nicht, dass sie „nur" einem Schema ausgeliefert sind, das früh antrainiert wurde. Vielleicht haben die Eltern die kindliche Entwicklung ausschließlich unter dem Aspekt Leistungsfähigkeit verstanden und beim Heranwachsenden nur Unvollkommenheiten wahrgenommen.

Eventuell wurde der junge Mensch dadurch für das Schema sensibilisiert; er lag stets unter den Erwartungen der Eltern.

Im Erwachsenenalter bleibt das Thema stets aktuell.

Wie wird das Schema bewältigt?

1. Erduldung: Man ergibt sich seinem (in der Kindheit vermittelten) Schicksal und resigniert. Entsprechend versagen Klienten bei vielen Angelegenheiten des öffentlichen Lebens in strenger Gesetzmäßigkeit. Das Schema wird zu einer sich selbst erfüllenden Prophezeiung. Nach Misserfolgen sind Betreffende im Nachhinein gänzlich davon überzeugt: „Das war ja wieder klar, dass die Sache so ausgeht." Aufgaben etwa oder eigentlich nicht aufschiebbare Verpflichtungen werden bis zuletzt hinausgezögert und infolgedessen mangelhaft ausgeführt. Es kommt auch zu *passiv-aggressiven* Verhaltensweisen, das heißt, man „vergisst" etwa häufig, dem Partner etwas Wichtiges auszurichten, wodurch jener einen gravierenden Nachteil erleidet.

2. Vermeidung: Klienten können auch das Schema vermeiden, indem sie keinerlei Risiken eingehen. Das heißt, soziale Situationen, die eine Bewertung in petto haben könnten, werden umgangen. Hierzu ist auch aus Sicht des Betreffenden die soziale Einkapselung hilfreich. Diese Bemühungen festigen jedoch letztlich das Lebensthema, da keinerlei Erfahrungen gemacht werden können, die dem Schema widersprechen (das ist auch gar nicht beabsichtigt).
3. Kompensation: Manche Klienten fallen oft auch ins andere Extrem und avancieren zu notorischen Perfektionisten. Oder aber die Machenschaften der Anderen werden übermäßig kleingeredet.

Abhängigkeit/Dependenz

Klienten mit diesem Schema wirken sehr kindlich und offenbaren eine stark ausgeprägte Unselbstständigkeit. Sie sind gewissermaßen in Hinsicht auf die Alltagsbewältigung stets überfordert, was dem sozialen Umfeld immer wieder unmissverständlich klar gemacht wird.

Ohne die Nähe und Hilfe ihrer Mitmenschen ist es für sie unmöglich, zu existieren. Häufig werden Fragen gestellt, die gleichzeitig auch implizieren, dass der Andere die Antworten sowie die praktischen Lösungskompetenzen bezüglich der jeweiligen Angelegenheit hat.

Sie suchen und finden entsprechend immer wieder (mindestens) eine Bezugsperson, die sie in wesentlichen Bereichen des Lebens aktiv unterstützt (siehe auch Schema *Aufopferung*). Der Partner ist meistens ein Elternersatzobjekt.

Auf der anderen Seite treten Betreffende auch von sich aus gerne die Verantwortung für wichtige Entscheidungen an den Anderen ab. Alleine die anfallenden Dinge erledigen – dies erscheint unmöglich. Neue Herausforderungen werden im Voraus umgangen. Insgesamt ist festzustellen, dass Betreffende so gut wie nie an der „Front des Lebens" stehen (RATTNER & DANZER 2006).

Bei der Analyse der Ursprünge dieses Schemas tritt meistens ein überbehütender Erziehungsstil der Eltern zutage. Die kindliche Neugier, die Umwelt zu erforschen, wurde entsprechend nicht unterstützt.

Im Gegenteil, meistens aus Vorsicht hinderten die Bezugspersonen den Heranwachsenden daran, Dinge selbstständig auszuprobieren. Im Kindergarten, in der Grundschule usw. half man viel zu viel mit bei Aufgaben, sodass sich eine gewisse „erlernte Hilflosigkeit" (SELIGMAN 2000) entwickelte.

Eigene Potenziale, Kräfte und Steckenpferde konnten sich auf diese Weise nie entfalten. Im Erwachsenalter können eigene Kompetenzen nunmehr nicht mehr objektiv eingeschätzt beziehungsweise überhaupt erkannt werden.

Daher bleibt man auch beruflich unter seinen tatsächlichen Fähigkeiten, und auch Aufgaben im privaten Bereich, etwa die Führung des Haushalts, werden nicht übernommen oder, falls doch, unzureichend ausgeführt. Kurz: Betreffende wissen gar nicht, was für Potenziale in ihnen stecken.

Wie wird das Schema bewältigt?

1. Erduldung: Betreffende suchen und finden immer ein Umfeld, das sie unterstützt, umsorgt, von vielen Lebensaufgaben befreit. Dies zeigt sich zum Beispiel in der Partnerwahl: meistens handelt es sich beim Lebensgefährten um eine aktive, selbstständige Person. Gleichzeitig treten Betreffende die Verantwortung für anfallende Alltagsangelegenheiten ab.
2. Vermeidung: Im Falle der Vermeidung werden Anforderungen des Lebens sowie neue Herausforderungen großzügig umgangen. Es kommt auch zum Phänomen *vorauseilende Unterwerfung*. – Gegenüber Vorgesetzten beispielsweise lehnt man sich nie auf.
3. Kompensation: Bei diesem Mechanismus kommt es zu einer Etablierung einer Art Pseudoautonomie. In bestimmten Lebensphasen will man von niemandem mehr abhängig sein. Personen mit diesem Schema nehmen plötzlich alles in die eigene Hand. Hilfe von den Anderen wird dann zwanghaft abgelehnt.

Verletzbarkeit

Das Schema *Verletzbarkeit* sorgt im aktivierten Zustand dafür, dass Menschen ihre Umwelt überwiegend als gefährlich wahrnehmen. Es werden überwiegend Gefahrensignale registriert, anders gesagt, man sieht potenzielle Katastrophen voraus. Diese könnten jederzeit hereinbrechen.

Die Auffälligkeiten, die mit diesem Schema einhergehen, haben große Ähnlichkeiten mit den Symptomen der sogenannten *generalisierten Angststörung* (DAMM 2007).

Der Alltag von Betreffenden dreht sich häufig nur um die Themen Krankheiten, Unfälle, den Tod. Bald, davon ist man überzeugt, kommt es zu einer schlimmen Unpässlichkeit, oder aber man wird Opfer einer Straftat.

Diesem Muster entsprechend werden auch passende Medieninhalte konsumiert – das Schema wird dadurch aufrechterhalten. Ein stark ausgeprägtes Vermeideverhalten geht mit diesem Schema einher. Man igelt sich zu Hause ein, vermeidet Aufenthalte außerhalb der eigenen vier Wände. Hinzu kommt manchmal Substanzmittelmissbrauch.

Man kann davon ausgehen, dass das Schema *Verletzbarkeit* aller Wahrscheinlichkeit nach überwiegend durch Beobachtungslernen zustande kommt. Das heißt, meistens diente mindestens eine der Bezugspersonen des Betreffenden als eine Art „furchtsames Vorbild", das man psychisch verinnerlicht hat.

Möglicherweise wuchs man auch mit Personen auf, die psychisch benachteiligt waren, vielleicht handelte es sich um Phobiker oder Depressive.

Auf der anderen Seite ist auch oft ein überängstlicher Erziehungsstil auffällig, den Klienten mit diesem Schema über sich ergehen lassen mussten (YOUNG et al. 2008, 287).

Durch einen übervorsichtigen elterlichen Umgang mit sich selbst und anderen wird der Lebensradius des Kindes gewöhnlich stark eingegrenzt. So gut wie alles stellt eine potenzielle Gefahr dar. Dies kann später seitens des Heranwachsenden dazu führen, dass man die Gefährlichkeit der Umwelt viel zu sehr überschätzt.

Wie wird das Schema bewältigt?

1. Erduldung: Die Alltagswahrnehmung beschränkt sich vornehmlich auf mögliche Gefahren für Leib und Leben. Vorauseilend wird davon ausgegangen: „Bald wird etwas Schlimmes passieren." Betreffende erscheinen sehr furchtsam und vorsichtig.
2. Vermeidung: Neuartige Situationen werden konsequent vermieden, sämtliche Aktivitäten reduziert. Manchmal kommt es auch zum Medikamenten- oder Alkoholmissbrauch. Sind einige Sicherheitsvorkehrungen getroffen, tritt temporär Beruhigung ein. Sie währt aber nur kurzfristig.
3. Kompensation: Wenn Betreffende das Schema kompensieren, sichern sie sich häufig extrem ab (etwa viele Versicherungen abschließen). Manchmal kommt es auch zu extrem riskanten Verhaltensweisen, weil man ins ande-

re Extrem fällt.

Verstrickung/Unentwickeltes Selbst

Ein sehr enges, ja schon symbiotisches Verhältnis zu einer wichtigen Bezugsperson ist ein hauptsächliches Merkmal von Klienten, die das Schema *Verstrickung/Unentwickeltes Selbst* offenbaren.

Sie sind entsprechend stark mit ihr verstrickt, emotional und kognitiv. Laut YOUNG & KLOSKO (2006) ist es im Rahmen der Therapie sehr schwierig zu erkennen, wo genau die Identität des Patienten beginnt – und wo die Identität der Bezugsperson endet.

Man kann sich vorstellen, dass die Identität des Klienten stark unterentwickelt ist.

Überwiegend handelt es sich bei der Bezugsperson konkret um einen Elternteil, es kann aber auch der Lebenspartner sein. Die Bindung ist manchmal so eng, sodass beide Parteien zu wissen glauben, was gedanklich im Anderen vor sich geht.

Es gibt bestimmte Auffälligkeiten, die Menschen mit diesem Schema zeigen. Diese sollen beispielhaft genannt werden. – Entscheidungen werden nur in Absprache mit der Bezugsperson getroffen; dieses Merkmal findet sich auch beim vorherigen Schema. Außerdem beschäftigen sich Klienten häufig gedanklich mit dem Anderen.

Das Verhalten wird meistens imitiert, und es findet auch regelmäßiger Kontakt statt. Bei einer temporären Trennung kommt es schnell zu negativen Gefühlen.

Auf der anderen Seite lösen negative Gefühle gegen die Bezugsperson sofort unangebrachte Schuldgefühle aus; daher steht sie auch fern von jedweder Kritik.

Insgesamt ist festzuhalten: Die Bindung zu derjenigen Person, mit der man verstrickt ist, ist aus den Augen des Betreffenden das Nonplusultra.

Man erzählt ihr alles und erwartet dies auch umgekehrt. Es ist für den Klienten gar nicht vorstellbar, dass diese Beziehung einmal enden könnte. Alleine schon der Gedanke daran löst extreme Angst und Unwohlsein aus.

Diese Auffälligkeiten haben ihre Gründe. Man kann annehmen, dass bei diesem Schema die Rolle der Eltern maßgeblich ist. Sie waren wahrscheinlich sehr an symbiotischen Verhältnissen interessiert, banden das Kind zu sehr an sich.

Möglicherweise wurde auch in vielfachen Variationen suggeriert: „Ohne Deine Eltern bist Du verloren."

Eine symbiotische Konstellation führt oft dazu, dass Betroffene im Erwachsenenalter nicht wirklich wissen, wer sie sind, was sie können und was genau ihre Vorlieben sind.

Wie wird das Schema bewältigt?

1. Erduldung: Man ist und bleibt fremdbestimmt. Der Betreffende ist nicht fähig, die Bindung an die Eltern auch nur ein Stück weit aufzugeben. Sie spielen im eigenen Leben immer wieder eine große Rolle. Deshalb suchen Betreffende häufig Kontakt zu ihnen, meistens täglich. In Bezug auf die eigene Partnerschaft lebt man durch den Anderen und offenbart in bestimmten Situationen starke Anklammerungstendenzen. Wenn Betreffende einmal auf sich alleine gestellt sind, kommen sehr schnell Gefühle des Unwohlseins auf.
2. Vermeidung: Um das Schema zu vermeiden, bietet sich an, auf Beziehungen außerhalb der Familie gänzlich zu verzichten.
3. Kompensation: Wenn Klienten zur Kompensation neigen, streben sie überwiegend das Gegenteil von dem an, was ihre Eltern vorlebten. Das heißt, man grenzt sich ab. Nach ROEDIGER (2009b, 39) werden auch manchmal „Ersatzfamilien" (Wohngemeinschaften) gegründet.

2.1.3 Domäne 3: Beeinträchtigung im Umgang mit Begrenzungen

Diese Domäne beinhaltet folgende Schemata:

- *Anspruchshaltung/Grandiosität,*
- *Unzureichende Selbstkontrolle/Selbstdisziplin.*

Anspruchshaltung/Grandiosität

Im Zentrum von Klienten mit diesem Schema steht das Gefühl, etwas ganz Besonderes, ja geradezu auserwählt zu sein. Ein stark ausgeprägter Egoismus gehört ebenso zu diesem Muster. Regeln und allgemein übliche Konventionen gegenüber fühlen sich Betreffende nicht verpflichtet. Wer diesem Schema ausgeliefert ist, meint vorauseilend, es würden für ihn besondere Rechte und Privilegien gelten.

Klienten mit diesem Schema sind keine Teamplayer, im Gegenteil. Sie neigen dazu, die Anderen in ihrem Umfeld herabzusetzen. Auf der anderen Seite verstehen sie es, die Mitmenschen so zu beeinflussen, dass jene auf die eigenen Interessen und Motivationen eingehen.

Das Schema geht nach YOUNG et al. (2008) überwiegend auf mangelhafte elterliche Grenzsetzung im Kindesalter zurück, manchmal auch auf positive Verstärkung des kindlichen Narzissmus.

Mit diesem Phänomen beziehungsweise mit dessen Auswirkungen hat sich auch der Kinderpsychiater MICHAEL WINTERHOFF (2009) in seinem Buch *Warum unsere Kinder Tyrannen werden* auseinandergesetzt.

Demnach führt insbesondere elterliche Passivität in Sachen Werte- und Disziplinvermittlung dazu, dass die Heranwachsenden die eigenen Grenzen nicht kennenlernen, geschweige denn ein Gespür für die eigene Leistungsfähigkeit entwickeln.

Andererseits eignen sie sich infolge der Erziehungserfahrungen sehr schnell das Wissen über die bestmögliche Manipulation des Umfelds an.

Dieses grundsätzlich egoistische Thema kann ein Leben lang aktuell bleiben – wenn Betreffende im kindlichen Narzissmus gefangen bleiben.

Solche Klienten können Grenzen, die die Anderen ihnen auferlegen, nicht einhalten, sei es im privaten oder beruflichen Bereich (DAMM 2009). Außerdem ist der Hang zum Konkurrieren und Überflügeln nicht kleinzukriegen.

Wie wird das Schema bewältigt?

1. Erduldung: Betreffende fallen durch übertriebene Selbstdarstellung und „Plusmacherei" auf (RATTNER & DANZER 2006). Man steht gerne im Mittelpunkt, im positiven oder negativen Sinne, und ist sich selbst der Nächste. Das heißt, die Bedürfnisse und Anliegen anderer spielen keine Rolle. Und: Die eigene Leistungsfähigkeit wird häufig total überschätzt.
2. Vermeidung: Wird dieser Bewältigungsmechanismus praktiziert, umgeht der Betreffende gerade diejenigen Situationen, in denen er nicht glänzen kann. Möglicherweise führt man auch ein Single-Leben, um jedwede Form von Abhängigkeit prinzipiell auszuschließen.

3. Kompensation: Bei dieser Konstellation zeigen Betreffende eine gönnerhafte Seite, die aber wieder dem grundlegenden Schema verhaftet ist: Man lässt die Anderen am eigenen Leben, genauer gesagt, am Erfolg teilhaben. Hierzu müssen die Anderen aber wesentliche Eigenschaften von authentischen Bewunderern haben.

Unzureichende Selbstkontrolle/Selbstdisziplin

Eine stark ausgeprägte Unfähigkeit, (a) Frustrationen und Langeweile zu ertragen und (b) die eigenen Emotionen und irrationalen Impulse zu regulieren, macht vor allem das Schema *Unzureichende Selbstkontrolle/Selbstdisziplin* aus. Situationen, die aus Sicht des Betreffenden „zu stressig", zu überfordernd sind, werden vorauseilend gemieden. Man neigt zur Bequemlichkeit und zu auffälligem „Schonverhalten" (ROEDIGER 2009a, 56).

Kommt man einmal nicht um solche unerwünschten Situationen herum, werden Aufgaben oder Erledigungen widerwillig, halbherzig und nicht effizient bearbeitet.

Steht hingegen die Befriedigung eines Bedürfnisses in Aussicht, zeigen Betreffende eine hohe Motivation, das Ziel zu erreichen. Auf der Strecke bleiben gewöhnlich Ziele, die nur mittel- oder langfristig realisiert werden können.

Im sozialen Leben fallen Menschen mit diesem Schema unter anderem dadurch auf, dass sie Absprachen schlecht einhalten können. Sie wirken manchmal wie undisziplinierte Kinder.

Das Schema entsteht laut YOUNG et al. (2008, 300ff.) infolge eines bestimmten sozialen Einflusses, der sich frustrierend auf die kindliche Leistungsbereitschaft auswirkte. Zum einen wurde dies eventuell durch zu hohe Ansprüche an den Heranwachsenden bewerkstelligt (er konnte sie nicht erfüllen); zum anderen kann es auch sein, dass die Eltern selbst keine passenden Vorbilder in Hinsicht auf Durchhaltevermögen und Frustrationstoleranz waren.

Im letzteren Fall fehlte es dem Kind an Struktur und durchschnittlich ausgeprägter Motivation.

Wie wird das Schema bewältigt?

1. Erduldung: Der Betreffende hat zwar Pläne und Vorstellungen in Bezug auf die Zukunft, aber er tut nichts, um sie zu realisieren. Anspruchsvolle

Tätigkeiten werden außerdem weitgehend ausgeblendet. Man ist davon überzeugt: „Bevor ich etwas tue und scheitere, tue ich lieber nichts." Bei aufkommenden Problemen wird schnell aufgegeben. Die Frustrationstoleranz ist sehr gering. Manchmal kommt es auch zu Substanzmittelmissbrauch.

2. Vermeidung: In diesem Fall hält sich der Betreffende weitgehend aus allem heraus. Man drückt sich vor Verantwortung. Konflikte werden vorauseilend vermieden.
3. Kompensation: Wenn Betreffende ins andere Extrem fallen, werden aus heiterem Himmel plötzlich zahlreiche Projekte begonnen und mit allen Ressourcen, die es gibt, durchgezogen.

2.1.4 Domäne 4: Übertriebene Außenwirkung und Fremdbezogenheit

Die Schemata

- *Unterwerfung/Unterordnung,*
- *Aufopferung,*
- *Streben nach Zustimmung und Anerkennung*

sind Bestandteil der 4. Domäne.

Unterwerfung/Unterordnung

Klienten mit diesem Schema verhalten sich gegenüber bestimmten Personen in Freizeit und Beruf vorauseilend unterwürfig, anders gesagt, untertänig, gerade wenn es sich hierbei um sogenannte Respektspersonen handelt.

Nicht nur das: Es wird intuitiv angeregt und zugelassen, dass man über sie bestimmt, sie beherrscht. Diese Motivation wird häufig schon durch eine Körpersprache ausgedrückt, die sehr angepasst ist. Betreffende lächeln entsprechend viel zu oft in Unterhaltungen, biedern sich an, machen vorschnell Zugeständnisse usw. Auf der anderen Seite fühlen sie sich (viel zu schnell) angegriffen, benachteiligt, machtlos.

Dieses Schema sorgt für eine einseitige Beziehungsgestaltung. Der Betreffende zieht infolgedessen etwa bei anstehenden Auseinandersetzungen oder

Verhandlungen immer den Kürzeren.

Die Bedürfnisse der Anderen sind im Rahmen des Schema *Unterwerfung/Unterordnung* wichtiger als die eigenen, weshalb ihnen auch ein höherer Status zugeordnet wird.

Hinter diesen Verhaltensweisen steht die Motivation, sich automatisch an die Bedürfnisse der Mitmenschen anzupassen. Das eigene Wohl und Wehe ist sekundär. Gleichzeitig wird auch vorauseilend die Position des „Untergebenen" eingenommen. Das Ziel: Vermeidung von jeglicher Konfrontation im Zwischenmenschlichen.

Betreffende haben auch meistens eine irrationale Selbstwahrnehmung. Sie meinen irrtümlicherweise, die Grundlage ihres Handels sei „das Gute", und ferner verzichten sie – aus ihrer Wahrnehmung – *bewusst* auf die Berücksichtigung ihrer Gefühle und Bedürfnisse im Alltag. Dabei ist es aber letztlich nur die Angst vor Bestrafung, die sie antreibt.

Konfrontationen eingehen ist nicht im Interesse des Betroffenen. Sie fürchten Ärger, Rache des Benachteiligten, wenn sie ihren wahren Gefühlen Ausdruck verleihen würden.

Der Mechanismus kann so skurrile Blüten treiben, dass Betreffende einer Respektsperson gegenüber nicht die leiseste Kritik äußern, sondern alles „schlucken". Dies führt zur schleichenden Überforderung.

Die üblicherweise länger andauernde Unterdrückung von Wut führt meistens zu der Ausprägung von psychosomatischen Beschwerden (etwa Kopfschmerzen, Magen- und Darmbeschwerden).

Es kommt auch gewöhnlich zu passiv-aggressiven Auffälligkeiten. So beginnt man zum Beispiel mit großem Elan eine Aufgabe, die der Vorgesetzte anordnet, und erledigt sie dann „aus Versehen" zu spät. Oder aber man erkrankt am Tag einer wichtigen Präsentation oder Ähnliches.

Das Schema *Unterordnung/Unterwerfung* entsteht meistens schon in der Kindheit, oft durch einen autoritären Erziehungsstil. Wahrscheinlich sanktionierte mindestens eine Bezugsperson den kindlichen Ausdruck von Emotionen, Kritik oder Widerspruch (über einen längeren Zeitraum hinweg).

Infolgedessen „lernte" der Heranwachsende, dass es für ihn sehr nachteilig ist, gegenüber bestimmten Personen authentisch zu sein. Dies führte unter Umständen zu Gewalt, Liebesverlust oder zu sonstigen Bestrafungen.

Ein solches elterliches Verhalten, das meistens auch geprägt ist von Dominanz und Kontrollstreben, steht auch im Zusammenhang mit dem Schema *Bestrafungsneigung* (siehe unten).

Aufseiten des Kindes führt die Ausprägung dieses Schemas ferner zu einem automatisierten Chamäleon-Verhalten in Alltagssituationen.

Wie wird das Schema bewältigt?

1. Erduldung: Betreffende ordnen sich aus Angst vor Strafe zwanghaft allen Personen unter, die sie als Autoritäten definieren. Unterschwellig kommunizieren sie Unterwürfigkeit. Das kann gegenüber dem Partner, einem Elternteil, Freund oder dem Chef praktiziert werden. Befehle werden nicht hinterfragt, sondern automatisch befolgt. Üblicherweise führt dies zur Aufstauung von Frust und Ärger.
2. Vermeidung: Der Betreffende umgeht Situationen, in denen er mit – aus seiner Wahrnehmung – Autoritätspersonen zu tun hat. Aufgetragene Aufgaben werden sehr gewissenhaft ausgeführt, um sich Stress zu ersparen.
3. Kompensation: Infolge dieses Mechanismus kommt es zu einem stark ausgeprägten Widerstand, der sowohl aktiv-rebellisch betrieben als auch passiv-aggressiv ausfallen kann. Es ist aber auch möglich, dass man seinen Frust mittels des Mechanismus Identifikation mit dem Aggressor (von früher) an Schwächeren auslässt. Aus dem Opfer wird infolge der Kompensation also ein Täter.

Aufopferung

Auch beim Schema *Aufopferung* stehen das Wohl und Wehe der Mitmenschen im Vordergrund. In diesem Zusammenhang ist es aber nicht die Angst vor Strafe, die zur vorauseilenden Berücksichtigung der Bedürfnisse anderer führt, sondern das Streben nach positiver Aufmerksamkeit, die daraus resultiert.

Der Dienst am Nächsten gilt bekanntlich in allen Kulturen als Wert an sich.

Betreffende spüren sehr extrem, was in den Mitmenschen gefühlsmäßig vor sich geht, im positiven und negativen Sinn.

Sie nehmen daher zu viel Rücksicht auf die Anderen, die eigene Wahrnehmung „klebt“ förmlich an den Mitmenschen. Am liebsten will man dafür sorgen, dass die Anderen keinerlei negativen Gefühle erleben.

Bezugnehmend auf aktuelle Erkenntnisse der Hirnforschung (BAUER 2007a) kann man vermerken, dass Betreffende wahrscheinlich in der Kindheit durch symbiotische, positiv gefärbte Verhältnisse zu den Eltern eine hohe Anzahl an sogenannten Spiegelneuronen ausgeprägt haben.

Entsprechend neigt man auch zu einer vorauseilenden Höflichkeit. Außerdem wird auf allen Kommunikationskanälen ein friedliebendes Wesen vermittelt.

Solche Klienten bekleiden erfahrungsgemäß auch Ehrenämter im sozialen Bereich, die sehr anspruchsvoll und zeitintensiv sind.

Klienten mit diesem Schema erwarten für die von ihnen erbrachte Hilfe und Unterstützung im privaten und beruflichen Lebensbereich keinerlei Gegenleistung. Wenn diese doch einmal angeboten wird, ist man schnell beleidigt und wehrt sich mit aller Macht dagegen.

Und: Eigene Ansprüche stellen - das funktioniert gar nicht. Schließlich schöpft man seine Anerkennung ja gerade durch den „freiwilligen" Dienst am *Anderen*.

Die Schattenseite dieses Lebensstils: In Situationen, in denen der Betreffende einmal Hilfe oder vertrauensvollen Zuspruch braucht, findet sich gewöhnlich niemand im sozialen Umfeld, der hierzu kompetent ist.

Was Betreffende in diesen Fällen nicht sehen: Sie selbst haben an der Auswahl ihres Bekanntenkreises mitgewirkt.

Der sich durch die fehlende Unterstützung in solchen Situationen aufbauende Frust entlädt sich des Öfteren in psychosomatischen Symptomen. Manchmal wird er aber auch mittels Suchtmittelmissbrauchs kompensiert.

Betreffende erlebten in ihrer Kindheit und Jugend nicht selten mindestens eine schwache, eventuell kränkliche oder depressive Bezugsperson. Um die musste man sich vielleicht sehr engagiert kümmern, sie umsorgen.

Die hier beschriebenen Klienten mussten häufig auch schon sehr früh Verantwortung im Kreise der Familie übernehmen, das heißt Funktionen ausüben, die eigentlich Erwachsene innehaben, zum Beispiel das Geschwister betreuen, den Haushalt führen usw.

Das bedeutet gleichzeitig, dass hiervon betroffene Kinder und Jugendliche vonseiten des Umfelds nicht altersgemäß wahrgenommen wurden, sondern als Partner mit vielen Pflichten.

Nicht selten kommt es im Zuge solcher Voraussetzungen zu der Ausprägung des Schemas *Aufopferung*.

Wie wird das Schema bewältigt?

1. Erduldung: Man gibt sich als starke Helferpersönlichkeit und engagiert sich übermäßig für seine Mitmenschen. Man richtet sich ein hilfsbedürftiges soziales Umfeld ein. Selbstsichere, starke Persönlichkeiten werden außen vor gelassen. Viele Klienten mit diesem Schemata ergreifen einen Helferberuf.
2. Vermeidung: Man schwört vielen engen Beziehungen, in denen das Helfer-Thema die Grundlage war, ab. Eine andere Möglichkeit, dieses Schema zu vermeiden, besteht im sozialen Rückzug.
3. Kompensation: Betreffende stoppen von jetzt auf gleich aufgrund ihrer Frustration ihre Hilfsbereitschaft (das Umfeld gibt ja verständlicherweise nur wenig zurück). Man gibt sich augenscheinlich egoistisch und nicht mehr altruistisch.

Streben nach Zustimmung und Anerkennung

Unter dem Einfluss dieses Schemas stehen meistens Menschen, die die Aufmerksamkeit und Bewunderung der Anderen permanent auf sich ziehen wollen. Hier liegt also eine stark ausgeprägte Außenorientierung vor.

Es geht strenggenommen ausschließlich um Akzeptanz und um positives Echo.

Um diese Anliegen zu verwirklichen, ist es notwendig, die eigene Gefühlswelt und die Bedürfnisse zu vernachlässigen.

Diese könnten nämlich konträr zu den Interessen der Anderen sein. Tatsächlich fehlt bei entsprechenden Klienten ein weitgehend objektives Selbstempfinden – und somit schießen sie manchmal weit über das Ziel hinaus.

Dies führt erfahrungsgemäß dazu, dass die Mitmenschen schnell merken, worauf es dem Betreffenden wirklich ankommt. Peinliche Situationen sind dann die Folge; aber nur aus Sicht der Anderen.

Viel Energie und Aufwand werden in die Außenwirkung investiert. Man gibt zum Beispiel viel Geld für Statussymbole aus, vollbringt im Beisein des sozialen Umfeld imposante Leistungen. Dies alles und mehr dient dem Zweck, sich den

Applaus der Anderen zu sichern.

Prinzipiell ist dieses Schema nicht dysfunktional, in mittlere Ausprägung ist es dem Betreffenden zweifellos dienlich. Zahlreiche Personen, die gesellschaftlich erfolgreich sind, offenbaren dieses Muster.

Geht es dem Betreffenden allerdings irgendwann nur noch im die positive Resonanz von anderen, auch im privaten, familiären Bereich, dann kann dies hohe Kosten in Bezug auf sich selbst und den Kontakt zu den Mitmenschen nach sich ziehen.

Die Anderen erleben die Person gewissermaßen als nicht authentisch und aufgesetzt.

Nun einige Anmerkungen zu den Ursachen dieses Schemas. Nach klinischen Erfahrungen wurde die für dieses Schema typische Außenorientierung früh erlernt, gefördert und vonseiten der Bezugspersonen dadurch verstärkt.

Wenn Eltern selbst zur Außenorientierung neigen, werden sie sicherlich Wert darauf legen, dass ihre Kinder entsprechende (sozial erwünschte) Verhaltensweisen zeigen, die auf einen zustimmenden Widerhall stoßen.

Hierzu gehören das umgangssprachliche Brav-Sein und die vorauseilende Höflichkeit.

Es muss aber festgehalten werden: Solche elterlichen Vorstellungen stehen nicht im Einklang mit den natürlichen Bedürfnissen des Kindes.

Dies erklärt, wieso Klienten mit diesem Schema nicht viele Aussagen über ihr Motiv- und Bedürfnissystem machen können. Sie haben gelernt, auf die Anderen zu achten und nicht auf sich selbst.

Wie wird das Schema bewältigt?

1. Erduldung: Betreffende erzwingen oft Bewunderung und Anerkennung vonseiten der Mitmenschen. Ohne das Lob, den Zuspruch der Anderen ist die eigene Leistung nichts wert. Zentral ist das Motto „fishing for compliments".
2. Vermeidung: Nunmehr wird strikte Anpassung praktiziert, um nicht negativ aufzufallen. Entsprechend werden vermeintlich strenge Persönlichkeiten umgangen.
3. Kompensation: Betreffende spielen sich zwanghaft und übertrieben in den Vordergrund, was dazu führt, dass die Mitmenschen sie negativ einschät-

zen. Oder aber man provoziert gezielt negative Aufmerksamkeit, etwa durch Nonkonformismus (etwa Links- oder Rechtsradikalismus).

2.1.5 Domäne 5: Übertriebene Wachsamkeit und Gehemmtheit

Die Domäne Übertriebene Wachsamkeit und Gehemmtheit besteht aus folgenden Schemata:

- *Emotionale Gehemmtheit,*
- *Überhöhte Standards,*
- *Negatives hervorheben,*
- *Bestrafungsneigung.*

Emotionale Gehemmtheit

Eine starke Betonung des Rationalen und eine überproportionale Vernachlässigung (oder Hemmung) des Emotionalen - dies sind Auffälligkeiten von Klienten, die dieses Schema ausgeprägt haben.

Betreffende wirken in Gesprächen sehr sachlich und geradlinig. Sie kommunizieren wohlüberlegt, sehr korrekt.

Offensichtlich liegt ihnen sehr viel daran, sich selbst zu kontrollieren. Dies geht zulasten der emotionalen Aspekte des Psychischen.

Tatsächlich werden emotionale Prozesse häufig auch von solchen Klienten diskreditiert, quasi als Schwäche definiert. (Die Ähnlichkeiten mit den Symptomen der *Zwanghaften Persönlichkeitsstörung* sind unübersehbar.)

Auch in anderen Bereichen demonstrieren Personen, die unter dem Einfluss dieses Schemas stehen, dass menschliche Wärme, Empathie und Spontaneität nicht zu ihren Steckenpferden gehören.

Üblicherweise geht es den Betreffenden nicht nur um die Unterdrückung der eigenen Gefühle und Affekte, sondern auch um die Kontrolle der (positiven und negativen) Gefühlswelt der Mitmenschen. Die gesellschaftlichen Konventionen werden insgesamt viel zu wörtlich genommen, ja gewissermaßen weit überschätzt.

Besonders wenn es im sozialen Umfeld zu starken Emotionen kommt, sind Betreffende mit Nachdruck um Beherrschung des Gesprächspartners bemüht.

Solche heiklen Situationen werden üblicherweise mithilfe von Gedanken- oder Argumentationsketten mit hohem kognitiven Anteil bewältigt.

Die eigenen Emotionen werden nicht ohne Grund zurückgehalten. Man fürchtet - unbewusst - negative Reaktionen vonseiten der Umwelt. Diese Angst geht wiederum nur auf eine Konditionierung in der frühen Kindheit zurück, die nur von wenigen Personen praktiziert wurde. Die ist dem Betreffenden aber nicht bewusst.

Routinehandlungen und Rituale werden ausgiebig praktiziert, befriedigen sie doch das Bedürfnis nach Kontrolle und Sicherheit.

Es verwundert nicht, dass man insbesondere in Verwaltungs-, Justiz-, sonstigen Kontroll- und anderen Beamtenberufen Personen mit diesem Schema antrifft. In entsprechend strukturierten Berufsbedingungen können Betreffende das Muster *Emotionale Gehemmtheit* ausleben.

Menschen mit diesem Schema lernten in ihrer Kindheit, dass der emotionale Ausdruck im sozialen Umfeld insgesamt unerwünscht ist. Häufig wurden Betreffende erfahrungsgemäß durch die Eltern beschämt.

Das heißt, lebendiges, spontanes Verhalten zog mehrfach auch negative Konsequenzen nach sich. Eventuell wurden auch andererseits Anzeichen des „vernünftigen Erwachsenseins“ seitens des Kindes sehr früh von den Eltern belohnt, und zwar kontinuierlich.

Da sich emotionale Prozesse im Gehirn aber nicht völlig unterdrücken lassen (sie machen ja im Wesentlichen die Psyche aus) und weil Gefühle stets Gedanken, Handlungsimpulse und Handlungen beeinflussen beziehungsweise auslösen, bleiben sogenannte unvernünftige und unmoralische Fehlleistungen trotz der immensen Emotionsabwehr nicht aus.

- Aggression, Frustrationen, sexuelle Impulse, ja strenggenommen die ganze Palette an Gefühlen, Affekten und Emotionen wird unter dem „Deckmantel der Ratio“ (KÖNIG 2003) in bestimmten Situationen nach außen hin abreagiert.

Dies zeigt sich dann oft darin, dass die Anderen, etwa die Kinder, Mitarbeiter, der Partner usw. für ihre Vergehen in Überlänge an den Pranger gestellt werden. Dies wirkt für den Klienten emotional entlastend.

Oder aber der Betreffende durchforstet aufgrund eines aktuellen Anlasses im Internet nach Seiten mit pornografischem Inhalt, um sich über den Verfall der Sitten „zu informieren“.

Wie wird das Schema bewältigt?

1. Erduldung: Betreffende sind in allen Lebensbereichen sehr um Contenance, Ruhe, Gefühlskontrolle, kurz: um einen rational vertretbaren Lebensstil bemüht. Es dominiert die Sachlichkeit, Logik, sprich die Maxime: „Wenn ich Gefühle zeige, ist das schlecht!"
2. Vermeidung: Menschen, Hobbys und Situationen, die Gefühle aufwerfen, werden im Alltag gemieden. Man etabliert ein soziales Umfeld, das in die eigene rationale Lebensphilosophie passt.
3. Kompensation: Betreffende neigen in diesem Fall zu Alkohol- oder sonstigen Exzessen, bei denen die Gefühle und Emotionen schon gezwungenermaßen zutage treten. Populärer ist aber die Tendenz, sich in eine straffe Berufsstruktur zu integrieren.

Überhöhte Standards

Ein außergewöhnliches Streben nach Perfektionismus in allen Lebensbereichen ist für Klienten mit dem Schema *Überhöhte Standards* typisch. Die selbst konstruierten Maßstäbe und Ansprüche, an denen sich das eigene Denken und Handeln orientiert, erscheinen Außenstehenden als viel zu hoch.

In beruflicher Hinsicht sind solche Personen sehr erfolgreich, haben sie doch gewöhnlich sehr schnell sehr viel erreicht.

Doch wenn man sie im Alltag erlebt, mit ihnen spricht, machen sie überraschenderweise stets einen gestressten Eindruck.

Sie sind naturgemäß nie zufrieden mit dem, was sie sind, erreicht haben oder in Augen anderer darstellen. Es gibt noch viel zu tun. Die Lebensmaxime, die ohnehin schon weit über der Norm liegt, heißt: „Höher, schneller, weiter". Erfolge, etwa eine Beförderung, können daher auch nicht wirklich genossen werden – sogleich stehen neue Projekte und höhere Ziele an.

Die alltäglichen Belastungen sind aufgrund von arbeitssüchtigen Anwandlungen außergewöhnlich hoch. Meistens sind Personen mit diesem Muster engagiert in vielen Lebensbereichen – und entsprechend zeitlich sehr eingespannt.

Auch im Freizeitbereich will alles optimal vorausgeplant und ordentlich durchgestanden werden: die Erziehung der Kinder, die Organisation von Festen und Feiern, das Wochenende sowieso.

Läuft einmal ein Projekt nicht perfekt, entspricht das aus den Augen der Person einem Misserfolg, den es zu bedauern gilt.

Die Fassade, die Aktivitäten insgesamt, der Beruf – das alles unterliegt ebenso strengen Maßstäben. Auf die soziale Umwelt wollen Betreffende makellos, genauer gesagt, leistungsfähig wirken.

Aus diesem Grund erscheint man auch im Büro so ehrgeizig. Man imponiert seinen Vorgesetzten dadurch, setzt aber gleichzeitig seine Kollegen unter Druck, die schnell das Gefühl entwickeln, dass ihnen die Felle davon schwimmen.

Auf Freizeitaktivitäten am Wochenende angesprochen, reagieren Betreffende sehr ungehalten. Sie müssen doch noch dies und das erledigen. Es bleibt keine freie Minute.

Dieses Schema geht überwiegend auf das Konto von psychisch verinnerlichten Forderungen und Ansprüchen, die die Eltern oder andere wichtige Bezugspersonen an den Betreffenden in der Kindheit oder Jugend stellten.

Es ist wahrscheinlich, dass Zuneigung und Anerkennung abhängig von den Leistungen des Kindes waren, etwa in der Schule, beim Sport oder Ähnliches.

(Psychoanalytisch gesagt: Die Betreffenden haben im Erwachsenenalter ein sehr ausgeprägtes, rigides *Über-Ich* (Gewissen), das nicht zufrieden gestellt werden *kann*.)

Klienten mit diesem Schema kommen erfahrungsgemäß nicht in die Therapie wegen ihres maladaptiven Musters, sondern häufig wegen der daraus resultierenden psychosomatischen Beschwerden.

Insbesondere sind hierbei zu nennen: Reizdarm, Magenprobleme, Bluthochdruck, Asthma, Rückenbeschwerden, Hautkomplikation.

Wie wird das Schema bewältigt?

1. Erduldung: Das Bemühen um Perfektion bestimmt den Alltag, und zwar ohne Rücksicht auf die Kosten, die daraus entstehen (etwa in Bezug auf die Partnerschaft). Das Zeitmanagement ist unprofessionell, weil ausschließlich Stress fördernd. Man frönt dem Motto: „Es gibt immer was zu tun!" Das heißt, es herrscht ein großer Vorrat an Arbeitsaufträgen vor.
2. Vermeidung: Aufgaben werden aufgeschoben, besonders diejenigen, die von Mitmenschen beurteilt werden. Projekte mit niedrigem Anspruch werden begonnen. Eventuelle Ruhephasen werden mit Beschäftigungen überbrückt.

3. Kompensation: In diesem Fall werden nunmehr keinerlei Leistungsstandards erfüllt. Eventuell erwartet man von anderen das, was man selbst jahrelang erbracht hat. Im Extrem sieht das (in Bezug auf die eigene Person) so aus, dass verordnete Aufgaben ungenau, ja gewissermaßen schlampig erledigt werden, was ein Hinweis auf die Verweigerungshaltung des Perfektionisten ist. Sogar der komplette Ausstieg aus dem Leistungsdenken ist im Bereich des Möglichen.

Negatives hervorheben

„Das Glas ist immer halb leer" - so oder so ähnlich lautet das Lebensmotto von Personen mit dem Schema *Negatives hervorheben*. Die Dinge, das Dasein, die Vergangenheit, Gegenwart und Zukunft werden im Allgemeinen negativ bewertet.

Eine grundsätzlich pessimistische Sicht ist mehr als augenscheinlich. Selbst in Phasen, in denen Betreffende - von außen betrachtet - glücklich sein müssten, etwa weil die Umstände es einmal gut meinen, wird stets nach dem sprichwörtlichen „Haar in der Suppe" gesucht.

Vermehrt werden entsprechende Umweltreize wahrgenommen, die die negative Perspektive untermauern, etwa entsprechende Medieninhalte über Unfälle, Katastrophen, Epidemien, Kriminalität usw.

Was ferner auffällt, ist die permanente Besorgtheit. Betreffende sind dauerhaft gestresst, angespannt, und außerdem sind sie völlig unfähig, Ruhe und Entspannung zuzulassen.

Zwanghaft wird gegrübelt. Die Angst treibt Betreffende an.

Dieses Schema verursacht hohe Kosten besonders in Bezug auf die sozialen Kontakte. Familienmitglieder, Freunde und Bekannte müssen sich die zahllosen Sorgen des Betreffenden anhören.

Für andere Themen kann man den Betreffenden nicht begeistern. Anscheinend reicht eine Diskussion über die unangebrachten Ängsten nicht aus, um das Schema abzumildern.

Die Ursprünge dieses Schemas liegen wie üblich in der Vergangenheit. Hauptsächlich durch Modelllernen wird das Muster psychisch verinnerlicht. Eventuell wuchsen Klienten mit Personen auf, die sich täglich viel zu viele Sorgen um die Zukunft gemacht haben.

Auf der anderen Seite entsteht das Schema auch leicht durch Schicksalsschläge, etwa Verlust- (Tod eines Elternteils) oder Entbehrungserfahrungen (ein Elternteil war vielleicht nicht verfügbar).

Aber auch ein grundsätzlich überängstlicher Erziehungsstil kann sich aufseiten des Heranwachsenden schließlich als Schema *Negatives hervorheben* manifestieren.

Wie wird das Schema bewältigt?

1. Erduldung: Der Betreffende beschäftigt sich im Alltag ausschließlich mit negativen Inhalten (Krankheiten, Tod, Unfälle usw.). Positive Erfahrungen werden unbewusst vermieden beziehungsweise „übersehen". Stets wird der *worst case* erwartet.
2. Vermeidung: Durch räumliche Einkapselung und/oder Alkoholmissbrauch versucht man, negative Empfindungen und Erwartungen zu verdrängen. Es wird außerdem eine Gewohnheitstier-Mentalität entwickelt. Den üblicher kleinen Bewegungsradius behält man bei. Alles, was neu und somit unbekannt ist, wird links liegen gelassen.
3. Kompensation: Betreffende werden nunmehr zu zwanghaften Optimisten, reden Risiken übermäßig klein. Eine Neigung zu Risikoverhaltensweisen kann entstehen.

Bestrafungsneigung

Extrem hohe Kosten in Bezug auf den Umgang mit anderen verursacht das Schema *Bestrafungsneigung.* Schon die Bezeichnung des Musters lässt viel Raum für Assoziationen zu.

Personen mit diesem Schema sind der Auffassung, dass andere für Fehler, Vergehen, Unzulänglichkeiten und andere Undiszipliniertheiten bestraft werden müssen.

Dieses Phänomen hat mit dem Menschenbild zu tun, das mit diesem Schema so gut wie immer zusammenhängt. Es lautet sinngemäß: „Der Mensch ist von Grund auf böse und muss durch Strafe auf den rechten Weg gebracht werden."

Entsprechend zahlreich sind die Normen, aber insbesondere auch die Ansprüche an sich selbst und andere im Alltag.

Überall bemerken Betreffende, dass die Anderen Fehler machen, unzulänglich sind und infolgedessen bestraft werden müssen. Das hat Auswirkungen auf das eigene Handeln, es nimmt missionarische Züge an. Die Wahrnehmung kreist ständig um Ordnung und Moral.

Man eckt vor allem an wegen der moralisierenden, überheblichen Art, die in so gut wie jedes Gespräch einfließt. Die Bestrafung selbst ist, und das fällt erfahrungsgemäß nur Außenstehenden auf, manchmal nicht Mittel zum Zweck, sondern gewissermaßen Zweck an sich.

Es wird häufig nur um der Bestrafung willen sanktioniert. Entschuldigungen lässt man nicht gelten. Denn parallel zur Bestrafungsmotivation ist Einfühlungsvermögen wenig bis gar nicht vorhanden.

Menschen mit diesem Schema sind oft in hierarchischen Institutionen zu finden, zumeist in der mittleren und höheren Führungsebene. Sie belasten unbewusst das System, weil sie in Bezug auf die Erfüllung der (beruflichen) Pflichten viel zu weit über das Ziel hinausschießen. – Ständig werden neue Anordnungen erlassen.

Pausen müssen entsprechend unbedingt minutiös eingehalten werden. Die Mitarbeiter dürfen die Entscheidungen des Klienten nie kritisieren. Emotionen haben nichts im Alltag zu suchen, ebenso wenig auch private Angelegenheiten (die Nähe zum zwanghaften Persönlichkeitsstil wird hier auffällig).

Diese Vorgehensweisen gehen zulasten des Betriebsklimas.

Man erkennt schnell, dass ein Einziger ein ganzes System, das vielleicht vorher gut funktionierte, mit dem Schema *Bestrafungsneigung* innerhalb von wenigen Monaten völlig modifizieren kann (im negativen Sinn).

Es bedarf bestimmter Voraussetzungen in der Kindheit, damit dieses Schema entsteht und sich festigt. Erwähnt werden sollte noch: Das Muster *Bestrafungsneigung* gehört zu den konditionierten Schemata, es entsteht also infolge von Sozialisationserfahrungen.

Meistens offenbarten die Eltern oder andere wichtige Bezugspersonen ein ähnliches Schema, traten also dem Heranwachsenden gegenüber sehr streng und autoritär auf.

Ferner wurde wahrscheinlich vermittelt: „Du bist böse und musst durch Strafe erzogen werden." Entsprechend wurde kindliches Auftreten häufig als „Vergehen" definiert und meistens sanktioniert. Tadel und Strafe spielten wahrscheinlich ebenso zentrale Rollen im Leben des Kindes.

Infolge dieser Gegebenheiten verinnerlicht der Heranwachsende psychisch einen strafenden Elternteil.

Dieser Modus wird später im Alltag immer wieder aktiviert, wenn man selbst Fehler macht oder die Anderen die Ansprüche nicht erfüllen. In solchen Situationen „wird" der Betreffende derjenige Elternteil, der früher zum Beschuldigen neigte.

Wie wird das Schema bewältigt?

1. Erduldung: Betreffende sind hart und streng zu sich selbst und zu anderen. Auf Strafe wird bestanden, sobald jemand einen Fehler macht. Man hegt eine Vorliebe für hierarchische Berufe.
2. Vermeidung: Man erfüllt nach bestem Wissen und Gewissen seine „Pflicht". Das Motto lautet: „Befolge alle Regeln". Bestimmte Mitmenschen werden im Alltag aus Angst gemieden.
3. Kompensation: Betreffende verstecken sich hinter Regeln; oder aber sie zeigen zum Erstaunen der Umwelt Milde (und ärgern sich heimlich).

3. Wissenschaftliche Fundierungen

Die wissenschaftlichen Grundlagen, auf die sich die Autoren der Klärungsorientierten Psychotherapie und Schematherapie schwerpunktmäßig bei ihren integrativen Ausführungen zum Schemaverständnis beziehen, werden im Folgenden dargestellt.

Vor allem die Neurobiologie, Bindungstheorie und Motivationstheorie, um die es konkret geht, eignen sich sehr dazu, den gewöhnlich hohen affektiven Anteil an dysfunktionalen Schemata zu erklären. Ein weiterer Vorteil: Sie thematisieren unter anderem unbewusste psychische Prozesse und frühkindliche Einflüsse und ihre Auswirkungen.

Die genannten Wissenschaften eröffnen viele neue Einblicke in die Ursachen und Abläufe problematischer Verhaltensweisen von Klienten. Gerade für Angehörige der Helferberufe, die sich dafür interessieren, wie Menschen „psychisch funktionieren", ist eine Einführung in neurobiologisches, bindungstheoretisches und motivationspsychologisches Denken sehr hilfreich.

Auf die nähere Beschäftigung mit den wissenschaftlichen Grundlagen der Kognitiven Therapie wird entsprechend verzichtet – in Kapitel 2 wurde schon allgemein darüber referiert. Ihr wissenschaftliches Fundament, die Kognitive Psychologie, berücksichtigt überwiegend kognitive Themen, etwa Wahrnehmung, Gedächtnis, Bewusstsein, Denken und Begriffsbildung (SOLSO 2005).

Dabei ist auffällig, dass in diesem Wissenschaftszweig die für die Schemapädagogik wichtigen Themen (Beziehungsstörungen, charakterologische Phänomene und Verhaltensauffälligkeiten) in der Regel vernachlässigt werden.

3.1 Neurobiologie

Die Grundlage der Schematherapie, genauer gesagt, des Schemamodells von YOUNG et al. (2008), stellt vor allem die Neurobiologie dar. Die Autoren beziehen sich unter anderem auf die Arbeiten von LEDOUX (2001) und SIEGEL (2006). Außerdem wird die *Social brain*-Hypothese berücksichtigt (ROEDIGER 2009a).

Das Gehirn ist „sozial"

Fokussiert man das Wachstum des menschlichen Gehirns, so fällt schnell auf: Die verschiedenen Hirnzentren entwickeln sich in einer ganz bestimmten Reihenfolge.

Die Basis des Gehirns besteht aus archaischen Strukturen, die wir mit anderen Wirbeltieren gemein haben. Während der Entwicklung des Embryos im Mutterleib werden bereits die subkortikalen (tiefer gelegenen) Hirnregionen ausgeprägt, etwa die vegetativen Zentren im Rückenmark und das Stammhirn, aber auch das limbische System, das insbesondere mit der Aktivierung von Emotionen in Zusammenhang gebracht wird.[15]

Erst später entstehen die Hirnareale, die für kognitive Prozesse zuständig sind. *Homo sapiens* ist demnach von Grund auf emotional strukturiert. Das limbische System scheint dabei eine große Rolle zu spielen. „Das limbische System ist der Entstehungsort unserer Persönlichkeit und damit des Psychischen", resümiert entsprechend GERHARD ROTH (2009, 160).

Was im Mutterleib passiert, grenzt schon an ein Wunder. Pro Minute entstehen 250.000 neue Hirn-Nervenzellen. Pro Sekunde werden 1,8 Millionen neue Verbindungen zwischen den Neuronen verknüpft.

Das Gehirn eines Erwachsenen besteht letztlich aus circa 100 Milliarden Neuronen (und jedes einzelne Neuron ist fähig, mit 10.000 anderen Neuronen mittels verschiedener Botenstoffe zu kommunizieren).

Schon während der Schwangerschaft kommt es zu entsprechenden emotionalen Konditionierungsprozessen. Das heißt, der Embryo „lernt gefühlsmäßig". Diese Gegebenheit kann bereits Auswirkungen haben. Laut GERHARD ROTH (2007, 22) stehen traumatische Ereignisse vor und nach der Geburt (Gewalt-

[15] Bereits zwischen der fünften und sechsten Schwangerschaftswoche lassen sich der Hypothalamus und die Amygdala, das sogenannte Angstzentrum, nachweisen.

einwirkung, psychische Belastung der Mutter, Drogen- und Alkoholmissbrauch) in Zusammenhang mit späterem selbstschädigenden Verhaltensweisen.

Erst nach der Geburt prägt sich die Hirnrinde (Kortex) aus. Dessen ungeachtet reagieren Neugeborene in den ersten Lebensmonaten ausschließlich auf der emotional-limbischen Ebene.

Das Gehirn des Neugeborenen wiegt zwischen 300 bis 400 Gramm und weist bereits die endgültige Zahl von Neuronen auf (ebenda, 60f.). Die Art der weiteren Entwicklung, sprich „Feinverdrahtung", findet erst nachgeburtlich statt und hängt vorwiegend von den sozialen Erfahrungen ab, die wir in den ersten Lebensmonaten machen. Daher der Begriff „soziales Gehirn".

In der frühen Kindheit entwickeln sich auch, unter optimalen Bedingungen, die oben schon erwähnten Spiegelneuronen. Vor allem durch positive Resonanz vonseiten des Umfelds wird das Wachstum angeregt. Bleibt diese überwiegend aus, so kann man schließen, fällt die neuronale Grundlage für Empathie, Perspektivenübernahme und Mitleid eher dürftig aus.

Wichtig in unseren Zusammenhang ist: Kommt es häufig zu gleichartigen Erlebnissen mit dem sozialen Umfeld, schlägt sich das Erleben auch im Gehirn nieder, weil mehr und mehr dieselben neuronalen Erregungsmuster ausgeprägt werden. Dies ist unter anderem die biologische Grundlage des Lernens.

Genauer gesagt, Neuronenschaltkreise, die oft aktiviert werden, entwickeln sich zu neuronalen Erwartungsmustern. Der Säugling passt sich seiner Umwelt an. ROEDIGER (2009a, 20) hat hierfür einen schönen Vergleich aufgestellt: „Bildlich gesprochen werden häufig genutzte Straßen zu Autobahnen ausgebaut, die dann immer mehr Verkehr auf sich ziehen."

Zwei Schaltkreise

Auch im Erwachsenenalter offenbart sich der dem Menschen eigentümliche dichotome Aufbau des Gehirns im Alltag. Die Prozesse in den niederen Hirnregionen, vorwiegend emotionale, laufen überwiegend unbewusst ab.

Die limbischen Zentren sind zuständig für die emotionale Bewertung der Wirklichkeit. Permanent unterliegen die eintreffenden Sinnesreize einer unterschwelligen Prüfung. Das emotionale Gehirn verfährt jederzeit nach dem Motto: „Ist das jetzt wichtig oder nicht?"

Daher kommt es, dass wir bei sehr vielen Umweltreizen, die etwa über den

Seh-Sinn oder das Gehör ins Gehirn gelangen, positive beziehungsweise negative Emotionen empfinden. Hierbei spielen auch biografische Erfahrungen eine große Rolle (siehe unten).

Die subkortikalen Ebenen sind mit der bewusstseinsfähigen, vereinfacht gesagt, eher „rationalen" Hirnrinde eng verknüpft (letzteres Areal entwickelt sich, entwicklungsspezifisch betrachtet, „sehr spät").

Man kann sagen: Die beiden Systeme arbeiten jederzeit parallel (GOLEMAN 1995). Diese neurowissenschaftliche Erkenntnis der letzten Jahre überwindet die traditionelle Auffassung, wonach das Denken und Fühlen zwei unterschiedliche Faktoren sind, die man trennen kann.

Biologische Grundlagen von maladaptiven Schemata

Situationen im kindlichen Erleben, die mit starken Emotionen und Affekten einhergehen, werden aufgrund ihrer Intensität (vor allem) im limbischen System geradezu neuronal „eingebrannt".

Es sind zum Beispiel nur sehr wenige schmerzhafte Erfahrungen mit einem Objekt notwendig, um eine entsprechende Phobie auszuprägen. Diese kann sich noch im Erwachsenenalter offenbaren. Denn: Die Amygdala „vergisst nie". Wenn beispielsweise ein Kleinkind von einem Hund gebissen wird, wird im Gehirn folgende Reiz-Reaktions-Verbindung abgespeichert: (Reiz) Vierbeiniges Etwas führt zu Schmerz (Reaktion).

Noch Jahre später kommt es vielleicht beim Anblick eines Hundes zu einer automatischen Furchtreaktion auf mehreren Ebenen: (a) der Betroffene *fühlt* Angst; (b) zeigt *körperliche* Symptome und neigt eventuell zur (c) *Kognition*: „Dieser Hund wird mich bestimmt beißen!"

Fand das unliebsame Ereignis zudem vor dem 6. Lebensjahr statt, ist wahrscheinlich, dass dem Betreffenden der Zusammenhang zwischen seiner aktuellen Angst und etwaiger Ursachen gar nicht bewusst wird. Denn laut ROTH (2003, 67) beginnt rational-abstraktes Denken erst (circa) ab dem fünften bis sechsten Lebensjahr. Alles, was zuvor passiert ist, liegt verborgen im limbischen System. Diese Inhalte sind abstrakt nicht zugänglich.

Gerade die Hirnsysteme, die auf solche emotionale Situationen und auch auf Traumatisierungen reagieren, sind laut YOUNG et al. (2008) aller Wahrscheinlichkeit nach auch die (emotionalen) Orte der meisten maladaptiven Schemata.

Diese Annahme liegt auf der Hand, denn: Die subkortikalen Ebenen umfassen – ähnlich wie in der Schemadefinition von YOUNG der Fall – (emotionale) Erinnerungen, Emotionen an sich und Körperempfindungen.

Wenn man bedenkt, dass die meisten Schemata in der frühen Kindheit entstehen, in einer Zeit, in der die Hirnrinde und das Sprachvermögen erst langsam ausgeprägt werden, so wird verständlich, wieso nachteilige Muster dem Betreffenden weitgehend unbewusst sind. – Kognitionen sind in der frühen Kindheit noch gar nicht existent.

Personen mit nachteiligen Schemata sind aufgrund der steten Relevanz des limbischen Systems im Alltag oft anfällig für Schema-Aktivierungen. Denn wenn sie in Situationen geraten beziehungsweise auf Mitmenschen treffen, die sie an emotionale, qualvolle Ereignisse weitestgehend erinnern, kommt es automatisch zu starken Reaktionen. Das limbische System aktiviert Stresshormone. Nachteilige Emotionen und körperliche Symptome überfluten dann den Betreffenden.

Zur Erklärung dieses Umstands ein Beispiel. Das Schema *Misstrauen/Missbrauch* entsteht laut YOUNG et al. (2008) vor allem durch häufiges Diskreditieren vonseiten der elterlichen Bezugspersonen.

Entsprechende Situationen schlagen sich nach diesem Modell irgendwann neuronal im kindlichen Gehirn, genauer gesagt, vor allem im limbischen System nieder. Abgespeichert werden dabei alle relevanten äußerlichen Reize: die Umgebung, die Handlungen des Gegenübers, seine Körpersprache, Mimik usw.

In zukünftigen Belastungssituationen, in denen Mitmenschen eine große Rolle spielen, zum Beispiel Lehrer, Sozialarbeiter, Sozialpädagogen usw., kommt es immer wieder zum „kindhaften" Erleben, weil die subkortikalen Hirnareale das Hier und Jetzt mit den vergangenen Reaktionen überfluten.

Dem Betreffenden ist dieser Zuordnungsvorgang (vergangene Erlebnisse werden auf die Gegenwart projizieren) nicht bewusst.

Die Amygdala, die Flucht-, Erstarrungs- und Kampfreaktionen auslösen kann, empfängt jederzeit die Signale aus der Umwelt und bewertet sie – ohne Anteilnahme des Kortex – emotional. Maßstäbe dieser Bewertungen sind, wie oben erwähnt, vergangene Erlebnisse mit einem hohen emotionalen Anteil.

Kommt es nun infolge von zahlreichen eingebrannten maladaptiven Schemata vermehrt zu negativen emotionalen Einschätzungen á la „Vorsicht, das da ist gefährlich", werden augenblicklich Stresshormone ausgeschüttet, und zwar Noradrenalin im Gehirn, Adrenalin (SIEGEL 2006, 154).

Das leidvolle Erleben definiert der Betreffende im Zuge der oben schon erwähnten externalen Kausalattribuierung automatisch als von außen verursacht. Aus seiner Sicht ist der Lehrer, Sozialarbeiter beziehungsweise Sozialpädagoge aggressiv, diskreditierend, diskriminierend usw.

Der Betreffende merkt nicht, dass er, lapidar gesagt, die Person gar nicht persönlich meint, sondern nur den von ihm unbewusst projizierten Aggressor von damals angreift. Seine Bewertungskriterien sind gewissermaßen infantil, aber dennoch für ihn das Maß aller Dinge. Er fühlt sich im Recht.

In Bezug auf die Therapie von Schemata bedeutet das: Es reicht nicht aus, nur Einsicht in die neuronalen Prozesse zu vermitteln. Bei einer solchen Reflexion wird ja „nur" die Großhirnrinde beansprucht, die subkortikalen Bereiche bleiben dabei völlig außen vor.

Aus diesem Grund wird in der Schematherapie das jeweilige maladaptive Schema aktiviert und dann auf mehreren Ebenen bearbeitet. Es geht auch darum, die kognitiv-kortikalen Potenziale zu stärken, sodass der Klient irgendwann im Alltag mit zukünftigen Schema-Aktivierungen professionell umgehen kann.

3.2 Bindungstheorie

Die Erfahrungen mit dem sozialen Umfeld wirken sich, daran besteht kein Zweifel, in den ersten Lebensjahren immens auf die Hirnentwicklung aus. Das elterliche Verhalten schlägt sich direkt neuronal nieder.

Das heißt, durch Umwelteinflüsse, auf die der Säugling auch aktiv durch sein angeborenes Temperament einwirkt, entstehen mentale Modelle über sich selbst, über die Mitmenschen und über die grundsätzliche Qualität, die Beziehungen haben. Diese Modelle werden von SACHSE et al. (2009) unter anderem Selbst- beziehungsweise Beziehungsschemata genannt.

Sowohl die Klärungsorientierte Psychotherapie als auch die Schematherapie stellen in ihrer theoretischen Ausrichtung Verbindungen zur Bindungstheorie her, insbesondere weil sie den Fokus auf frühkindliche Erfahrungen mit dem sozialen Umfeld legt und mögliche Auswirkungen thematisiert. Die Erkenntnisse der Bindungstheorie werden im Folgenden skizziert.

Die beiden Gründerfiguren sind JOHN BOWLBY (1973) und MARY AINSWORTH

(1968). Sie untersuchten systematisch die psychologische Entwicklung von Kleinkindern und bestätigten letztlich die positiven Auswirkungen einer förderlichen Mutter-Kind-Beziehung in den ersten Lebensjahren auf die psychische Gesundheit des Zu-Erziehenden.

Bindung ist angeboren

Demnach ist Bindung ein angeborener Mechanismus des Neugeborenen. Er ist für sozialen Kontakt vom ersten Tag an offen. Bindung hat einen motivierenden Charakter und dient dazu, die Nähe zu der primären Bezugsperson (meistens die Mutter) zu suchen und entsprechend Kontakt aufzubauen.

Dieser fundamentale Antrieb soll das Überleben des Einzelnen sichern und ist somit wahrscheinlich ein evolutionärer Mechanismus. Das Kind provoziert dadurch eine positive Resonanz seitens der Eltern.

Jene wiederum lernen durch die Interaktion insgesamt, die Bedürfnisse des Kindes vorausschauend zu befriedigen. Irgendwann reicht hierzu bereits die Interpretation von Mimik und Gestik aus. Auf unterschiedliche Weise gibt das Baby zu verstehen: „Hunger!“, „Schmusen!“, „Müde!“ usw.

Infolge einer entsprechend positiven Kommunikation entsteht laut BOWLBY eine „sichere Bindung“; und parallel hierzu außerdem eine „sichere Basis“, von wo aus das Kleinkind spielerisch die Umwelt (und auch die Mitmenschen) explorieren kann.

Die „fremde Situation“

Nun verläuft die frühkindliche Entwicklung bekanntlich nicht immer so vorteilhaft, wie sie eben skizziert wurde. Auch in Experimenten von AINSWORTH wurden bereits spezifische Auffälligkeiten in Bezug auf die Eltern-Kind-Beziehung beobachtet und schließlich kategorisiert (siehe unten).

Populär geworden ist ein ganz bestimmtes Forschungsinstrument, mit dem die Wissenschaftlerin imstande war, die Bindungssicherheit von Kindern zu messen. Dieser Labortest wird *Fremde Situation* genannt.

Im Rahmen einer bekannten Studie von AINSWORTH betraten Kleinkinder (12–18 Monate) mit ihrer Mutter einen Beobachtungsraum, in dem auch einige Spielsachen platziert waren.

Nach einer gewissen Eingewöhnungszeit kam eine unbekannte Frau (eine wissenschaftliche Mitarbeiterin) hinzu und nahm mit der Mutter und dem Kind Kontakt auf.

Die Mutter verließ schließlich den Raum, die beiden Anderen blieben zurück. Wieder verging einige Zeit, und die Bezugsperson kam wieder hinzu. Dann ging die fremde Frau hinaus. Dieses Prozedere wurde einmal wiederholt.

Während der ganzen Szene wurden die Reaktionen des Kindes

- (a) auf die fremde Person,
- (b) auf die Trennung von der Mutter sowie
- (c) seine Verhaltensweisen bei Wiedervereinigung mit der Bezugsperson beobachtet.

Es ging dabei konkret um die Fragen: Sucht das Kind bei der Wiedervereinigung die Nähe oder vermeidet es sie? – Wie leicht lässt es sich beruhigen? – Wie schnell konzentriert sich das Kind wieder auf sein Spiel?

AINSWORTH konnte drei verschiedene, recht stabile kindliche Reaktionsmuster dokumentieren, die bei der ersten und zweiten Wiedervereinigung auftraten:

- Manche Kinder erforschten in Anwesenheit ihrer Mutter den Raum und spielten schließlich mit den Materialien. Sie vermissten anschließend die abwesende Erzieherin, vernachlässigten etwas das Spiel, und sie freuten sich schließlich wieder, ihre Bezugsperson zu sehen (Typ A).
- Andere Kinder zeigten sich wenig beeindruckt von der Trennung, sie spielten sogar in Abwesenheit der Mutter weiter, so als sei nichts gewesen. Bei ihrer Rückkehr offenbarten sie keine Motivation, in näheren Kontakt mit ihr zu treten. Sie wirkten geradezu emotionslos (Typ B).
- Letztlich wurden auch Kinder beobachtet, die während des gesamten Experiments extrem auf die Mutter fixiert waren – was letztlich auf Kosten des Spielens und der Exploration ging (Typ C). Sie waren schon nach der ersten Trennung sehr schwer zu beruhigen und neigten dann zu Anklammerungstendenzen, nachdem die Bezugsperson wieder den Raum betrat.

AINSWORTH benannte die verschiedenen Stile entsprechend folgendermaßen:

- (a) *sicherer* Bindungsstil,
- (b) *unsicher-vermeidender* und
- (c) *unsicher-ambivalenter* Bindungsstil.

Vier Bindungstypen

Durch die Arbeiten von MAIN & SOLOMON (1986) kam noch ein vierter Bindungstyp dazu: der *desorganisierte* Bindungsstil (Typ D). Hiervon betroffene Kinder zeigten im Experiment folgende Verhaltensweisen: In Anwesenheit des Elternteils offenbarten sie eine widersprüchliche Mimik und Gestik (etwa Grimassieren) sowie ambivalentes Verhalten (etwa auf den Elternteil zugehen, erstarren und die Arme vors Gesicht schlagen). Exploration der Umwelt fand gar nicht statt. Die Mutter vermittelte keine sichere Basis. Beim Aufeinandertreffen der beiden vermied das Kind meistens den Kontakt.

Diesen Bindungsstilen entsprechend wurden auch sogenannte innere Arbeitsmodelle (verinnerlichtes Modell von der Funktionsweise von Beziehungen) zugeordnet (siehe auch HAUG-SCHNABEL & BENSEL 2007):

Bindungstyp	*Innere Arbeitsmodelle/ Selbst- und Beziehungsschemata*	*Mögliche Ursachen*
sicher	„Ich kann anderen vertrauen“ „Ich bin liebenswert“ „In Beziehungen sollte man sich gegenseitig respektieren“	Die Mutter- und Vaterbindung wirkte auf das Kind entwicklungsfördernd. Die Eltern waren feinfühlig. Gegenseitiger Dialog und liebevolle Pflege fanden statt.
unsicher-vermeidend	„Ich muss meine Gefühle unterdrücken“ „Wenn ich das tue, was andere von mir erwarten, werde ich nicht zu-	Die Eltern unterstützten das Kind nicht. Sie verhielten sich in emotionalen Situationen distanziert. Das Kind fühlte

	rückgewiesen“	sich oft im Stich gelassen und entwickelte reflexartig diesen Bindungsstil
unsicher-ambivalent	„Die Anderen verhalten sich unvorhersehbar“ „Man kann sich in einer Beziehung auf den Anderen nicht verlassen“	Die mangelhafte Emotionsregulierung hängt damit zusammen, dass die Eltern nicht immer angemessen auf die Bedürfnisse des Kindes eingehen konnten. Vielleicht wechselte extreme Nähe ab mit auffälliger Unerreichbarkeit. Das Kind entwickelte daraufhin eine außergewöhnliche Verlustangst.
desorganisiert	„Die Anderen ärgern sich manchmal über mich“ „Die Mitmenschen sind potenziell körperlich, emotional, sexuell schädigend für mich“ „Ich muss mich gegen die Anderen schützen“	Eine sehr ablehnende Haltung seitens der Eltern. Körperlicher, emotionaler und/oder sexueller Missbrauch liegen im Bereich des Möglichen (aber nicht zwingend).

Circa ab dem dritten Lebensjahr kann man von einem ausgeprägten inneren Arbeitsmodell sprechen. Dieses beinhaltet natürlich auch bestimmte Schemata mit kognitiven und vor allem affektiven, emotionalen Anteilen; das legen neurobiologische Befunde nahe.

Es kann davon ausgegangen werden, dass der Heranwachsende durch die Erlebnisse mit den Eltern einerseits Rückschlüsse auf sich selbst (Selbstschemata) und Schlussfolgerungen in Bezug auf die wesentliche Qualität von menschlichen Beziehungen entwickelt (Beziehungsschemata).

Insofern lassen sich die Ausführungen der Bindungstheorie prinzipiell gut mit der Schematherapie und der Klärungsorientierten Psychotherapie in Verbindung bringen. Beide Konzepte beziehen vor allem die frühkindlichen Erfahrungen bei der Schema-Diagnostik und -Bearbeitung mit ein.

Doch es ist noch empirisch zu untersuchen, welche maladaptiven Schemata (im Verständnis der Schematherapie) durch welchen Bindungsstil konkret entstehen (können). Ähnlich sieht es in Hinsicht auf die Klärungsorientierte Psychotherapie aus.

Es zeigen sich zwar Parallelen zwischen beiden Konzeptionen, jedoch ist wissenschaftlich noch nicht genau der Zusammenhang zwischen Bindungsstil und Schema-Entstehung geklärt. Doch die Autoren der Klärungsorientierten Psychotherapie (NOWACKI 2009, 181) sind optimistisch: „Die Bindungstheorie dürfte in der Lage sein, in vielen Fällen Erklärungsmuster für die Entstehung von Schemata zu liefern und so die Diagnose und Therapie zu erleichtern."

3.3 Motivationstheorie

Zwei Eckpfeiler der Klärungsorientierten Psychotherapie sind das Motivkonzept sowie die Vorstellung grundlegender Beziehungsmotive (SACHSE 2002).

Zum einen werden aus diesen beiden Vorstellungen die Entstehung, Aufrechterhaltung und die therapeutische Bearbeitung verschiedener irrationaler Schemata abgeleitet, andererseits werden auch die Therapeutenmerkmale definiert, die vorwiegend zum Aufbau einer stabilen Beziehung zum Klienten beitragen.

Diese Bezugnahmen machen deutlich, dass die Klärungsorientierte Psychotherapie ihr theoretisches Fundament vorwiegend auf der wissenschaftlichen Psychologie aufbaut, wohingegen, wie oben skizziert, die Schematherapie Erkenntnisse der Neurobiologie berücksichtigt (siehe Kapitel 3.1).

Motive – angeborene Potenziale

Nach PÜSCHEL & SACHSE (2009) dient das sogenannte motivationale System dazu, das psychische und physische Wohlergehen einer Person zu sichern. Dieses

System besteht aus Bedürfnissen, Motiven, Werten und Zielen.

Sobald existenzielle Bedürfnisse/Motive[16] eine positive Berücksichtigung seitens der Umwelt erfahren, sprich befriedigt werden – etwa wenn jemand die ersehnte Anerkennung von seinem Partner oder Chef erfährt –, werden positive Affekte[17] ausgelöst.

Kommt es hingegen zur Frustration des motivationalen Systems, führt dies automatisch zu negativen Affekten und Gefühlen, zum Beispiel im Falle einer Diskreditierung seitens des Chefs oder Partners.

Sehr relevant für das Verständnis der Schemaentstehung und Schema-Aufrechterhaltung im Rahmen der Klärungsorientierten Psychotherapie ist die Unterscheidung zwischen *implizitem* und *explizitem* Motivationssystem.

Ersteres ist der Person bewusst, letzteres nicht. Beide Systeme haben tatsächlich wenig miteinander zu tun, sind aber innerpsychisch existent und üben einen gewissen Einfluss auf die Lebensgestaltung des Betreffenden aus (HECKHAUSEN & HECKHAUSEN 2006).

Unbewusste Bedürfnisse

Im impliziten, das heißt unbewussten, sprachlich nicht zugänglichen Motivsystem sind vergleichsweise wenig Bedürfnisse zu finden. Aber es handelt sich dabei um die wichtigsten Anliegen des menschlichen Daseins (siehe unten).

Man kann davon ausgehen, dass sie angeboren sind und dem Überleben dienlich sind. Es handelt sich dabei um Anerkennung/Akzeptanz, Wichtigkeit, Verlässlichkeit, Solidarität, Autonomie und Grenzen/Territorialität.

Jedes Kleinkind zum Beispiel ist angewiesen auf Akzeptanz vonseiten der Eltern, auf eine verlässliche stabile Beziehung usw. Auf die erwähnten Bedürfnis-

---

16 Die beiden Begriffe Motiv und Bedürfnis weisen in ihrer Bedeutung hohe Überschneidungen auf – man beschreibt damit allgemein eine Präferenz für eine bestimmte emotionale Erfahrung (KUHL 2001) –, weshalb sie im vorliegenden Rahmen synonym verwendet werden.

17 In der Klärungsorientierten Psychotherapie wird zwischen Affekten und Emotionen unterschieden. Unter Affekten verstehen SACHSE & PÜSCHEL (2009, 102) „meist generelle, lang anhaltende, oft diffuse Zustände, die sich oft nur sehr schwer und teilweise gar nicht kategorisieren lassen und die die Person oft gar nicht versteht". Sind hingegen Emotionen aktiviert („deutlich spürbar und klar verständlich" – ebenda), ist dem Betreffenden die Verbindung zum auslösenden Reiz bewusst. Bei Phobien ist dies etwa der Fall. Emotionen haben demnach kognitive und gefühlsmäßige Anteile, bei Affekten fehlen weitgehend gedankliche Aspekte.

se, die so gut wie täglich von Kleinkindern angemeldet werden, reagieren die Bezugspersonen (gezwungenermaßen), und zwar in der Regel überwiegend positiv oder negativ, was gewöhnlich von verschiedenen Faktoren abhängig ist.

Im Falle von permanentem negativen Feedback werden gleichzeitig kindliche Bedürfnisse frustriert. Dies führt aufgrund eines etwaigen sanktionierenden Charakters unvermeidlich zu einem negativen Affekt in entsprechenden Situationen. Kommt es häufiger zu Frustrationen, werden wahrscheinlich dysfunktionale Schemata mit extrem hohem gefühlsmäßigen Anteil ausgeprägt (Grund: In den ersten beiden Lebensjahren gestaltet sich erst langsam der Neokortex aus, wobei die emotionalen Hirnzentren bereits weit entwickelt sind – siehe oben).

Doch selbst frustrierte Grundbedürfnisse streben nach ihrer Befriedigung. Dies liegt quasi in der Natur der Sache, es handelt sich ja um angeborene Faktoren. Das Individuum entwickelt infolge des negativen Feedbacks bereits in der Kindheit gewisse Strategien, die zwar kostenintensiv sind, aber immerhin „auf einem Umweg“ zum Ziel führen, sprich zur Befriedigung des einstmals frustrierten Grundbedürfnisses.

In Kapitel 4.2 wird noch auf die Interaktionsspiele[18] eingegangen, die der Betreffende unbewusst praktiziert, um seine impliziten Bedürfnisse zu befriedigen.

Noch ein Wort zu der hauptsächlichen negativen Auswirkung von dysfunktionalen Schemata. Solche Muster verhindern im Erwachsenenalter den kognitiven Zugang zum dahinterstehenden Grundbedürfnis. Betreffende imponieren dann durch ausgeprägte Selbst-Unkenntnis.

Sind nachteilige Schemata nämlich einmal aktiviert, lösen sie automatisch negative Affekte aus, die darüber hinaus in Abwesenheit von Kognitionen ablaufen. Das heißt, der Betreffende spürt in gewissen Situationen (Kritik vom Partner) einen negativen Affekt, der gedanklich gar nicht verstanden werden kann, weil das zugrundeliegende Schema in einer Zeit entstand, in der der Betreffende weitgehend nur über affektive Hirnareale verfügte. Reflexweise wird dann der Andere für den Affekt verantwortlich gemacht und üblicherweise angegriffen; dieses Geschehen entspricht wieder dem Mechanismus externale Kausalattri-

---

[18] Der Begriff Spiel stammt ursprünglich von ERIC BERNE (1964/2005). Mit dem Etikett wird eine fortlaufende Folge von bestimmten Gesprächsinhalten beschrieben. Bei einem entsprechenden Psychospiel verfolgt der Kommunikator eine bestimmte Absicht, ein Motiv, das ihm selbst nicht bewusst ist. Spiele dienen dazu, Bedürfnisse zu befriedigen.

buierung.

So kann, um ein weiteres Beispiel anzuführen, sich jemand über einen Erfolg im Berufsleben, der einen anderen Menschen zwei Tage in Euphorie versetzen würde, überhaupt nicht freuen, weil in der Situation gleichzeitig ein Inkompetenz-Schema mit hohem affektiven Anteil aktiviert wird.

Bewusste Motive

Menschen streben nach dieser Theorie aber auch nach der Verwirklichung von expliziten (bewussten) Bedürfnissen. Solche Motive können betitelt werden mit: „Ich will immer und überall Leistung bringen", „Ich möchte einmal eine Villa besitzen", „Ich will Karriere machen".

Entsprechende Muster sind nicht von Geburt an existent. Sie entstehen ausschließlich durch sprachlich vermittelte Anforderungen der Eltern (PÜSCHEL & SACHSE 2009). Das Kind verinnerlicht sie, woraufhin die Muster zu einem Teil seines Motivsystems werden.

Die Tatsache, dass es sich lediglich um antrainierte Motive handelt, ist den Betreffenden nicht präsent. Therapeuten, die nach den Grundsätzen der Klärungsorientierten Psychotherapie arbeiten, wissen: Wenn sich Menschen in der Therapie selbst beschreiben, genauer gesagt, ihre Ziele, Stärken und Werte, zählen sie meistens nur sozialisierte und somit explizite Motive auf. Über ihre impliziten Anliegen können Betreffende häufig nichts sagen.

Explizite Bedürfnisse sind, weil sie überwiegend den traditionellen gesellschaftlichen Leistungsstandards und Werten entsprechen, hilfreich in Beziehungen und im Beruf. Sie sorgen etwa in Bezug auf den Job für die materielle Existenzsicherung.

Doch explizite Motive sind nur die eine Seite der Medaille. Sie können sich nachteilig auswirken, besonders wenn ein Klient sehr viele offenbart und ihnen nacheifert. Unter Umständen weiß er nichts von seinen impliziten Bedürfnissen. In diesem Fall (Überlagerung der impliziten Motive) offenbart er gleichzeitig eine stark ausgeprägte Selbst-Unkenntnis (*Alienation*).

Es gilt die Faustformel: Je mehr implizite Bedürfnisse in der frühen Kindheit frustriert und durch explizite Motive ersetzt wurden, desto weniger weiß der Betreffende, was er im Leben *wirklich* braucht. Er strebt nach außen hin vielleicht nur seinen expliziten Motiven nach. Üblicherweise stehen diese nicht im

Einklang mit den impliziten Bedürfnissen, die doch einzig und allein für die psychische und physische Gesundheit relevant sind.

Die universellen Beziehungsmotive
SACHSE (2002) unterscheidet 6 Beziehungsmotive (interaktionelle Grundbedürfnisse), denen Menschen nachstreben, sei es bewusst oder unbewusst (nach LANGENS 2009, 118f.):

1. **Anerkennung/Akzeptierung.** Dieses Wortpaar beschreibt das Bedürfnis, von der sozialen Umwelt ein positives Feedback zu bekommen, und zwar in Bezug auf das eigene Selbst. Das Bedürfnis kann sich zudem auch auf die Honorierung der eigenen Fähigkeiten, Eigenschaften usw. beziehen. Bleibt in der frühen Kindheit Anerkennung/Akzeptierung dauerhaft aus und kommt es zudem zu dauerhaften Enttäuschungen in Situationen, in denen der Heranwachsende diesem Motiv nachkommen will, werden mit an Sicherheit grenzender Wahrscheinlichkeit spezielle nachteilige Selbst- und Beziehungsschemata ausgeprägt, die auch zur Entwicklung von sogenannten kompensatorischen Mustern führen (siehe unten).
2. **Wichtigkeit.** Ein weiteres elementares Bedürfnis ist das Motiv, im Leben mindestens einer relevanten Bezugsperson eine positive Rolle zu spielen. Ein Kind ist vergleichbar glücklich, wenn dieses Motiv in durchschnittlicher Ausprägung mittels positiver Rückmeldung befriedigt wird. Dies kann auch geschehen durch die Vermittlung der elterlichen Wahrnehmung: „Wir verbringen gerne Zeit mit Dir." Kommt man diesem kindlichen Bedürfnis nach positiver Selbstwirksamkeit nicht nach, bilden sich eventuell negative Selbstschemata aus, etwa: „Ich habe anderen nichts zu bieten".
3. **Verlässlichkeit.** Hiermit ist das Motiv gemeint, stabile, belastbare Beziehungen zu erleben. Der Mensch ist, wie die oben erwähnten neurobiologischen Befunde nahelegen, ein soziales Wesen. Zu-Erziehende sollten irgendwann merken, dass die wichtigsten Bindungen insgesamt sicher sind und temporäre Krisen, aber auch Meinungsverschiedenheiten und Konflikte aushalten. Durch diese Voraussetzungen entwickelt das Kind auch ein gewisses Urvertrauen, das später hinaus die weiteren Beziehungen positiv

prägen wird. Ergeben sich in Bezug auf dieses Motiv häufige Enttäuschungen, sind nachteilige Schemata potenzielle Auswirkungen.

4. **Solidarität**. Sich auf die Mitmenschen verlassen können, wenn man verschiedenartigen Angriffen ausgesetzt ist – auch das ist ein existenziales Bedürfnis, das vor allem in den ersten Lebensjahren sehr relevant für den Heranwachsenden ist. Wenn Kinder wissen, dass das soziale Umfeld auf deren Seite steht, wird dieses Motiv befriedigt. Die Bezugspersonen regen wahrscheinlich die Entstehung von entsprechenden dysfunktionalen Selbst- und Beziehungsschemata an, wenn sie dieses Bedürfnis zu extrem berücksichtigen und dem Zu-Erziehenden sämtliche negativen sozialen Erfahrungen ersparen. Auf der anderen Seite entstehen eventuell auch irrationale Muster, sollten die Erzieher das Kind in entsprechenden Situationen gänzlich alleine lassen.
5. **Autonomie**. Diese Motivation beschreibt das Bestreben, eigene Interessen, Wünsche und Ambitionen umzusetzen. Daran gekoppelt ist gleichzeitig das Bedürfnis, dass die Anderen hierbei bei Bedarf auch Unterstützung anbieten und auch leisten. Auch das Streben nach Autonomie ist bereits bei Kindern auffällig. Wenn Eltern feinfühlig sind, merken sie schnell, welche Vorlieben und Interessen der Zu-Erziehende hat. Auch ist es wichtig, nicht ständig Machtkämpfe zu inszenieren, wenn das Kind eigene Ansprüche anmeldet, etwa bestimmte Hobbys und Sportarten ausüben will. In Bezug auf dieses Motiv kann es naturgemäß durch zu starke Unterdrückung beziehungsweise Gewährung zu verschiedenen nachteiligen Schemata aufseiten des Kindes kommen (siehe unten).
6. **Grenzen/Territorialität**. Letztlich relevant ist auch das Bedürfnis nach einem sicheren Territorium. Dieser ganz persönliche Bereich, etwa ein eigenes Zimmer, ist gleichzeitig eine vertraute Rückzugsmöglichkeit für den Heranwachsenden. Zum privaten Bereich gehören weiter: der eigene Körper, persönliche Meinungen und Überzeugungen.

In folgender Tabelle sind die Grundbedürfnisse, von denen die Klärungsorientierte Psychotherapie ausgeht, noch einmal aufgeführt (in Anlehnung an SACHSE, BREIL & FASBENDER 2009, 80ff.). Darüber hinaus werden auch dysfunktionale Selbst- und Beziehungsschemata genannt, die durch Frustration und Nichtberücksichtigung des jeweiligen Motivs entstehen können.

Letztlich wird auch skizzenhaft auf die sogenannten kompensatorischen Selbst- und Beziehungsschemata eingegangen. Diese werden unterschieden in Normative und Regel-Schemata. Solche Schemata entstehen ebenfalls infolge von Frustrationen (siehe auch Kapitel 2):

Anerkennung/Akzeptierung	
Dysfunktionale Selbstschemata	*Dysfunktionale Beziehungsschemata*
➢ Ich bin ein Loser ➢ Ich kann andere nicht beeindrucken	➢ In Beziehungen wird man nicht ernst genommen ➢ Der Andere kritisiert mich immer
Kompensatorische Schemata	*Kompensatorische Schemata*
Normative Schemata ➢ Sei der Beste ➢ Provoziere immer den Beifall der Gruppe, der Du gerade angehörst	**Regelschemata** ➢ Die Anderen müssen mich und das, was ich tue, toll finden ➢ Meine Regeln sind für die Anderen das Maß aller Dinge

Wichtigkeit	
Dysfunktionale Selbstschemata	*Dysfunktionale Beziehungsschemata*
➢ Ich bin ein Langweiler ➢ Ich habe den Anderen nichts zu bieten	➢ In Beziehungen wird man nicht ernst genommen ➢ Die Anderen ignorieren mich
Kompensatorische Schemata	*Kompensatorische Schemata*
Normative Schemata ➢ Sei für andere wichtig ➢ Tue viel dafür, um für andere wichtig zu sein	**Regelschemata** ➢ Die Anderen müssen mir mit voller Aufmerksamkeit zuhören ➢ Die Anderen müssen mich als wichtig wahrnehmen

„Negative“ Wichtigkeit	
Dysfunktionale Selbstschemata	*Dysfunktionale Beziehungsschemata*
➢ Ich schade den Anderen ➢ Ich bin abstoßend	➢ Die Anderen empfinden mich als eine Belastung ➢ Die Anderen halten mich für „toxisch“
Kompensatorische Schemata	*Kompensatorische Schemata*
Normative Schemata ➢ Halte Dich zurück ➢ Vermeide jegliche Aufmerksamkeit	**Regelschemata** ➢ Andere müssen erspüren, was ich will (ich muss es nicht extra aussprechen) ➢ Die Anderen müssen sich um mich bemühen

Verlässlichkeit	
Selbstschemata	*Beziehungsschemata*
➢ Ich stoße andere durch meine Persönlichkeit ab ➢ Ich bin alleine nicht überlebensfähig	➢ In Beziehungen kann man jederzeit (ohne Anzeichen) verlassen werden ➢ Beziehungen halten keine Krisen aus
Kompensatorische Schemata	*Kompensatorische Schemata*
Normative Schemata ➢ Belaste den Anderen nicht ➢ Pass Dich zu 100% an	**Regelschemata** ➢ Die Anderen müssen zu 100% in jeder Situation verlässlich sein ➢ Selbst wenn ich anecke, müssen die Anderen zu mir stehen

Solidarität	
Selbstschemata	*Beziehungsschemata*
➢ Ich bin es nicht wert, dass man für mich da ist ➢ Ich verdiene keinen Schutz	➢ Beziehungen sind nicht von Solidarität geprägt ➢ Keiner ist für mich da
Kompensatorische Schemata	*Kompensatorische Schemata*
Normative Schemata ➢ Opfere Dich für den Anderen auf ➢ Mache Beziehungen solidarisch	**Regelschemata** ➢ Die Anderen müssen mir sofort helfen, wenn ich danach verlange ➢ Mir steht jede Form von Unterstützung zu

Autonomie	
Selbstschemata	*Beziehungsschemata*
➢ Ich kann nicht alleine entscheiden ➢ Ich bin nicht selbstbewusst	➢ Andere bevormunden mich ➢ Andere bestimmen über mich ➢ Andere schränken mich ein
Kompensatorische Schemata	*Kompensatorische Schemata*
Normative Schemata ➢ Lass Dir nichts von niemandem sagen ➢ Schütze Deine Eigenständigkeit und Selbstbestimmung	**Regelschemata** ➢ Die Anderen dürfen nie meine Entscheidungen infrage stellen ➢ Die Anderen müssen mit Strafen rechnen, sollten Sie über mich bestimmen wollen

Grenzen/Territorialität	
Selbstschemata	*Beziehungsschemata*
➢ Ich kann meine Grenzen nicht verteidigen ➢ Ich kann mit Freiraum nicht umgehen	➢ Andere respektieren meine Grenzen nicht ➢ Beziehungen sind bedrohlich
Kompensatorische Schemata	*Kompensatorische Schemata*
Normative Schemata ➢ Sei abweisend ➢ Halte alle anderen auf Abstand	**Regelschemata** ➢ Die Anderen müssen meine Grenzen respektieren ➢ Wer meine Grenze übertritt, wird bestraft

Wie man sieht, korrespondieren nachteilige Selbst- und Beziehungsschemata mit den daraus resultierenden kompensatorischen Mustern. Alle Schemata stehen in Zusammenhang mit den erwähnten menschlichen Grundbedürfnissen.

In der Klärungsorientierten Psychotherapie wird diesem Sachverhalt Rechnung getragen. Der Therapeut diagnostiziert bereits in der ersten Sitzung nachteilige Schemata, indem er jegliches „Material", das der Klient offenbart, registriert und interpretiert.

Außerdem realisiert er eine sogenannte komplementäre Beziehungsgestaltung. Sie charakterisiert sich als Anpassungstendenz an die Motivebene des Klienten, die im Hintergrund verortet ist.

Die Diagnose der vorrangigen Grundbedürfnisse wird erleichtert durch bestimmte Verhaltensweisen des Klienten (sie weisen sozusagen den Weg). Personen etwa, die ein starkes Bedürfnis nach Anerkennung haben, neigen bei der Beschreibung ihrer Persönlichkeit häufig zu einer subtilen Vermittlung ihres zentralen Anliegens, das in der Kindheit im Argen lag. Sie kommunizieren etwa verdeckt das Thema: „Ich bin außergewöhnlich – und was ich schon alles geleistet habe" (LANGENS 2009, 129).

Ein solches Thema kann durch verschiedene Sätze angedeutet werden, etwa: „Ich habe auch Psychologie studiert" oder „Ich ging damals auf die Hochschule X." Nicht ohne Zufall handelt es sich dann um eine besonders ehrwürdige Universität.

Wer einen solchen Satz seinem Gesprächspartner unterbreitet, sendet damit gleich einen *Appell* mit; er lautet: „Bewundere mich dafür!" Genauer gesagt: „Bewundere mein Bedürfnis nach Anerkennung!"

Meistens haben Klienten mit einem Bedürfnis-Defizit auch ganze Gesprächs- und Verhaltensstrategien in der Kindheit entwickelt, die dazu dienen, die soziale Umwelt in die Pflicht zu nehmen: sie soll ein bestimmtes Bedürfnis befriedigen.

Solche Strategien werden in der Klärungsorientierten Psychotherapie auch Verhaltens- oder Kommunikationsspiele genannt; man bezieht sich in Hinsicht auf den Spiel-Begriff auf die Arbeiten von ERIC BERNE, den Begründer des psychotherapeutischen Verfahrens *Transaktionsanalyse.*

Im Laufe der Therapie wird dem Klienten bewusst, dass seine irrationalen Muster mit unbefriedigten Grundbedürfnissen zusammenhängen, die ihm gar nicht präsent sind. Daher müssen sie auch zum Gegenstand in der Therapie gemacht werden, aber erst nach der Phase des Beziehungsaufbaus.

Der Klient registriert irgendwann auch die hohen Kosten, die seine früh ausgeprägten Muster mit sich bringen. Letzten Endes wird infolge der Schema-Bearbeitung ein authentischer Lebensstil etabliert. Der Klient kann nunmehr ohne Umwege auf seine Grundbedürfnisse eingehen, was zu mehr Lebensqualität führt und die Relevanz der Motive minimiert.

4. Ablauf im ambulanten Setting

Im Folgenden werden die schemaorientierten Psychotherapiekonzepte in Hinsicht auf ihr methodisches Vorgehen in der Praxis dargestellt. Alle drei hier thematisierten Ansätze haben das Ziel, problematische Emotionen und Verhaltensweisen zu ändern. Hauptsächlich geht es um die Veränderung der dysfunktionalen Schemata..

4.1 Beziehungsgestaltung

Einig sind sich die Vertreter der schemaorientierten Psychotherapien dahingehend, dass sie die Bedeutung der Beziehung zwischen Therapeut und Klient als sehr wichtig einschätzen. Dennoch gibt es Unterschiede in Bezug auf die Rolle des Therapeuten sowie auf die Kriterien der Beziehungsgestaltung.

Kognitive Therapie

In der Kognitiven Therapie wird auf die Wichtigkeit des Aufbaus einer „tragfähigen Arbeitsbeziehung" (BECK et al. 1979/2001) hingewiesen. Diese Beziehung soll den Charakter eines „kooperativen Arbeitsbündnisses" haben (BECK 1976). Hierzu werden verschiedene Therapeutenmerkmale verwirklicht:

- *Wärme* (Fürsorge und Interesse ausdrücken),
- *Empathie* (sich in den Klienten hineinversetzen können),
- und *Aufrichtigkeit*.

Diese Variablen sollen mit Bedacht eingesetzt werden. Sie sollen die Effizienz der Therapie steigern. Wichtig ist es auch, aus Sicht des Therapeuten die drei Merkmale auszubalancieren, da ansonsten leicht starre Beziehungsmuster entstehen können.

Dem Therapeuten sind die Wirkungsweisen von Übertragung und Gegenübertragung präsent, und sie werden in der Therapie beachtet. Ersterer Prozess umfasst die Gefühle, die der Klient dem Therapeuten entgegenbringt, letzterer beinhaltet diejenigen emotionalen Einstellungen, die der Therapeut gegenüber dem Klienten entwickelt.

Eine funktionierende Therapeut-Klient-Beziehung gilt in der Kognitiven Therapie als Voraussetzung für eine erfolgreiche Zusammenarbeit.

Klärungsorientierte Psychotherapie

Im Rahmen der Klärungsorientierten Psychotherapie existieren Strategien für eine „allgemeine" und „komplementäre Beziehungsgestaltung" (SACHSE 2006b). Letztere sind deshalb vonnöten, da Klienten mit charakterologischen Problemen beispielsweise ein gestörtes Interaktionsverhalten bereits beim Erstkontakt mit dem Therapeuten zeigen.

Sie verwenden auch im ambulanten Setting unbewusst Strategien (Images, Tests, Psychospiele), damit der Gesprächspartner auf bestimmte Bedürfnisse eingeht.

Wie oben schon erwähnt, handelt es sich dabei möglicherweise um: Anerkennung/Akzeptierung, Wichtigkeit, Verlässlichkeit, Solidarität, Autonomie, Grenzen/Territorialität.

Die Stärke der komplementären Beziehungsgestaltung liegt darin, dass sie auf den einzelnen Klienten quasi zugeschnitten ist und somit differenzierter ausfällt. Der Therapeut passt sich bereits in der ersten Sitzung an die Motivebene des Anderen an, um Beziehungskredit, das heißt Vertrauen und Sympathie, aufzubauen.

Eine solche Beziehungsgestaltung trägt maßgeblich dazu bei, dass der Klient sein manipulatives Interaktionsverhalten schrittweise unterlässt. Erst danach kann effizient gearbeitet werden.

Die allgemeinen Strategien zur Beziehungsgestaltung setzen sich zusammen aus Empathie, Akzeptanz, Kongruenz, Respekt und Loyalität (HAMMELSTEIN

2009).

Schematherapie
Eine vertrauensvolle, tragfähige Arbeitsbeziehung wird auch in der Schematherapie angestrebt, wobei immer gleichzeitig auch ein Augenmerk auf eventuelle Beziehungsstörungen aufseiten des Klienten gelegt wird, die bei einer Aktivierung im Laufe der Therapie vorrangig bearbeitet werden (ROEDIGER 2009b, 59).

Außerdem wird Wert gelegt auf eine ermutigende und wertschätzende Grundhaltung dem Klienten gegenüber. Der Therapeut sollte auch in der Lage sein, Grundbedürfnisse zu befriedigen und sich quasi wie ein fürsorglicher Elternteil in bestimmten Situationen um das *Verletzbare Kind* im Klienten kümmern können.[19]

– Diese Arbeitsweise wird auch „Nachbeelterung" genannt. Nur mithilfe dieser Merkmale kann Schemaheilung gelingen.

Das problematische Interaktionsverhalten, das der Klient auch im therapeutischen Setting offenbart, wird vom professionellen Helfer als bestmöglicher Lösungsversuch vor dem Hintergrund des entsprechenden maladaptiven Schemas akzeptiert.

Eine besondere Herausforderung stellt die Ausbalancierung von Unterstützung und Ermutigung einerseits und empathischer Konfrontation andererseits dar. Der Therapeut zeigt Verständnis, setzt gleichzeitig aber auch Grenzen. Wenn der Klient etwa ein bestimmtes problematisches Verhalten zeigt, wird er sanft, aber bestimmt auf die Kosten hingewiesen.

Dies geschieht per Ich-Botschaften, in denen auch die Gefühle und Bedürfnisse des Therapeuten kommuniziert werden.

Das optimale Zusammenspiel zwischen Unterstützung und empathischer Konfrontation wird auch „begrenzte Nachbeelterung" genannt (YOUNG et al. 2008).

---

[19] Hiermit ist ein sogenannter *Schemamodus* gemeint. Ein aktivierter Schemamodus ist ein bestimmter Erlebniszustand, in dem sich eine Person gerade befindet. Auf diese Thematik wird in Kapitel 4.2 ausführlich eingegangen.

4.2 Diagnostik

Auch in Hinsicht auf die Diagnostik von dysfunktionalen Schemata gibt es Unterschiede zwischen den einzelnen schemaorientierten Psychotherapiekonzepten. Auf diese wird im Folgenden eingegangen.

Kognitive Therapie

Vom Klienten wird erwartet, dass er die Grundprinzipien der Kognitiven Therapie versteht. Diese werden zu Beginn der Therapie erläutert (BECK et al. 1979/2001). Bereits in der ersten Sitzung wird außerdem schon der Zusammenhang zwischen Kognitionen und Emotionen besprochen. (Ersteres provoziert in diesem Zusammenhang maßbeglich Letzteres.)

Der Klient arbeitet in der Diagnosephase aktiv mit und exploriert gemeinsam mit dem Therapeuten automatische Gedanken, die im Alltag hohe Kosten verursachen. Daneben werden auch allgemeine Fragen zur Vergangenheit des Klienten gestellt, aber auch zur gegenwärtigen Lebenssituation.

Aktuelle Lebensprobleme und Schwierigkeiten stehen in Hinsicht auf die Diagnose von irrationalen Schemata im Vordergrund. Gemeinsam wird dann besprochen, welche affektiven, motivationalen oder kognitiven Symptome konkret angegangen werden sollen.

Die derzeitigen Probleme werden auch in Hinsicht auf die in Kapitel 2 ausgeführten kognitiven Verzerrungen untersucht.

Klärungsorientierte Psychotherapie

SACHSE et al. (2008) bestehen demgegenüber im Allgemeinen auf eine viel längere Diagnosephase. Nach ihrer Erfahrung gelingt die Exploration von dysfunktionalen Schemata nicht ohne eine professionelle Vorarbeit.

Gerade bei Klienten mit charakterologischen Auffälligkeiten ist dies vonnöten, da sie, wie oben erwähnt, mithilfe spezieller Manipulationstechniken die Beziehung zum Therapeuten beeinträchtigen. Werden diese Techniken nicht zuerst beseitigt, kann die Diagnose von Schemata nicht glücken, und so wird auch die Klärung von irrationalen Mustern unwahrscheinlich.

Der Therapeut registriert während der ersten Sitzungen alle Hinweise auf dysfunktionale Selbst- und Beziehungsschemata. Er erspürt gewissermaßen die relevanten Lebensthemen des Klienten, die sich für eine nähere Auseinandersetzung eignen. Die Kenntnisse über die Motivationstheorie (Kapitel 3.3) sind ihm während der Sitzungen präsent, und er weiß die Informationen, die der Klient preisgibt, einzuordnen.

Der Therapeut erkennt irgendwann, welche dysfunktionalen Schemata bestehen, wann sie aktiviert sind, und vor allem, wann sie letztlich dem Klienten kognitiv zugänglich sind. Mithilfe spezieller Strategien werden Klienten dazu befähigt, Schemata valide zu repräsentieren; dann folgt die Bearbeitung.

Um Schemata transparent zu machen, wird zunächst ein zentrales Problem, genauer gesagt, eine bestimmte, typische Problem*situation* vom Klienten beschrieben. Alleine schon die Erinnerung an eine entsprechende Konstellation triggert (verstärkt) das zugrundeliegende Schema.

Der Klient wird daraufhin gefragt, welche Kognitionen, Affekte, Emotionen und/oder Handlungsimpulse dabei ausgelöst werden (SACHSE et al. 2009). Entsprechende Fragen lauten: „Was löst die Situation in Ihnen aus", „Was geht Ihnen dabei durch den Kopf?", „Was fühlen Sie in so einer Situation?" Der Therapeut unterstützt den Prozess durch aktives Zuhören und Paraphrasieren („Wenn ich Sie richtig verstehe, ... Liege ich da richtig?").

Der Klient ist während solcher Gespräche nach innen gekehrt, er wirkt geradezu kontemplativ. Eine hohe Konzentration ist ebenfalls ersichtlich. Tatsächlich kann der Klient irgendwann implizite Bedeutungen (aus den emotionalen Hirnarealen) nach und nach in explizite Erklärungen übersetzen, das heißt in die Großhirnrinde übertragen.

Man reflektiert gemeinsam über eine mögliche psychologische Erklärung für das Problem des Klienten. Wenn sie gefunden ist, hat man das dysfunktionale Schema identifiziert.

Schematherapie

In der Diagnosephase (Einschätzung und Edukation) kommen verschiedene Erhebungsinstrumente zum Einsatz, so zum Beispiel (a) die sogenannten Schemafragebögen (YOUNG et al. 2008, 114ff). Sie fokussieren biografische Verhältnisse des Klienten und decken fünf Bereiche ab: das Elternverhalten, an das sich der Klient erinnert, aktuell relevante Schemata, das Kompensationsverhalten, das mit ihnen zusammenhängt; außerdem werden diverse Aspekte von Vermeidungsverhalten sowie die Schemamodi (siehe unten) erfasst.

Darüber hinaus findet auch (b) eine biografische (Problem-)Anamnese statt. Ebenso (c) werden auch Situationen innerhalb der Therapie, in der der Klient emotionale Erlebniszustände offenbart, vom Therapeuten registriert und vor dem Hintergrund des Schemamodells interpretiert.

Schon während der ersten Sitzungen wird auch eine erlebnisbasierte Technik, die Arbeit mit der bildlichen Vorstellung praktiziert, um maladaptive Schemata zu enttarnen (YOUNG et al. 2008, 152). Dabei schließt der Klient die Augen und folgt den Anweisungen des Therapeuten.

Der Klient soll sich im Rahmen einer entsprechenden Imaginationssitzung zunächst ein belangloses Bild vorstellen. Bald darauf wird übergegangen zu unliebsamen Vorstellungen aus der Kindheit oder Jugend (die Inhalte dieser Übung erschließen sich aus der Anamnese sowie aus den Fragebögen).

Durch solche Praktiken, die negative Affekte auslösen (sollen), erschließt sich letztlich aufseiten des Klienten nunmehr kognitiv der Zusammenhang zwischen nachteiligen Erfahrungen in der Vergangenheit und den Problemen im Hier und Jetzt.

In dieser ersten Therapiephase wird auch die individuelle Fallkonzeption gemeinsam erstellt, die sich aus den oben erwähnten Techniken zusammensetzt (a–c). Begleitet wird diese Phase darüber hinaus auch durch Wissensvermittlung.

Der Therapeut führt den Klienten in die Grundlagen des Schemamodells beziehungsweise der Schematherapie als solche ein. Dadurch lernt der Klient auch, „wie Menschen psychisch funktionieren“ (ROEDIGER 2009b, 60).

Außerdem wird schnell erkannt, dass man nicht alleine mit seinen Problemen da steht. Die Wirkungsweisen von maladaptiven Schemata im Alltag werden ebenfalls vermittelt, wodurch dem Klienten auch bewusst wird, dass die Gegenwart manchmal mit den Maßstäben aus der frühen Kindheit beziehungsweise Jugend (irrational) bewertet wird.

Auch der daraus resultierende Wiederholungszwang wird thematisiert.

4.3 Schemabearbeitung

Schematherapie und Klärungsorientierte Psychotherapie verwirklichen den von GRAWE genannten Wirkfaktor Problemaktualisierung, und zwar während der Phase der Schemabearbeitung. Das jeweilige Problem (Schema) wird unter kontrollierten Bedingungen im ambulanten Setting provoziert, das heißt ausgelöst, und währenddessen und im Anschluss daran integrativ bearbeitet.

Doch zunächst einige Worte zur Vorgehensweise in der Kognitiven Therapie.

Kognitive Therapie

Nachdem der Therapeut mit dem Klienten zusammen verschiedene kognitive Verzerrungen entlarvt und bearbeitet hat, geht es darum, sie als Wegweiser zu verwenden.

Sie führen entsprechend zu dysfunktionalen Schemata (BECK, FREEMAN & DAVIS 2004). Gleichzeitig wird immer wieder auf neue kognitive Verzerrungen eingegangen, wenn sie im Rahmen der Therapie auftauchen. Sie werden unter anderem vor dem Hintergrund des A-B-C-Schemas kritisiert.

Ein dysfunktionales Schema, das etwa bei Klienten mit *Dependenter Persönlichkeitsstörung* besteht, heißt „Alleine bin ich hilflos". Dieses irrationale Muster wird unter anderem eine Neustrukturierung unterzogen, genauer gesagt, der sogenannten kognitiven Umstrukturierung (BECK et al. 1979/2001).

Diskussionen über die irrationalen Thesen, die mit einem bestimmten Muster zusammenhängen, unterstützen die Bearbeitung. In Anlehnung an einen berühmten antiken Philosophen werden solche Disputationen auch „Sokratische Dialoge" genannt. Man setzt sich sozusagen mit den Schemata diskursmäßig auseinander, was dazu führt, dass der Klient seine widersprüchlichen Muster als solche erkennt.

Der Klient unterstützt diesen Prozess durch ständiges Nachhaken, und zwar in Form der sogenannten W-Fragen („Warum ist das schlimm für Sie?", Wieso ist das eine Katastrophe?" usw.)

Ebenfalls werden auch alternative Erklärungsmuster gesucht und schließlich gefunden, die dem dysfunktionalen Schema langsam, aber sicher den kognitiven und affektiven Einfluss rauben. Alternative Erklärungen für bestimmte Probleme im Alltag des Klienten werden ebenfalls gemeinsam in Augenschein genommen. All diese Projekte sollen dazu beitragen, dass Kompromisse gefunden werden, mit denen der Klient leben kann.

Schließlich kommen weitere kognitiv orientierten Interventionen und auch verhaltensändernde Elemente zum Einsatz, etwa:

- *Imaginationsübungen.* Ein bestimmtes „Horrorszenario" wird bis zum Ende durchgedacht – was schließlich den erwarteten Folgen den Schrecken nimmt.
- *Tagebücher und Protokolle.* Der Klient schreibt im Alltag nieder, welche automatisierten Gedanken in welchen Situationen ausgelöst werden.

Klärungsorientierte Psychotherapie

SACHSE et al. (2008, 62ff.) verweisen auf die Notwendigkeit, dass die Schema-Bearbeitung gleichermaßen auf kognitiver und affektiver Ebene stattfinden muss. Diese Auffassung ergibt sich aus der vielschichtigen Schema-Definition im Rahmen der Klärungsorientierten Psychotherapie (siehe Kapitel 2).

Dysfunktionale Schemata werden unter anderem

- (a) mit dem Klienten gemeinsam hinterfragt,
- (b) „frontal angegriffen" (ebenda, 63);
- außerdem muss (c) ein neues funktionales Schema etabliert werden. Dieses neue Schema muss entsprechend kognitiv und affektiv verankert sein; erst dann stellt es ein effizientes Gegengewicht zum ursprünglichen Muster dar.

Ziel ist nicht die vollständige Auflösung eines dysfunktionalen Schemas, sondern gewissermaßen die Hemmung. Man geht unter Berücksichtigung von neurowissenschaftlichen Erkenntnissen (LEDOUX 2001) davon aus, dass emotionale Erinnerungen nicht vollständig gelöscht werden können.

Da Schemata in der Klärungsorientierten Psychotherapie vor allem affektiv aufgefasst werden, trifft diese Ansicht auch auf dysfunktionale Muster zu.

Die Hemmung gelingt dem Klienten irgendwann im Alltag – wenn er das Schema bei der Aktivierung (a) durch Argumente konkret wiederlegt, dabei von (b) seinen Argumenten überzeugt und (c) schließlich hochmotiviert bei der Sache ist.

Ist ein dysfunktionales Schema wie „Ich bin ein Versager" im Rahmen der Therapie schließlich dem Klienten kognitiv maximal präsent, werden verschiedene Interventionen berücksichtigt, die die Motivation aufseiten des Betreffenden erwecken sollen, das Schema aktiv zu bekämpfen:

1. Der Therapeut macht dem Klienten klar: Das Schema zieht hohe Kosten nach sich. Nicht die Mitmenschen sind für die Konflikte verantwortlich, sondern ausschließlich das Schema.
2. Man erklärt dem Klienten, dass das Muster in der Biografie entstanden ist, und zwar ausschließlich durch spezifische Rückmeldungen des sozialen Umfelds, die über einen längeren Zeitraum hinweg praktiziert werden.
3. Ebenfalls wird vermittelt: In der Schema-Entstehungsphase (Kindheit und/oder Jugend) war man noch nicht in der Lage, sich gegen die speziellen Erfahrungen zur Wehr zu setzen. Heute, im Erwachsenenalter ist dies aber sehr wohl möglich.
4. Der Therapeut regt auch konfrontativ die Ausprägung von Gegenaffekten an. Der Klient soll spüren, „dass er [der Therapeut] die Schnauze von seinem Schema gestrichen voll hat" (SACHSE et al. 2008, 128). Entsprechend lauten solche konfrontativen Aussprüche: „Wie lange willst Du Dich noch von diesem Scheiß-Schema rumkommandieren lassen?", „Das Schema stammt aus Deiner Biografie, es ist Müll, andere haben Dir den Scheiß eingeredet!", oder: „Wehr Dich gegen diesen verdammten Scheißdreck!"

Wie man sieht, geht es hier weniger um eine kognitiv orientierte Disputation, so wie sie oben beschrieben wurde (Kognitive Therapie). Mit solchen integrativen Methoden soll der Klient *erkennen* und vor allem *fühlen*, dass er sich gegen das Schema wehren darf. Dies sorgt schließlich für die oben angedeutete notwendige kognitive und affektive (positive) Verankerung eines neu geschaffenen Schemata.

Erfahrungsgemäß gehen Klienten gestärkt aus solchen Gesprächen hervor. Es sollte noch erwähnt werden, dass hier gegen Schemata und nicht gegen Personen aufgehetzt werden soll.

Eine weitere Methode der Schemabearbeitung ist das sogenannte *Ein-Personen-Rollenspiel (EPR)*, auf das im Folgenden näher eingegangen werden soll.

Im EPR bearbeitet der Klient nach einer Testphase (mit dem Therapeuten) irgendwann alleine seine eigenen dysfunktionalen affektiven und kognitiven Schemata.

Das EPR durchläuft verschiedene Schritte, die sich oftmals wiederholen:

1. Schritt: Der Klient vertritt die Klienten-Position. – Das entsprechende Schema wird kognitiv und affektiv dargelegt.
2. Schritt: Der Klient übernimmt (auf dem anderen Stuhl) die Therapeuten-Position. – Als „Therapeut" arbeitet der Klient mit dem „Supervisor" (Therapeuten) zusammen und entwirft kognitive und affektive Gegenstrategien.
3. Schritt: Der Klient analysiert nun als Klient die reflektierten therapeutischen Maßnahmen gegen das dysfunktionale Schema. Dabei geht es hauptsächlich um die Frage: Ist die Gegenstrategie in sich stimmig?

Ein paar konkrete Worte zum Ablauf. Der Therapeut führt den Klienten zunächst in die Grundlagen des EPR ein (eine sogenannte Zwei-Stuhl-Technik). Der Klient wird dazu motiviert, sein eigener Therapeut zu werden.

Grundsätzlich gilt: Das EPR wird erst eingesetzt, wenn mindestens ein maladaptives Schema (etwa: „Ich bin ein Versager!") bereits erarbeitet und bewusst gemacht wurde. Nun wird eine Situation konstruiert, in der das Muster aktiviert wird. Dabei sitzen sich Therapeut und Klient auf zwei Stühlen gegenüber. Das Schema wird expliziert, das heißt vollständig transparent gemacht.

Nun kommt ein dritter Stuhl zum Einsatz. Der leere Stuhl wird nun frontal vor den Klienten platziert, sodass dieser leicht auf ihn blicken kann. Nachdem der Klient dazu aufgefordert wird, auf dem leeren Stuhl Platz zu nehmen, erfolgt eine Instruktion á la: „Nun sind Sie Ihr eigener Therapeut, und Sie sind völlig anderer Meinung als Ihr Klient. Sie möchten ihm helfen. Nur zu: ich bin Ihr Supervisor und werde Ihnen helfen."

Danach diskutiert der Klient-Therapeut mit dem Therapeut-Supervisor über mögliche gewinnbringende Tipps. Nachdem eine oder mehrere Anregungen gefunden werden, einigt man sich auf eine Intervention, die der Klient-Therapeut an die Adresse des Klienten (leerer Stuhl) kommuniziert. Danach nimmt der

Klient-Therapeut auf dem leeren Stuhl Platz.

Als Nächstes sagt der Therapeut: „Sie sind jetzt wieder Klient – lassen Sie den Vorschlag auf sich wirken.“ Nun wird wieder gemeinsam diskutiert. Die Punkte, die den Klienten jetzt nicht restlos überzeugen, werden daraufhin wieder nach demselben Prozedere bearbeitet (Sitzplatzwechsel und Therapeutenrollenübernahme).

Interessant ist die Tatsache, dass das EPR vom Klienten auch außerhalb der Therapie praktiziert wird, was ausdrücklich erwünscht ist.

Schematherapie

Maladaptive Schemata werden insbesondere durch Imaginationsübungen ausgelöst und getriggert. Ohne diese erlebnisaktivierenden Elemente, so die Meinung der Autoren der Schematherapie (YOUNG et. al. 2008), kann keine Schemaheilung stattfinden.

Der Klient wird im Rahmen dieser anspruchsvollen Übung sehr dazu angehalten, die üblicherweise schmerzhaften Emotionen zuzulassen, die mit ihr einhergehen – und sie gerade nicht zu unterdrücken.

Imaginationsübungen lösen sehr starke emotionale Affekte aus. ROEDIGER (2009b, 70) verweist auf die Wichtigkeit, dass der Klient nach solchen Übungen, mit entsprechend hohem konfrontativen Charakter, das emotionale Erleben kognitiv verstehen und die Therapiestunde letztlich stabil verlassen sollte.

Hierzu ist die Unterstützung des Therapeuten vonnöten, der unter anderem fürsorglich auf die innerpsychischen wunden Punkte eingeht (Prinzip der *Nachbeelterung*). Durch Imaginationsübungen kommen Klienten in den Kontakt mit ihrem *Verletzbaren Kind.*

Klienten beschreiben während der Eröffnungsphase der Imaginationsübung aktuelle Situationen, die maladaptive Schemata auslösen. Das kann etwa ein sich stets wiederholender, typischer Streit mit dem Ehepartner sein, in dem der Klient immer das Gefühl hat, den Kürzeren zu ziehen.

Die mit den Schilderungen einhergehenden Emotionen, Kognitionen, Körperreaktionen usw. werden gemeinsam mit dem Therapeuten fokussiert und kommuniziert.

Dann wird der Bezug zu einer entsprechenden Kindheitsszene mitsamt den Gefühlsfacetten hergestellt. Der Klient versetzt sich in den Modus *Verletzbares*

Kind und formuliert die Empfindungen, die damals ausgelöst wurden.

Im Hier und Jetzt kommt es auf diese Weise zu Empfindungen und Wahrnehmungen von damals. Der Klient erkennt irgendwann, dass die Gegenwartssituation (Ehekrach) nur die alten Gefühle *auslöst*.

Er kommt in die Lage, seine wahren Wünsche, Bedürfnisse und Vorstellungen zu erkennen, abseits der Schema-Aktivierung. Am Ende der Übung ist das entsprechende Schema exploriert, und es wird gemeinsam eine sich daraus ergebende Verhaltensregel formuliert, die im Alltag die bisherigen Verhältnisse verbessern soll. Der Verhaltensänderung ist somit der Weg geebnet.

Therapeutische Arbeit mit den Schemamodi

Das sogenannte Schemamodus-Modell, auf das noch nicht ausführlich eingegangen wurde, ist ebenso ein Bestandteil der Schematherapie. Es bietet sich vor allem bei der Bearbeitung von maladaptiven Schemata an.

Im Folgenden wird darauf eingegangen, da das Modell ein wesentlicher Bestandteil der hier konzipierten Schemapädagogik ist (siehe Kapitel 5.1ff.).

Ein Schemamodus steht im engen Zusammenhang mit einem oder mehreren Schemata. So konstatiert ROEDIGER (2009, 43): „Die Schemata stehen im Hintergrund und treten als Modi in Erscheinung, wenn sie aktiviert werden."

Ein Schemamodus ist demnach ein gerade aktivierter Status der Persönlichkeit. Er offenbart sich als spezifischer Ich-Zustand, der verschiedene Schemata gleichzeitig repräsentieren kann (siehe unten). Im Grunde genommen weist der Ansatz Parallelen zum Persönlichkeitsmodell der Transaktionsanalyse auf (Kind-Ich, Erwachsenen-Ich, Eltern-Ich).

Beispiel: Das maladaptive Schema *Anspruchshaltung/Grandiosität* kann sich einmal in einem wütenden, ein anderes Mal in einem verletzbaren Kindmodus offenbaren.

Das Thematisieren eines bestimmten Schemamodus stellt in der Therapie eine Erweiterung der Perspektive dar, erschafft einen neuen Blickwinkel. Modi sind nämlich gut fassbar, weil leicht zu beschreiben.

Das Modusmodell ist entsprechend „erlebnisnäher" als das Schemamodell und eignet sich daher eher zur Arbeit mit verhaltensauffälligen Jugendlichen, die im Allgemeinen (noch) nicht die nötigen kognitiven Fähigkeiten, etwa Introspektionsfähigkeit, mitbringen, um das Schemamodell zu verstehen (ROEDIGER

2009a).

Wie erwähnt, wird zwischen drei Grundkomponenten unterschieden:

1. *Kind-Modi.* Sie stellen das emotionale, spontane Erleben dar, das vor allem in den ersten Lebensjahren offenbart wurde.
2. *Innere Eltern-Modi.* Diese Persönlichkeitsfacetten beinhalten verinnerlichte elterlich Bewertungen, Normen und Regeln.
3. *(Maladaptive) Bewältigungsmodi.* Sie regulieren die Spannungen zwischen Kind- und Innere Eltern-Modi – aber sie führen gewöhnlich zu hohen Kosten.

Genannt werden muss noch der Modus des *Gesunden Erwachsenen.* Er steht stellvertretend für das rationale, selbstreflexive Bewusstsein und übernimmt im besten Fall die Organisation der anderen Modi.

In folgender Tabelle sind die wichtigsten Modi sowie ihre Auswirkungen zusammengefasst (ROEDIGER 2009a 67):

Das Modusmodell umfasst...		Bei entsprechender Aktivierung ist die Person...
Kind-Modi	a) *Verletzbares Kind* b) *Ärgerliches (bzw. Wütendes) Kind* c) *Impulsiv-undiszipliniertes Kind* d) *Glückliches Kind*	... verwundbar, sensibel, emotional ... aufgebracht, unreflektiert, sauer ... bockig, widerspenstig, aufmüpfig ... begeistert, kontemplativ, unbekümmert, glänzend aufgelegt
Maladaptive Modi	***Unterordnender Modus (Angepasster Unterwerfer)***	... passiv, aufmerksam, vorsichtig, vorauseilend „dienlich“

	Gefühlsvermeidende Modi a) *Distanzierter Beschützer* b) *Distanzierter Selbstberuhiger* c) *Aggressiver Beschützer*	 … rational, unnahbar, ausweichend … emsig, aktiv (neigt auch zu Suchtmittelmissbrauch … vorauseilend „stachelig“, feindselig
	Überkompensierende Modi (Übertreiber) a) *Selbsterhöher* b) *Schikanierer- und Angreifer-Modus* c) *Manipulierer, Trickser, Lügner* d) *Zerstörer-/Killer-Modus* e) Zwanghafter Kontrolleur	 … denunzierend, narzisstisch, selbstverherrlichend ... sadistisch, teuflisch, gewaltbereit … motiviert, durch Tricks verdeckt ein bestimmtes Ziel zu verfolgen … gewalttätig, brutal, mitleids- und gewissenlos … überkontrollierend, spaßbefreit
Maladaptive internalisierte Eltern-Modi	Innere Antreiber (nach außen und innen wirkend) Innere Bestrafer (nach innen und außen wirkend)	… sehr anspruchsvoll sich selbst und anderen gegenüber … geneigt, sich selbst und anderen physischen/psychischen Schaden zuzufügen

Modus des Gesunden Erwachsenen	Gesunder Erwachsener	... selbstreflektiert, rational, reaktionsflexibel, neugierig, offen, aufnahmefähig

Im Rahmen der Schematherapie werden immer auch kostenintensive Schemamodi bearbeitet (YOUNG et al. 2008, 340ff.), meistens maladaptive (siehe Tabelle).

Hierzu werden sie zunächst gemeinsam mit dem Klienten bewusst gemacht. Man beginnt üblicherweise mit einem Modus, der dem Therapeuten extrem auffällt.

Der Klient gibt letztlich dem jeweiligen Modus diejenige Bezeichnung, mit der er etwas anfangen kann; diese Bezeichnung kann zum Beispiel mit dem Vornamen des Klienten verknüpft werden und muss nicht zwingend mit den oben ausgeführten Modusbezeichnungen übereinstimmen.

Das heißt, vielleicht beschreibt der Klient mit der Titulierung „der sehr leicht frustrierte Mathias" eventuell den Modus *Impulsiv-undiszipliniertes Kind*; „der böse Mathias" andererseits ist möglicherweise ein Etikett für den *Zerstörer-/Killermodus* oder Ähnliches.

Danach werden aktuelle Probleme, Konflikte und sonstige Unstimmigkeiten mit dem Modus in Verbindung gebracht.

Der Klient erkennt zum Beispiel den kurzfristigen Nutzen, den ein häufig aktivierter Modus wie der des *Inneren Antreibers* nach sich zieht (Höchstleistungen im Beruf), aber auch den langfristigen (Konflikte in der Ehe aufgrund von Überstunden).

Der Klient muss danach in die Lage versetzt werden, dass er die tendenzielle Dysfunktionalität des entsprechenden Modus erkennt. „Hinter" einem maladaptiven Muster steht ja meistens der Modus des *Verletzten Kindes.* Mittels Imaginationsübungen wird Kontakt zu letzterem Modus hergestellt.

Am Ende der Arbeit mit den maladaptiven Schemamodi kann der Klient besser auf seine primären Bedürfnisse eingehen, die in den Kind-Modi verortet sind. Der Modus des *Gesunden Erwachsenen* wurde entsprechend gestärkt.

Es ist noch sehr wichtig zu erwähnen, dass aktivierte maladaptive Modi ebenfalls bestimmte Erinnerungen, Emotionen, Kognitionen und Körperempfindungen von jetzt auf gleich auslösen.

In solchen Momenten ist den Betroffenen dieser Modus mitsamt den zahlreichen Auswirkungen auf mehreren Ebenen nicht bewusst; sie wissen nicht einmal, dass dieser Modus existiert.

Daher ist die Arbeit mit charakterologisch schwierigen Klienten im Rahmen der Schematherapie beziehungsweise Schemapädagogik so schwierig. Es kann durchaus vorkommen, dass ihr Affekt im Gespräch rasch wechselt.

Der Klient erscheint im einen Moment aggressiv (*Modus Einschüchterer*), im anderen traurig, ja geradezu hilflos (*Modus Verletzbares Kind*); dann kommt es plötzlich wieder zu immensem Widerstand (*Modus Impulsiv-undiszipliniertes Kind*) usw.

In Kapitel 5.3ff., wo es um Praxisbeispiele aus verschiedenen psychosozialen Arbeitsfeldern geht, wird das hier skizzierte Modusmodell noch einmal aufgegriffen, um irrationale Verhaltensweisen von Klienten entsprechend einzuordnen.

Stühlearbeit und Schema-Memo

Letztlich sollen noch die anderen Elemente der Schemabearbeitung erwähnt werden, die in der Schematherapie berücksichtigt werden: die sogenannte Stühlearbeit und das Schema-Memo.

Im Rahmen der Stühlearbeit, die Parallelen zur Vorgehensweise in der Klärungsorientierten Psychotherapie aufweist, lässt man verschiedene Modi zu Wort kommen.

Ein Anlass, die Stühlearbeit aufzunehmen, kann sein, dass während der Therapie ein bestimmter Konflikt in den Vordergrund drängt.

Ziel ist die Förderung von Selbsterkenntnis (in Hinsicht auf maladaptive Schemata und Schemamodi).

Zu Beginn der Übung sitzen sich Therapeut und Klient gegenüber, Ersterer übernimmt die Rolle des *Gesunden Erwachsenen*. Der Klient agiert aus Sicht seines maladaptiven Schemas. Es wird diskutiert, abgewogen, nachgefragt.

Irgendwann übernimmt der Klient selbst die Perspektive des *Gesunden Erwachsenen*, ist in diesem Fall dann sein eigener Therapeut. Durch den damit implizierten Sitzplatzwechsel (auf einem Stuhl „sitzt" der maladaptive Modus, auf dem anderen der Modus des *Gesunden Erwachsenen*) bildet der Klient seine innere Zwiespältigkeit auch in der Realität ab und betreibt aktiv Selbsthilfe, indem er lernt, innere Motivationen auszugleichen, die ihm bisher nicht bewusst waren.

Ein maladaptiver Grundsatz wie „Ich muss im Beruf immer der Beste sein!" (*Modus Selbsterhöher*) kann entsprechend durch eine gesündere Auffassung des *Gesunden Erwachsenen* ausbalanciert werden: „Nicht immer die erste Geige spielen – ist auch in Ordnung."

Das sogenannte Schema-Memo soll das Wissen, das über die Schemata und Schemamodi erarbeitet wurde, kognitiv festigen. Es hat die Form eines Arbeitsblatts. Es wird vom Klienten in der Therapie ausgefüllt und mit nach Hause genommen.

Zwischen den Sitzungen arbeitet der Klient mit dem Memo; er studiert es immer mal wieder, vergleicht es mit neuen Alltagssituationen, die bestimmte Schemata und Schemamodi auslösen.

Auf dem Arbeitsblatt beschreibt der Klient vier Aspekte (YOUNG et al. 2008, 147):

- (a) eine schemaauslösende Situation (und die damit einhergehenden Affekte),
- (b) Identifikation des Schemas (und den damit verbundenen biografischen Hintergrund),
- (c) eine korrigierende Realitätsprüfung und
- (d) eine neue Verhaltensweisung.

4.4 Verhaltensänderung

Auch in Hinsicht auf die Phase der Verhaltensänderung weisen die hier skizzierten schemaorientierten Psychotherapiekonzepte Unterschiede auf. Um diese soll es im Folgenden gehen.

Kognitive Therapie

Vorbereitet wird die Änderung des Verhaltens mithilfe der oben ausgeführten kognitiven Schemabearbeitungs-Interventionen. Die klassischen Ansätze der Kognitiven Therapie verfolgten vor allem die Absicht, dysfunktionales *Denken* zu modifizieren.

Elemente der Verhaltenstherapie spielten in der Gründungsphase eher eine sekundäre Rolle, was sich dann aber schnell änderte (siehe Kapitel 1.1).

In aktuellen Publikationen wird nunmehr ausdrücklich betont, dass Verhaltenstechniken geradezu unverzichtbar sind (etwa BECK, FREEMAN & DAVIS 2004).

Entsprechend wird der Klient dazu angehalten, auch außerhalb der Therapie an der Verbesserung seiner Symptome auf der Verhaltens- und Erlebniseben zu arbeiten.

Er soll gemeinsam konzipierte Verhaltensweisen in der Praxis erproben, das heißt im Alltag. Eine Methode, die sich anbietet, Verhaltensänderungen letztlich auch zu ermöglichen, ist das Rollenspiel.

Rollenspiele tragen allgemein zum Abbau von nachteiligen Selbstschemata bei und unterstützen die Entwicklung von förderlichen Mustern.

Rollenspiele

Zunächst werden - aus Sicht des Klienten - kritische Situationen im therapeutischen Setting durchgespielt. Weist der Klient beispielweise ein Schema auf wie „Ich bin völlig unfähig, auf andere einen guten Eindruck zu machen", dann ist denkbar, dass der Therapeut im Rollenspiel den Part einer fiktiven unbekannten Person übernimmt, die der Klient „auf einer Party" zum ersten Mal sieht und anspricht.

Der Klient wird, weil die Beziehung gewöhnlich von Vertrauen geprägt ist, das Rollenspiel ernsthaft praktizieren. Hemmungen werden überwunden. Durch diese Übung können negative Überzeugungen („Ich wirke peinlich") ad absurdum geführt werden. Der Therapeut gibt dem Klienten danach ein Feedback, aber auch allgemeine Tipps zur Verbesserung der sozialen Kompetenzen (LEAHY 2007, 438).

Es gibt auch die Möglichkeit, das Verhalten des Klienten mit einer Videokamera aufzunehmen. Das Material kann im Anschluss an die Übung besprochen werden - liefert es doch noch weitere Informationen, die in der therapeutischen Arbeit berücksichtigt werden können.

Oder aber der Therapeut übernimmt in einem weiteren Rollenspiel den Part des Klienten und wirkt als Modell für angemessenes Verhalten (BECK 1976).

Hausaufgaben

Aus praktizierten Rollenspielen kann sich dann eine ganz spezielle Hausaufgabe ergeben. Sie dient dazu, das neu Erlernte zu festigen. Außerdem soll der Klient dadurch erfahren, dass die negativen Annahmen über sich selbst und andere *wirklich* nicht zutreffen.

Der Klient wird entsprechend darüber unterrichtet, dass Hausaufgaben immens wichtig für den Erfolg der Therapie sind. Dies dient gleichzeitig auch der Motivation (BECK et al. 1979/2001). Gemeinsam mit dem Klienten werden nun potenzielle Inhalte besprochen.

Im Falle von übertriebenen sozialen Ängsten beispielsweise kann die Hausaufgabe wie folgt aussehen: Am Wochenende in eine Diskothek gehen und zehn Personen des anderen Geschlechts nach der Urzeit fragen. Da so ein Projekt naturgemäß erfolgreich verläuft, was beabsichtigt ist, fallen die nächsten Hausaufgaben anspruchsvoller aus.

Viele kognitive Therapeuten arbeiten auch mit dem Prinzip „Belohnung und Bestrafung" (BECK, FREEMAN & DAVIS 2004). Demnach wird noch vor der Praxis der Hausaufgabe, die ja so gut wie immer einen konfrontativen Charakter hat, geklärt, wie genau die Belohnung aussieht, wenn der Klient seiner Pflicht nachkommt.

Natürlich müssen auch Sanktionen greifen, wenn das übliche Vermeideverhalten die Hausaufgaben vereitelt.

Erfahrungsgemäß müssen Therapeuten darauf achten, dass der Klient die Hausaufgaben auch praktisch umsetzt. Daher ist es auch kein Zufall, dass bei jeder Sitzung, die im Anschluss stattfindet, die Hausaufgaben besprochen werden.

Klärungsorientierte Psychotherapie

Wie oben ausgeführt, steht insbesondere das Ein-Personen-Rollenspiel als kognitiv-affektive Technik zur Schemabearbeitung und Verhaltensänderung im Vordergrund.

Daneben werden aber auch andere therapeutische Techniken berücksichtigt, wenn es darum geht, die praktische Umsetzung der Schemabearbeitung zu ermöglichen (SACHSE al. 2008, 139ff.).

So sind zum Beispiel die Reizkonfrontation (siehe oben) und das Training der sozialen Kompetenzen auch im Rahmen der Klärungsorientierten Psychotherapie gebräuchliche Methoden, die den Klienten zur Verhaltensänderung motivieren sollen.

Daneben wird auch das Rollenspiel miteinbezogen, in dem auch vor diesem Hintergrund Realsituationen durchgespielt werden, um die Hemmschwelle im Alltag abzusenken.

Kombiniert werden diese Arbeitsweisen bei Bedarf mit dem EPR.

Schematherapie

Nachdem dysfunktionale Schemata und Schemamodi diagnostiziert, exploriert und mittels kognitiver und erlebnisaktivierender Methoden bearbeitet wurden, steht nunmehr auch im Rahmen der Schematherapie der Transfer in den Alltag an.

Dieser Schritt ähnelt in seiner Struktur der Vorgehensweise in der Kognitiven Therapie und Klärungsorientierten Psychotherapie.

Einerseits soll das schemageleitete Verhalten gehemmt, andererseits passendes Verhalten etabliert werden. Hierzu stimmen sich Therapeut und Klient ab. Es geht also um die Frage: Welche Verhaltensweisen sollen verändert werden?

Hierzu wird auch eine Liste erstellt, in der die Vor- und Nachteile des schemageleiteten Agierens aufgeführt sind. Dies soll der kognitiven Stärkung sowie der Motivation dienen. Für das oben schon erwähnte Schema-Memo gilt dasselbe.

Rollenspiele, in denen die diagnostizierten Schemata und Schemamodi auftauchen, dienen dem Klienten als Vorbereitung. Hausaufgaben und das Führen eines Schema-Tagebuchs sollen den Transfer in den Alltag erleichtern.

5. Theoretische und praktische Brückenschläge in psychosoziale Arbeitsfelder

Zwischen psychotherapeutischen, psychosozialen und sozialpädagogischen Berufsbildern wird gewöhnlich unterschieden. Es gibt zwar einige Überschneidungen, etwa in Bezug auf die zugrundeliegenden Menschenbilder, Methoden, speziellen Arbeitsweisen. Doch dieser „Verwandtschaft" stehen vor allem aufgabenspezifische und auch rechtliche Differenzen gegenüber.

Trotz dieser offensichtlichen Unterschiede haben psychotherapeutische, sozialpädagogische und psychosoziale Berufsbilder mit Einschränkungen dasselbe Ziel; und das heißt, verkürzt gesagt: Prävention beziehungsweise Linderung von individuellen und sozialen Konflikten.

Im Rahmen der bereits dargestellten Psychotherapiekonzepte wird angenommen, dass dysfunktionale Selbst- und Beziehungsschemata an vielen psychosozialen Unstimmigkeiten beteiligt sind. Geht man von dieser Theorie einmal bewusst aus, so kommt man leicht zu dem Schluss: Nicht nur Klienten, die eine Psychotherapie in Anspruch nehmen, weisen nachteilige Wahrnehmungsmuster auf, sondern auch Kinder, Jugendliche und Erwachsene, mit denen man als Sozialarbeiter, Sozialpädagoge, Lehrer usw. zu tun hat.

Die schemaorientierte Perspektive erfasst den tieferen Sinn von schwierigen, irrationalen Verhaltensweisen von Klienten aller Art. Sie stellt somit ein Mittel zur Professionalisierung sozialpädagogischen Handelns dar.

Die im folgenden skizzierte Schemapädagogik fokussiert entsprechend in erster Linie dysfunktionale Schemata, die sowohl beim professionellen Helfer bestehen (können), als auch bei Klienten.

In Kapitel 5.2.ff. werden Anregungen für die Umsetzung einer schemapädagogischen Praxis beschrieben. Zunächst geht es um die sogenannte Einzelfallhilfe. Sie stellt eine klassische Methode der Sozialen Arbeit dar. Ausgewählte Arbeitsfelder, für die ebenfalls schemapädagogische Überlegungen angestellt werden, sind:

- Paarberatung (Kapitel 5.3),
- Sozialpädagogische Familienhilfe (Kapitel 5.4),
- Erziehungsberatung (Kapitel 5.5),
- Schulsozialarbeit (Kapitel 5.6),
- Strafvollzug/Bewährungshilfe (Kapitel 5.7), und
- Straßensozialarbeit (Kapitel 5.8).

5.1 Von den schemaorientierten Psychotherapiekonzepten zur Schemapädagogik

Schemapädagogik versteht sich als ein integratives Konzept, das die Grundlagen von Kognitiver Therapie, Klärungsorientierter Psychotherapie und Schematherapie in psychosoziale und sozialpädagogische Berufsbilder transferiert und dabei die Rahmenbedingungen der nicht-psychotherapeutischen Arbeitsfelder berücksichtigt.

Es versteht sich von selbst, dass Pädagogik kein Ersatz sein kann für eine Therapie. Darum geht es gar nicht. Mithilfe der Schemapädagogik soll sozialpädagogisches Denken und Handeln professionalisiert werden, nicht mehr und nicht weniger.

Dass die schemaorientierten Psychotherapiekonzepte in vielerlei Hinsicht wirksam sind bei psychosozialen Problemen, ist eine Tatsache, die ausführlich untersucht und hinreichend belegt wurde.

Das heißt andererseits: Eine Schemapädagogik, die an die genannten Konzepte angelehnt ist, kann mit hoher Wahrscheinlichkeit im Berufsalltag hilfreich sein und die Personal- und Sozialkompetenz fördern.

Selbstverständlich bedarf es hierzu einer Entwicklung von Forschungsfragen, die dann empirisch überprüft werden müssen.

Welche Befunde und Elemente der Kognitiven Therapie, Klärungsorientierten Psychotherapie und Schematherapie in der Schemapädagogik berücksichtigt werden, wird im Folgenden skizziert.

Auf einen wichtigen Punkt soll vorab noch hingewiesen werden. In der Schemapädagogik wird der Tatsache Rechnung getragen, dass alle drei Entwürfe Potenziale für die psychosoziale Arbeit offenbaren. Es geht also hier nicht darum festzustellen, welches Modell das „beste" ist.

In Bezug auf die Beziehungsgestaltung und den Umgang mit eigenen Schemata bieten sich insbesondere die Klärungsorientierte Psychotherapie und Schematherapie an (siehe unten).

5.1.1 Transfer von Elementen der Kognitiven Therapie

Das Wissen um die von BECK und ELLIS erfassten kognitiven Verzerrungen und entsprechenden therapeutischen Interventionen können sehr hilfreich im Umgang mit Klienten sein. Manche Menschen offenbaren irrationale Schemata in einer bestimmten Kombination, die auch noch regelmäßig aktiviert werden.

In diesem Fall kann der Schemapädagoge vorsichtige Rückschlüsse auf bestimmte nachteilige Erlebnisse beziehungsweise charakteristische Sozialisationserfahrungen ziehen.

Hierzu ist natürlich Aufmerksamkeit vonnöten.[20] Dies führt unter Umständen zu mehr Verständnis für die emotionalen Auffälligkeiten und kostenintensiven Verhaltensweisen des Klienten, die ja häufig durch nachteilige Schemata ausgelöst werden.

Stößt der Schemapädagoge während der Arbeit mit dem Betreffenden immer wieder auf dieselben Schemata, kann er, wenn die Umstände und Arbeitsbeziehung es erlauben, den Klienten in die Wirkungsweisen und emotionalen Auswirkungen von kognitiven Verzerrungen einführen. Hierzu sollte natürlich ein gewisses Vertrauensverhältnis bestehen.

Folgende Fragen können erörtert werden: Welche automatisierten nachteiligen Gedanken tauchen in welchen Situationen auf? Wie entstanden solche irrationale Denkmuster? Welche Auswirkungen haben sie? Unter Umständen kann es auch sinnvoll sein, das A-B-C-Schema von ELLIS zu erläutern (siehe Kapitel 1.1).

---

[20] Schemapädagogen gehen nie von endgültigen Diagnosen aus, sondern von vorläufigen Arbeitshypothesen. Diese können sich in der weiteren Arbeit fortwährend ändern; der Klient liefert ja stets neues „Material".

Vor solchen Interventionen, die sicherlich für den Anderen eine Art Konfrontation darstellen können, bietet sich eventuell auch an, auf niedrigem Level gemeinsam mit dem Anderen über seine dysfunktionalen Hypothesen zu disputieren.

Dies gilt etwa für das sogenannte Schwarz-Weiß-Denken („Wenn mich jemand kritisiert, ist das eine Katastrophe"), Personalisieren („Alle haben etwas gegen mich"), Katastrophieren („Wenn ich durch die Prüfung falle, werde ich arbeitslos").

Durch gemeinsame Reflexion kann aufseiten des Klienten eine kognitive Veränderung stattfinden. Und die hätte dann nach der Kognitiven Therapie allgemein positive Auswirkungen auf das emotionale Erleben.

Einen weiteren Erfolg hätte der Schemapädagoge dann erreicht, wenn der Betreffende zukünftig in den persönlichen „Gefahrensituationen" seine kostenverursachenden Schemata bemerkt, dann unterdrückt beziehungsweise umstrukturiert.

Entsprechend würde ein Jugendlicher, der zu übertriebenem Alkoholkonsum neigt, durch eigene kognitive Strategien imstande sein, das nächste Mal an seiner favorisierten Kneipe in der Altstadt vorbeizugehen.

5.1.2 Transfer von Elementen der Klärungsorientierten Psychotherapie

Die Tipps von SACHSE (2006b) zur Gestaltung der Beziehung zwischen Therapeut und Klient sind für die Schemapädagogik sehr wertvoll. Der Schemapädagoge ist sich entsprechend bewusst, dass das Verhalten, das charakterlich schwierige Personen im Alltag zeigen, meistens darauf abzielt, unbewusste Bedürfnisse zu befriedigen; diese gilt es zu erkennen.

Betreffende neigen auch zu sogenannten manipulierenden Psychospielen, womit sie den Interaktionspartner zu einem bestimmten Verhalten, sprich zur Berücksichtigung des jeweiligen Motivs, zwingen.

Der Schemapädagoge versteht den Klienten in solchen Situationen tiefgreifend und nimmt das auffällige Verhalten, selbst provokantes, nicht persönlich. Er bringt es mit verschiedenen dysfunktionalen Schemata und frustrierten Grundbedürfnissen des Klienten in Verbindung.

Außerdem ist sich der Schemapädagoge darüber bewusst, dass ohne den

Aufbau von Beziehungskredit keine gute Basis einer Zusammenarbeit entstehen kann. Werden zu Beginn der Zusammenarbeit zum Beispiel durch Unerfahrenheit Fehler gemacht, etwa konsequent und stur Disziplin eingefordert, führt dies notwendigerweise zur Aktivierung von nachteiligen Schemata aufseiten des Klienten.

Er kennt solche unliebsamen Reaktionen bestens - aus eigener Erfahrung. Ausschließlich autoritäres Auftreten trägt nur zur weiteren Praxis von kostenintensiven Psychospielen bei. Der Klient durchlebt entsprechend nur sein Dilemma von früher.

Daher kann die Bedeutung einer speziellen, nämlich komplementären Beziehungsgestaltung, gar nicht überschätzt werden (siehe auch Kapitel 5.2.2). Das heißt, der professionelle Helfer erkennt Psychospiele als solche und passt sich bewusst an die dahinterstehende Motivebene an.

Entsprechend schenkt man Klienten, die offensichtlich und verdeckt vermitteln, dass sie Anerkennung brauchen, genau das, was erwünscht ist.

Gelingt es dem Schemapädagogen, durch Akzeptanz, Toleranz, Kongruenz und komplementäre Beziehungsgestaltung Vertrauen aufzubauen, führt dies dazu, dass der Klient einerseits sein manipulierendes Verhalten aufgibt und andererseits sich öffnet.

Bei Bedarf greift der Schemapädagoge aber auch in der Anfangsphase die Psychospiele des Klienten auf und interveniert, etwa wenn sie jeglichen persönlichen Umgang unmöglich machen.

Erst nach der Phase des Beziehungsaufbaus kann der Schemapädagoge außerdem den Anderen mit den Kosten seiner Psychospiele, den dahinterstehenden Schemata und Bedürfnissen „bekannt machen".

Unter vier Augen kann es um folgende Fragen gehen: Welche Spiele werden gespielt - und was will ich damit erreichen? Was sind meine Grundbedürfnisse? Wieso kann ich nicht direkt auf sie eingehen? Welche Schemata gibt es? Was kann ich sonst tun, um meine Bedürfnisse zu berücksichtigen?

5.1.3 Transfer von Elementen der Schematherapie

Auch die Erkenntnisse und Grundlagen der Schematherapie sind dem Schemapädagogen bewusst und im Berufsalltag hilfreich. Er weiß um den neurowissenschaftlichen Befund, wonach unangepasste, problematische Verhaltensweisen von Kindern und Jugendlichen tatsächlich oft früh erworbene Bewältigungsstrategien darstellen, die im sozialen Umfeld ihren Nutzen hatten.

Er nimmt daher nicht jede Verhaltenstendenz, die gegen ihn gerichtet ist, persönlich, gerade wenn der Betreffende zu denselben Reaktionen gegenüber anderen neigt.

Schemapädagogen wissen außerdem darum, dass Klienten, die unter dem Einfluss eines maladaptiven Schemas stehen, zu einer bestimmten selektiven Wahrnehmung sowie zu automatisierten Kognitionen, Gefühlen und Handlungen neigen. Betreffende merken nicht, dass lediglich eigene Prägungen in der Kindheit und Jugend die nachteiligen Emotionen und die selektive Wahrnehmung provozieren.

Ebenso ist ihnen ihr ganz persönlicher Teufelskreis nicht bewusst: auf dieselben Reize (Trigger) reagieren sie stets gleich.

Die Betreffenden machen daher – vielleicht auf Grund eines neuronal eingebrannten Schemas – immer wieder dieselben negativen Erfahrungen mit den Anderen. Dieser Teufelskreis ist dem Betreffenden nicht präsent.

Der Wahrnehmungsfehler externale Kausalattribuierung sorgt für eine affektive und kognitive Abwehr der Einsicht, dass an so gut wie allen Konflikten auch der Betreffende selbst beteiligt ist und nicht nur „die Anderen".

Das Schemamodus-Modell ist dem Schemapädagogen bekannt, er sieht entsprechend den Klienten in bestimmten Abständen *auch konkret als ein Bündel aus verschiedenen Teil-Persönlichkeiten* (*Verärgertes Kind, Manipulierer, Distanzierter Selbstberuhiger* usw.).

Er arbeitet regelmäßig mit den oben beschriebenen Schemamodi, besonders wenn er nicht mit einem Klienten, sondern mit einer ganzen Gruppe arbeitet. Schon alleine die Dynamik einer Gruppe erfordert flexibles Agieren und eine hohe Aufmerksamkeit; mittels der Berücksichtigung des Schemamodi-Modells ist dies machbar.

Sobald eine vertrauensvolle Beziehung hergestellt ist, arbeitet der Helfer mit dem Klienten gemeinsam direkt an der Stärkung des Modus des *Gesunden Erwachsenen*. Hierzu ist es unabdingbar, beim Klienten ein Verständnis für innere Pluralität zu vermitteln. Der Klient erkennt, dass er verschiedene Persönlichkeitsanteile in sich vereint (einen „bösen Max", „fiesen Max", „harten Max", aber auch einen „vernünftigen Max").

In Situationen, die ansonsten ungünstigen Bewältigungsreaktionen provozieren, kann er seine Emotionen durch Achtsamkeit besser selbst regulieren und somit sein Verhalten ändern.

Letztlich berücksichtigt der Schemapädagoge auch die 18 maladaptiven Schemata (*Misstrauen/Missbrauch*, *Bestrafungsneigung* usw.). Wenn im Laufe der Zusammenarbeit viele „Daten" gesammelt werden, die für die Existenz eines bestimmten Schemas sprechen, kann der professionelle Helfer im Falle einer Schema-Aktivierung direkt auf das emotionale und kognitive Erleben des Klienten eingehen und ihn gewissermaßen im Rahmen der Möglichkeiten *nachbeeltern* (siehe unten).

5.1.4 Ziele der Schemapädagogik

Die Ziele der Schemapädagogik orientieren sich an den von GRAWE formulierten Wirkfaktoren im therapeutischen Setting:

1. *Ausbau von vorhandenen Kompetenzen* (Ressourcenaktivierung). Schemapädagogisches Handeln setzt vorwiegend an den dysfunktionalen Schemata und Schemamodi an. Andererseits dient die Stärkung des Modus *Gesunder Erwachsener* aufseiten des Klienten auch dazu, eigene Potenziale zu erkennen und entsprechend bewusster mit seinen Bedürfnissen im Alltag umzugehen.
2. *Problemaktualisierung.* Dieser Faktor kann teilweise voll berücksichtigt werden. In manchen psychosozialen Arbeitsfeldern, etwa Schulsozialarbeit, Streetwork, Sozialpädagogische Familienhilfe, kommt es in Anwesenheit des Schemapädagogen *automatisch* zu Schema-Auslösungen und aktivierten Schemamodi, da die Wirkungsstätte des professionellen Helfers entsprechend an mindestens einen zentralen Lebensbereich des Klienten angrenzt. In anderen Arbeitsfeldern ist dies nicht der Fall, weshalb dieser Faktor dann unter Umständen vernachlässigt werden muss. Schemapädagogik ja keine Schematherapie!
3. *Problemklärung.* Die an den Konflikten maßgeblich beteiligten Schemamodi und Psychospiele werden mit dem Klienten gemeinsam bewusst ge-

macht. Er erkennt (in Bezug auf letzteren Aspekt) einerseits seine Manipulationsversuche im Alltag als solche, und besonders die kurz- und langfristigen Kosten, die mit ihnen verbunden sind. Darüber hinaus versteht er, dass seine Psychospiele „schlechte Wege" zum Ziel (Bedürfnisbefriedigung) sind. Ebenfalls wird auch transparent gemacht, dass das Ich des Betreffenden aus vielen Teil-Persönlichkeiten/Schemamodi besteht. Einige dieser Facetten des Selbst verursachen im Umgang mit sich selbst und anderen hohe Kosten, außerdem stehen sie in unmittelbarem Zusammenhang mit Psychospielen. Die gemeinsame Reflexion über die Modi führen zu mehr Einsicht in Modus-abhängiges Verhalten. Der Schemapädagoge gibt entsprechend Einblick in seine eigenen Schemamodi, um weiteren Beziehungskredit aufzubauen.

4. *Aktive Motivation zur Problembewältigung.* Auf drei Arten kann der Schemapädagoge beim Klienten die Motivation zur Problembewältigung erwecken: (1.) Der professionelle Helfer ist während der gesamten Zusammenarbeit für den Klienten eine echte Unterstützung und vor allem ein Vorbild in Hinsicht auf die Regulierung von negativen Emotionen, Affekten und Gefühlen. Das heißt, er personifiziert den Modus *Gesunder Erwachsener.* Dies führt möglicherweise dazu, dass der Klient via Modelllernen nützliche Verhaltensmerkmale verinnerlicht. (2.) Der professionelle Helfer zeigt aber nicht nur Verständnis, er konfrontiert den Klienten auch (empathisch), etwa wenn letzterer nicht engagiert an der Bewältigung von nachteiligen Psychospielen und Schemamodi mitarbeitet. (3.) Letztlich kann der Schemapädagoge auch den Klienten zur Problembearbeitung animieren, indem er wertschätzend Erfolge hervorhebt. Dies trägt ebenfalls zur Auslösung von positiven Affekten aufseiten des Klienten bei - was sehr wichtig ist. Denn bekanntlich reicht eine kognitive Bearbeitung von nachteiligen Psychospielen, Schemamodi und Schemata nicht aus. Rein kognitive Methoden vernachlässigen die affektive Verankerung von nachteiligen Mustern und können daher nichts in Bezug auf dauerhafte Verhaltensänderungen ausrichten.

5.2 Schemapädagogische Methoden in der Praxis

Wer im Berufsalltag Schemapädagogik betreiben will, braucht spezifische Fähigkeiten. Auf diese wird im Folgenden eingegangen. Es wird dabei stets davon ausgegangen, dass die pädagogische Fachkraft mit Kindern, Jugendlichen oder Erwachsenen zu tun hat, die überwiegend schwierige Verhaltensmerkmale offenbaren und Defizite in den Bereichen Selbst- und Sozialkompetenz und Emotionsregulation aufweisen.

5.2.1 Eigene Schemata und Schemamodi berücksichtigen

Da jeder Mensch in seiner Kindheit und Jugend bestimmte Schemata und entsprechende Bewältigungsreaktionen ausgeprägt hat, stellt sich der professionelle Helfer auch öfter die Frage, wie die Dinge bei ihm liegen.

Es kann nämlich durchaus sein, dass innerpsychische Muster das sozialpädagogische Handeln beeinflussen. Dies führt unter Umständen dazu, dass eine ganzheitliche Förderung der Selbst- und Sozialkompetenzen des Klienten gefährdet wird. Die Wirksamkeit des Vorgehens sinkt somit unweigerlich.

So löst vielleicht ein Jugendlicher, der herausfordernd auftritt (*Schikanierer- und Angreifer-Modus*) aufseiten des Schemapädagogen denselben Schemamodus aus – was schnell in einen Konflikt ausarten kann. Und schon ist der Beziehungskredit verbraucht, und ein Neubeginn ist vonnöten.

Mit diesem Beispiel soll angedeutet werden, dass eine gewisse Selbstaufmerksamkeit in Bezug auf Schema- oder Modi-Aktivierungen nicht schadet.

In folgender Tabelle sind drei Schemata und ihre möglichen Auswirkungen im Berufsalltag beispielhaft aufgeführt.

Schema	Verhaltenstendenzen/Neigungen
Aufopferung	Der Helfer ist zu empathisch, grenzt sich nicht genug ab. Entsprechend „leidet“ er zu viel mit dem Anderen mit und fordert ihn zu wenig.

Emotionale Gehemmtheit	Der Helfer legt zu viel Wert auf Kontrolle, wobei die Empathie vernachlässigt wird. Eine komplementäre Beziehungsgestaltung kann unter diesen Voraussetzungen nicht stattfinden.
„Ich darf niemanden frustrieren“	Der Helfer fordert den Klienten zu wenig und passt sich zu sehr an. Eine Konfrontation mit den Kosten seiner Schemamodi beziehungsweise Psychospielen wird gewöhnlich nicht praktiziert.

Da dem Schemapädagogen entsprechend nachteilige Muster bekannt sind, achtet er stets auf seine Gefühle, wenn er mit Klienten arbeitet. Bei Bedarf setzt er sich selbst Grenzen beziehungsweise erweitert seine Kompetenzen. In Teambesprechungen kann zum Beispiel ein Austausch zwischen Kollegen stattfinden.

Auch aktivierte Schemamodi können die Beziehung des Pädagogen zu sich selbst und zum Klienten nachteilig beeinflussen. Hierzu ebenfalls drei Beispiele.

Schemamodus	Verhaltenstendenzen/Neigungen
Distanzierter Selbstberuhiger	Der professionelle Helfer dämpft seine Frustrationen, die er im Berufsalltag erfährt. Er vermeidet Gefühle, indem er zu extremen Ablenkungstendenzen neigt, etwa zu Alkohol- oder Medikamentenmissbrauch.
Verletzbares Kind	Der Helfer fühlt sich bei geäußerter Kritik vom Klienten oder Vorgesetzten automatisch verletzt, selbst wenn sie konstruktiv ist.

Distanzierter Beschützer	Kommt es zu beruflichen Misserfolgen, redet sich der Helfer intellektuell heraus; es kann dann gar nicht seine Schuld gewesen sein. Auf diese Weise vermeidet man eine direkte Auseinandersetzung.

5.2.2 Beziehungen komplementär gestalten

In psychosozialen Arbeitsfeldern hat man oft mit Klienten zu tun, die sehr früh massive Frustrationen ihrer Grundbedürfnisse erfahren haben. Entsprechend reagierten Betreffende infolgedessen mit der Ausprägung von dysfunktionalen Schemata. Aber auch Bewältigungsstrategien werden profiliert; sie stellen gewissermaßen reaktionäre professionelle Handlungsstrategien dar.

Sie entstanden nur deshalb, weil die ursprünglichen Bezugspersonen nicht „freiwillig" die relevanten Grundbedürfnisse erfüllt haben. Irgendwann verfestigte sich manipulierendes Verhalten – man hatte ja dadurch Erfolg, kam über Umwege zur Verwirklichung von interaktionellen Zielen.

Diese Handlungsstrategien sind aus Sicht des gesunden Menschenverstandes im Hier und Jetzt aber weit überzogen, unangebracht, irrational – und sie verursachen beim Gesprächspartner leicht Stress.

Der professionelle Umgang mit charakterologisch schwierigen Klienten ist daher sehr anstrengend, er erfordert ein hohes Maß an Professionalität, permanente Aufmerksamkeit und Flexibilität.

Der Schemapädagoge offenbart im Berufsalltag stets Empathie, Kongruenz und Akzeptanz, womit er zunächst die allgemeinen Vorgaben seines Berufsstandes praktisch umsetzt. Darüber hinaus orientiert er sich an den Anregungen zur speziellen Beziehungsgestaltung, die SACHSE (2006a) beschrieben hat. Diese sehen vor, dass sich die Fachkraft direkt an der Motivebene des Klienten orientiert. Sie ist zwar dem Klienten nicht bewusst, aber kann vom Gesprächspartner anhand von verschiedenen Hinweisen diagnostiziert werden.

Welche Bedürfnisse jeweils im Vordergrund stehen, finden Schemapädagogen recht zügig heraus. Sie achten auf Verhaltensweisen des Klienten, die dazu dienen, seinen Gesprächspartner zu manipulieren, ihm erwünschte Reaktionen aufzwingen.

Schon ein lapidarer Satz eines Klienten wie „Ich war am Wochenende in Stuttgart" kann das Bedürfnis nach Anerkennung vermitteln. Auf solche Signale achtet der Schemapädagoge und geht authentisch und wertschätzend auf sie ein.

Nach den Berufserfahrungen des Autors im Arbeitsfeld berufsbildende Schule geht es Jugendlichen meistens um Anerkennung, Solidarität und Wichtigkeit.

Im Folgenden geht es um andere Handlungsstrategien mit hohem manipulierenden Charakter.

Images, Appelle und Tests

Ein Image ist ein Eindruck, ein Bild, das der Klient beim professionellen Helfer unbewusst erzeugen will (SACHSE 2004). Beispielsweise vermitteln manche Schüler dem Lehrer vorauseilend bei jeder anstehenden Leistungsüberprüfung: „Ich kann das nicht!"

Dahinter steht oft der Appell, dass man dem Schüler helfen oder eine nicht allzu schlechte Note geben soll (auf diesen „Versuch" kann man humorvoll reagieren und ihn empathisch offenlegen).

Eine solche Handlungsstrategie von Klienten ist im Berufsalltag noch kein echtes Problem. Andere, gewichtiger Konflikte ergeben sich erfahrungsgemäß auch von selbst – das liegt in der Natur der zahlreichen dysfunktionalen Schemata, die Klienten aufweisen.

Schemapädagogen kommen nicht drum herum: Immer mal wieder werden trotz der Variablen Empathie, Akzeptanz und Kongruenz, die das pädagogische Handeln begleiten, aufseiten des Klienten auch negative Schemata á la „Ich bin nicht wichtig", „Ich bin ein Nichts" oder „Ich bin nicht liebenswert" ausgelöst.

Sodann kommt es im Zuge der Schema-Aktivierung auf verschiedenen Ebenen zu sogenannten Tests. Sie sollen das jeweilige Schema bestätigen. Das heißt, der Schemapädagoge wird plötzlich heftig kritisiert, angegriffen, der Klient vertritt plötzlich vehement die Meinung, man könne ihn überhaupt nicht leiden usw.

Solche Tests dürfen den professionellen Helfer nicht aus der Fassung bringen. Er stellt in solchen Situationen inneren Abstand her und macht sich klar, dass er nicht persönlich gemeint ist. Der Klient sieht in ihm nur eine „Kopie" derjenigen Bezugsperson, die hauptsächlich für die Ausprägung des gerade aktivierten Schemas verantwortlich war.

Der Schemapädagoge bleibt bei Vorwürfen, überzogener Kritik, Anschuldigungen usw. ruhig, zugewandt, akzeptierend und verweilt im Modus des *Gesunden Erwachsenen.* Lässt er sich nämlich zu Gegenschlägen verleiten, was verlockend erscheint, aber völlig falsch wäre, fällt der Beziehungskredit zwischen Helfer und Klient zurück auf das Anfangsniveau.

Jegliche Mühe war unter Umständen bis dahin umsonst. Der Klient kommt dann nämlich zu dem Schluss: „Ich hab es gewusst, auf den Herrn X kann man sich nicht verlassen."

5.2.3 Maladaptive Schemata und Bewältigungsversuche diagnostizieren, Schemamodi gemeinsam mit dem Klienten klären

Dem Schemapädagogen sind die 18 Schemata nach YOUNG die meiste Zeit über kognitiv präsent, sobald er im Berufsalltag mit Klienten zu tun hat. Darüber hinaus weiß er auch um die dazugehörigen Bewältigungsreaktionen sowie um die entsprechenden Schemamodi.

Außerdem ist sich der professionelle Helfer darüber im klaren: Der Klient kann jederzeit von einem dieser drei genannten innerpsychischen Strukturen ohne sein Wissen zu bestimmten Kognitionen, Handlungsimpulsen und Handlungen motiviert werden.

Klienten liefern während der Zusammenarbeit immer wieder Hinweise auf ihre innerpsychischen Muster, sei es im Umgang mit sich selbst oder im Kontakt zu anderen. Bereits ab dem ersten Aufeinandertreffen von Fachkraft und Klient gilt es, ein hohes Maß an Aufmerksamkeit für verbale und nonverbale Inhalte aufzubringen.

Dies gelingt dem Schemapädagogen leichter, wenn er mit möglichst wenigen Klienten gleichzeitig arbeitet. Im Rahmen der Einzelfallhilfe lässt sich demnach am effektivsten Schemapädagogik betreiben.

Hinweise auf spezifische Schemata können beispielsweise auch verschiedene Inhalte sein, über die der Klient vorwiegend spricht. Wenn etwa ein Jugendlicher auffällig oft ein latent provokantes Verhalten an den Tag legt, ausschließlich über Kampfsport und Schlägereien erzählt, dann ist das eventuell ein potenzieller erster Hinweis auf das Schema *Misstrauen/Missbrauch* und den dazugehörigen Bewältigungsmechanismus Überkompensation.

Der Schemapädagoge weiß natürlich, dass das Verhalten des Jugendlichen auch nur ein Test sein kann – vor allem, wenn es bei den ersten Terminen gezeigt wird. Vielleicht will der Klient nur herausfinden, wie der professionelle Helfer „tickt" und ob er verlässlich ist.

Trotzdem wird der erste Eindruck registriert. Vielleicht kommt es später zu weiteren Andeutungen, die auf dieses Schema schließen lassen (aggressive Herabsetzung anderer oder Ähnliches).

Besonders die Schemamodi des Klienten werden sensibel registriert. Hauptsächlich sie sind Gegenstand schemapädagogischen Handelns. Die maladaptiven Schemata selbst sind nur relevant bei der Sammlung von Daten über den Klienten.

In bestimmten Situationen offenbaren sich naturgemäß die in Bezug auf das soziale Miteinander kostenintensiven Modi *Ärgerliches Kind, Impulsiv-undiszipliniertes Kind, Schikanierer- und Angreifer-Modus* und *Zerstörer-/Killer-Modus*.

Aber auch die förderlichen Schemamodi werden mit an Sicherheit grenzender Wahrscheinlichkeit an manchen Tagen aktiviert, vorwiegend im Rahmen einer komplementären, freundschaftlichen Beziehungsgestaltung.

Besonders die Modi *Gesunder Erwachsener* und *Glückliches Kind* fließen demnach in die Fallanalyse ein. Zeit, Raum und Ort der entsprechenden Aktivierungen werden festgehalten.

Der Modus des *Gesunden Erwachsenen* wird in späteren Momenten, in denen der Klient mit den Kosten seines Verhaltens konfrontiert wird, hauptverantwortlich dafür sein, dass aufseiten des Betreffenden ein neuartiges Gespür für die inneren Persönlichkeitsanteile (Schemamodi) entsteht.[21]

Ohne diesen Bewusstwerdungsprozess, der im Rahmen der Klärung stattfindet, sind dauerhafte Verhaltensänderungen nicht möglich.

Beispiel: Der Schemapädagoge führt mit dem Klienten ein vertrauensvolles, informelles Gespräch. Letzterer ist offensichtlich im Modus des *Gesunden Erwachsenen*. Man ist auf derselben Ebene.

---

21 Der Modus *Glückliches Kind* wird beim ressourcenorientierten Arbeiten relevant, siehe Kapitel 5.2.5.

Bei ausreichend vorhandenem Beziehungskredit folgt nun der nächste Schritt: die Schemamodus-Klärung. Empathisch wird nun das Gegenüber mit seiner „anderen Seite" bekanntgemacht, das heißt mit seinem offensichtlich vorhandenen dysfunktionalen Schemamodus.

Der Schemapädagoge beschreibt hierzu eine zeitnahe Situation, in der die „andere Seite" des Klienten kostenintensives Verhalten auslöste. Vielleicht reagierte der Betreffende auf eine flapsige Bemerkung von einem guten Freund automatisch mit der Androhung von körperlicher Gewalt. Seitdem haben beide Streit, sehr zum Missfallen des Klienten.

Ein solcher Konflikt geht unter anderem auf das Konto eines bestimmten Schemamodus des Klienten, was er naturgemäß nicht wahrnimmt. Der an dem Dilemma beteiligte Schemamodus muss daher geklärt, das heißt bewusst gemacht werden.

Der Schemapädagoge bietet dem Klienten seine Einschätzung an, dass der Modus *Impulsiv-undiszipliniertes Kind* am Problem beteiligt ist: „Du hast Streit mit Deinem Freund. Wenn Dich jemand auf die Schippe nimmt, kommt der aggressive Adrian in Dir heraus, stimmt's?"

Gewöhnlich akzeptiert der Klient die Vorstellung, dass ein bestimmter Teil in ihm in einer bestimmten Situation verantwortlich für das Handeln war. Dann ist er nicht als Person daran mitschuldig.

Während solcher Klärungsgespräche mit dem Klienten benutzt der professionelle Helfer Schemamodi-Bezeichnungen, die gewissermaßen Orientierungshilfen darstellen. Schlussendlich verleiht der Klient am Ende der Klärungsphase seinem Schemamodus das passende Etikett.

Entsprechende schemapädagogische Interventionen, die generell die Schemamodi-Klärung anregen sollen, können auch so klingen:

- „Wenn Dich jemand auslacht, kommt der böse Max in Dir raus, oder?" (*Ärgerliches Kind*)
- „Wenn Dein Vater Dinge verlangt, die Du nicht tun willst, kommt der bockige Max in Dir raus, nicht wahr?" (*Impulsiv-undiszipliniertes Kind*)
- „Wenn Du so einen Strebertyp siehst, dann will der Mobbing-Max in Dir den am liebsten ein bisschen malträtieren, oder?" (*Schikanierer- und Angreifer-Modus*)

- „Wenn der Steven Deine Freundin ansieht, schaltest Du um auf den Schläger-Max in Dir, oder?" (*Zerstörer-/Killer-Modus*)

Solche Interventionen, die für den Anderen einen konfrontativen Charakter haben können, gelingen nur mit ausreichend vorhandenem Beziehungskredit - und wenn sie feinfühlig beziehungsweise mit etwas Humor angereichert sind.[22]

Möglicherweise werden einige solcher Versuche benötigt, um den Klienten zu einer entsprechenden objektiveren Selbstwahrnehmung zu motivieren.

Die Fachkraft schafft es irgendwann - vorwiegend in der Sprache des Klienten -, aufseiten des Anderen ein Bewusstsein für einen bestimmten schwierigen Modus zu installieren. Ein solches Bewusstsein ist gleichzeitig auch ein *Problembewusstsein.*

Der Schemapädagoge kann mit dem Klienten auch mehrere nachteilige Schemamodi gleichzeitig bearbeiten. Für den Anfang reicht die Thematisierung eines Modus aus.

5.2.4 Problembewusstsein beim Klienten erwecken

Erst wenn sich Klienten ihrer kostenverursachenden Persönlichkeitsanteile (Schemamodi) bewusst sind, können sie begreifen, dass sie als *Person* auch einen gewissen Eigenanteil an bestimmten Problemen haben. Parallel hierzu wird auch die üblicherweise vorhandene externale Kausalattribuierung reduziert, das heißt die vorauseilende Auffassung „Der Andere ist schuld, wenn es Probleme gibt".

Ist ein Problembewusstsein á la „Ich habe eine problematische, kostenverursachende Seite in mir" einmal vorhanden, kann der Schemapädagoge in passenden Situationen gemeinsam mit dem Klienten vertiefend am Schemamodus-Verständnis arbeiten.

Situationen hierzu ergeben sich meistens automatisch. Anlässe können auch jüngere Ereignisse sein, in der der Klient gemäß seines maladaptiven Schemamodus gehandelt hat. Entsprechende Interventionen klingen beispielsweise so:

---

22 Ähnlich wird dies auch in der sogenannten *Konfrontativen Pädagogik* praktiziert (WEIDNER & KILB 2008).

- „Na, hat der Mobbing-Max in Dir in der letzten Woche wieder was verzapft?"
- „Was hat Dir der Mobbing-Max dadurch eingebrockt?"
- „Seit wann gibt es den eigentlich? Der war ja nicht von Geburt an da!"
- „Der Mobbing-Max hat Dich früher auch schon oft in Schwierigkeiten gebracht, gell?"
- „In welchen konkreten Situationen denkt und handelt er für Dich?"

Ergeben sich aus solchen Fragen persönliche Unterhaltungen, gemeinsame Reflexionen, trägt der professionelle Helfer viel zur Klärung von maladaptiven Schemamodi bei. Dies führt auch dazu, dass der jeweilige Modus, der an vielen Problemen beteiligt ist, dem Klienten auch im Alltag präsenter ist.

Unter Umständen versteht er sogar, dass diese Persönlichkeitsfacette früher einmal gewinnbringend war, aber nunmehr für viele Konflikte verantwortlich ist.

Kommt es im Beisein des Schemapädagogen einmal zur Aktivierung eines Schemamodus, den man mit dem Klienten schon eingehend besprochen hat, ist flexible Reaktionsbereitschaft gefragt. Der professionelle Helfer kann (a) den Betreffenden mit der Schemamodus-Aktivierung entschieden konfrontieren: „Siehst Du, jetzt spricht der Mobbing-Max aus Dir!"

Auf der anderen Seite ist (b) ist auch eine humorvolle Intervention denkbar: „Oh nein, hier kommt Mobbing-Max!" Die Art der Intervention hängt davon ab, welche Beziehung der Schemapädagoge zum Klienten aufgebaut hat.

Der Klient soll dadurch ein Gespür für die Modus-Aktivierung und ihre Auswirkungen bekommen. Dies führt zu mehr Selbstregulationskompetenz. Aber erfahrungsgemäß lassen sich Schemamodi, wenn aktiviert, nicht von jetzt auf gleich kompetent regulieren.

Trotz des kognitiven Zugangs zur Thematik kommt es in relevanten Situationen wieder zur Auslösung des Modus. Nach einem entsprechenden „Rückfall" ist es wichtig, den Kontakt zum Klienten zu suchen. Der Schemapädagoge lässt dem Anderen zunächst Zeit, um „runterzukommen". Nun wird auf der Metaebene reflektiert und das, was geschehen ist, besprochen.

Man erzählt gemeinsam quasi über einen Dritten: über den Schemamodus. Dies entlastet das *Selbst*wertgefühl des Klienten – er wird ja nicht als Person kritisiert. Auf der anderen Seite wird der Modus Gesunder Erwachsener gestärkt und trainiert für zukünftige Auseinandersetzungen mit dem dysfunktionalen Modus.

Der Betreffende erkennt infolge der Interventionen des professionellen Helfers, dass sein Eigenanteil an bestimmten, sich stets wiederholenden Problemen sehr hoch ist. Nicht die Anderen sind „immer schuld", dass er in seiner ganz eigenen Art (über-)reagiert. Sie lösen lediglich dysfunktionale Schemamodi aus, die der Klient einmal entwickelte.

Es wird nun darauf ankommen, dass der Klient in prekären Lagen zukünftig die Aktivierung des Modus wahrnimmt, zulässt und parallel dazu inneren Abstand zum emotionalen Erleben herstellt. Erst dann ist es möglich, aus den tief eingespurten Handlungsautomatismen auszubrechen.

5.2.5 Unterstützung beim Transfer der erarbeiteten Lösungen in den Alltag

Sobald der Klient die Existenz eines kostenintensiven Schemamodus erkannt und akzeptiert hat, wird er vom Schemapädagogen darauf hingewiesen, dass er nunmehr alleine für die Kontrolle des jeweiligen Modus verantwortlich ist.

Die Auferlegung dieser „Bürde" wird vom Klienten eher angenommen, wenn genügend Beziehungskredit vorherrscht. (Ohnehin achtet der Schemapädagoge darauf, dass er auch weiterhin fürsorglich auf die „wunden Punkte" des Klienten eingeht.)

In dieser Phase macht es sich auch bezahlt, dass der Schemapädagoge bisher dem Klienten Modell „stand" für den Modus des *Gesunden Erwachsenen*. Der Betreffende hat dadurch erfahren, dass es grundsätzlich möglich ist, sich in brisanten Momenten „zusammenzureißen", das heißt erfolgreich Emotionsregulation zu betreiben.

Dies macht Mut und führt gleichzeitig leicht zu dem Wunsch, dem Schemapädagogen nachzueifern. Es kommt auch vor, dass Klienten eine entsprechende Motivation entwickeln, um den professionellen Helfer, der ihnen wichtig geworden ist, nicht zu enttäuschen.

Da der Schemapädagoge wegen seiner authentischen Art und ausgeprägten Frustrationstoleranz leicht als Vaterfigur psychisch vom Klienten verinnerlicht wird, übt Ersterer selbst in Abwesenheit noch einen positiven Einfluss auf Letzteren aus.

Wenn der Klienten etwa in seiner Freizeit in eine brenzlige Situation gerät, aber seinen aktivierten Schemamodus und die damit verbundenen sozial unverträglichen Verhaltensweisen unterdrücken kann, erhält die Hemmung des Automatismus schließlich einen belohnenden Charakter.

Der Klient stellt sich entsprechend oft vor, wie der Schemapädagoge ihn (im Geiste) für seine Leistung lobt, das heißt ihm Anerkennung entgegenbringt. Diese vorgestellte Belohnung führt zu positiven Affekten.

Schemamodus-Memo

Um den Modus *Gesunder Erwachsener* auf solche prekären Situationen vorzubereiten, entwirft der Klient gemeinsam mit dem Schemapädagogen ein sogenanntes Schemamodus-Memo. Dies ist nicht in allen Arbeitsfeldern möglich, aber der Schemapädagoge bezieht das Schemamodus-Memo mit ein, wenn die Rahmenbedingungen dafür gegeben sind.

Das Memo soll die Kenntnis über nachteilige Schemamodi kognitiv verankern und zur dauerhaften Verhaltensänderung beitragen.

Folgendes Memo, das in der Sprache des Klienten gehalten ist, stammt von einem männlichen Jugendlichen. Der Schüler M. ist 17 Jahre alt, und es wird der Schemamodus *Schikanierer- und Angreifer-Modus* thematisiert.

(Wichtig ist, dass der Klient mit eigenen Worten die Erinnerungskarte ausfüllt.) Angelehnt ist das Memo an die Empfehlungen von ROEDIGER (2009b, 84):

Die Erinnerungskarte von M.

1. Benennen einer Situation, in der ich wütend werde

„Wenn ich in meiner Stammkneipe sitze und mich jemand zu lange anguckt."

2. Erkennen der aktivierten Teil-Persönlichkeit

„Ich weiß, dass so eine Situation Wut in mir auslöst, weil dann der aggressive M. in mir hochkommt – er war in ähnlichen Situationen kurzfristig nützlich."

3. Anerkennen des unangepassten Denkens und Realitätsprüfung
„Mein Gedanke, dass der Andere mir schaden will, muss nicht stimmen. Vielleicht schaut er nur „einfach so“ in der Gegend herum. Nicht jeder, der mich anguckt, will sich mit mir schlagen.“

4. Trennen vom alten und Festigung des neuen Verhaltens
„Ich habe bisher immer gleich aggressiv reagiert und dem Anderen Prügel angedroht. Ich könnte mich stattdessen umdrehen und gehen, auch wenn meine Kumpels das uncool finden. Die müssen sich ja nicht mit den Folgen auseinandersetzen.“

Es ist denkbar, dass der Klient das Memo in Form eines Arbeitsblattes im DIN-A5-Format ausfüllt und in seiner Geldbörse verstaut.

In relevanten Situationen kann er dann noch rechtzeitig einen Blick auf die Karte werfen und so möglicherweise die üblichen kostenverursachenden Handlungen unterbinden.

Der Schemapädagoge erkundigt sich beim Klienten regelmäßig über den Einsatz der Erinnerungskarte und verstärkt erfolgreiche Umsetzungen positiv, etwa durch Lob oder kleine Aufmerksamkeiten.

Regelmäßige Gespräche über Aktivierungen des maladaptiven Modus werden auch weiterhin geführt, um den Modus des *Gesunden Erwachsenen* auch zukünftig zu fördern. Entsprechende Einstiege können sein:

- „Na, hat sich der Agro-M. mal wieder am letzten Wochenende gemeldet?“
- „Was hast Du getan, um ihn zu unterdrücken?“
- „Wie hast Du Dich dabei gefühlt?“
- „Wie ist es Dir danach ergangen?“

Ressourcen erwecken
Dem Schemapädagogen ist während der Zusammenarbeit mit dem Klienten die eine oder andere Situationen im Gedächtnis, in der der Klient den Modus *Glückliches Kind* erlebte.

Vielleicht hat er sich dem professionellen Helfer einmal anvertraut und über seine wahren Steckenpferde und beruflichen Zukunftswünsche gesprochen oder

Ähnliches. Wenn er dabei den Eindruck eines „glücklichen Kindes" machte, ist dies ein Hinweis auf seine wahren persönlichen Ressourcen. Diese Vorstellungen werden gemeinsam realistisch eingeschätzt.

Der professionelle Helfer unterstützt die Bewusstwerdung von Ressourcen seitens des Klienten und steht dem Betreffenden hilfreich zur Seite, etwa bei der Organisation von Praktika. Der Schemapädagoge bleibt erreichbar, aber er stellt eine Balance zwischen begrenzter elterlicher Fürsorge und empathischer Konfrontation her.

Im Folgenden werden konkrete Fallbeispiele aus verschiedenen psychosozialen Arbeitsfeldern ausgeführt. An ihnen wird schemapädagogisches Denken und Handeln demonstriert. Alle „Fälle" basieren auf realen Erlebnissen von Klienten. Die Anonymität der Betreffenden wurde gewahrt.

5.3 Einzelfallhilfe

Die Schülerin K. ist 23 Jahre alt und besucht die Fachschule für Sozialpädagogik. Ihr Erscheinungsbild zielt offensichtlich darauf ab, aus der Masse herauszustechen: blau gefärbte Haare, alternative Kleidung, Piercings. Bei der Vorstelllungen zu Beginn des Schuljahres gibt sie an, sie sei „Punkerin aus Leidenschaft" und sie hätte schon zwei Jahre „auf der Straße" gelebt. Ihr Lebensziel: „In einer Kommune in Berlin abseits des Kapitalismus leben und Bücher schreiben". Der Klassenlehrer übergeht bewusst diese „Herausforderungen", nimmt sie ernst und geht kurz, aber authentisch auf ihre Vorstellungen ein, die sie immer wieder in den Unterricht einfließen lässt.

Die ersten Monate der Erzieherausbildung verlaufen unauffällig. Dann mehren sich Vorfälle, die den Klassenlehrer zum Intervenieren zwingen. Kolleginnen und Kollegen berichten, dass K. gegenüber Schülerinnen und Lehrern ausfällig wird. Sie mobbt außerdem aktiv einen bestimmten Mitschüler („Der Dialekt regt mich auf!") und verstrickt Lehrkräfte in ausufernde Diskussionen, in denen sie ihren Gesprächspartnern Bildungslücken nachweisen will; dabei verwendet sie auffällig oft Fachausdrücke aus verschiedenen Wissenschaften. Die Konflikte mehren sich.

Der Klassenlehrer setzt sich mit ihr in einer Pause zusammen. Zuvor führten beide mehrere Telefonate, in denen das manchmal auffällige Verhalten von K. thematisiert wurde. Beide verbindet eine grundsätzliche Sympathie („Sie sind nicht so wie die anderen!"). Auf die Ursache ihres Verhaltens angesprochen, gibt sie als hauptsächlichen Grund an, dass die Lehrer und Mitschüler „alle so dumm sind". Sie wäre für „etwas Höheres" geschaffen und hätte „das alles" eigentlich gar nicht nötig. Sie könne auch gleich wieder „auf die Straße" gehen – wenn die Anderen sie auch weiterhin nerven würden. Angesprochen auf ihr Fehlverhalten im Unterricht zeigt sie Einsicht; stets gelobt sie Besserung – was sich im Nachhinein aber immer als Fehleinschätzung herausstellt.

Obwohl der Klassenlehrer sich um Akzeptanz, Kongruenz und Empathie bemüht und ihr gleichzeitig die Grenzen in Bezug auf ihr Sozialverhalten aufzeigt, kommt es in den drei Jahren der Ausbildung regelmäßig zu entsprechenden Ausuferungen im Unterricht, die sich stets ähneln. Auch ein schriftlicher Verweis trägt nur wenige Wochen zur Entspannung bei. Immer wieder kommt es „zum alten Thema".

Dennoch erreicht sie das Klassenziel und beginnt ein Studium (Sozialpädagogik). Auch an der Fachhochschule wiederholen sich die altbekannten Probleme.

Allgemeines

Die sogenannte Einzelfallhilfe, die in vielen psychosozialen Arbeitsfeldern praktiziert wird, ist eine klassische Methode der Sozialen Arbeit. Die beiden anderen Methoden heißen: Soziale Gruppenarbeit und Gemeinwesenarbeit.

In der Einzelfallhilfe geht es darum, die psychosozialen Probleme einer Person/Familie, die sie nicht aus eigener Kraft bewältigen kann, mithilfe einer professionellen Fachkraft zu beseitigen (KLEINE-KATTHÖFER 2001, 66ff.).

Die Methode stellt eine „Hilfe zur Selbsthilfe" dar, womit das Verhältnis von Helfer und Klient vorauseilend definiert ist. Irgendwann soll der Klient/die Familie aus eigener Kraft seine/ihre Probleme in den Griff bekommen.[23]

Die Einzelfallhilfe hat eine lange Tradition. Sie entstand in den 1920er Jahren in den USA, und es werden aus heutiger Sicht verschiedene Konzepte unterschieden:

1. *Psychosozialer (auch diagnostischer) Ansatz.* Er steht in der Tradition der Psychoanalyse und ist vor allem biografisch orientiert. Der Sozialarbeiter erstellt im Rahmen der Zusammenarbeit mit dem Klienten eine Diagnose und interveniert fallbezogen. Der Fokus der Diagnose liegt vor allem auf den persönlichen Defiziten des Klienten, sie sollen behoben werden.
2. *Funktioneller Ansatz.* Das Hauptaugenmerkt liegt hier auf der sogenannten Wachstumsorientierung. Eine Nähe zur Humanistischen Psychologie liegt vor (siehe Kapitel 1). Die Lösungen der psychosozialen Probleme liegen demnach im Klienten selbst; nicht der Sozialarbeiter weiß um die „Lösungen", sondern derjenige, der Hilfe braucht. Sie gilt es zu finden beziehungsweise umzusetzen.
3. *Problemlösungsorientierter Ansatz.* Die Interventionen werden infolge der Anamnese und Diagnose vom Helfer entworfen – wobei das familiäre Umfeld des Klienten in die Arbeit miteinbezogen wird. Es soll entsprechend den Klienten ebenfalls zur Selbsthilfe motivieren. Ressourcen werden infolgedessen aufgebaut.

---

23 Das eben angeführte Beispiel stammt aus dem Schulalltag des Autors. Es erfüllt damit strenggenommen nicht die Kriterien eines sogenannten Einzelfalls, der etwa von einem Sozialarbeiter übernommen wird. Das Exempel hat lediglich Einzelfall-Charakter, es soll als Einführung in schemapädagogisches Denken und Handeln dienen.

4. *Verhaltensorientierter Ansatz.* In diesem Rahmen werden lernpsychologische Erkenntnisse auf die Einzelfallhilfe übertragen. Die Klienten sollen entsprechend durch positive Verstärkung zu Verhaltensänderungen motiviert werden.

Die unterschiedlichen Konzepte haben trotz der offensichtlichen Differenzen ein Ziel: Der Klient soll dazu befähigt werden, eigenverantwortlich seine Grundbedürfnisse zu befriedigen und darüber hinaus mit seinen persönlichen Schwierigkeiten fertigzuwerden. Einzelfallhilfe richtet sich aber auch, wie schon angedeutet, an Familien (siehe Kapitel 5.5).

Im Rahmen der Sozialen Arbeit gilt hinsichtlich der üblicherweise ganzheitlich ausgerichteten Einzelfallhilfe außerdem der sogenannte Methoden-Dreischritt:

- *Sozialpädagogische Fallstudie/Anamnese.* In dieser Phase werden die Faktoren untersucht, die für das Zustandekommen der jeweiligen Probleme verantwortlich sind (schulische/berufliche Situation, finanzielle Verhältnisse). Der Klient zeigt parallel hierzu aber auch allgemeine Entwicklungen seiner Lebensgeschichte auf. Empathie und Verständnis sind in dieser Phase zwei wesentliche, wichtige Variablen. Neben der Fokussierung der einzelnen Person wird immer auch das soziale Umfeld miteinbezogen.
- *Sozialpädagogische Diagnose.* Die Daten aus der Anamnese werden in der anschließenden Phase verwertet. Der professionelle Helfer kommt zu entsprechenden Schlussfolgerungen, wie genau es zu bestimmten Konflikten kam. Schließlich wird auch ein Plan zur Verbesserung der Verhältnisse kreiert und dem Klienten unterbreitet.
- *Intervention/Behandlung.* Die Interventionen richten sich immer nach den Kriterien des Einzelfalls. Stets finden Beratungsgespräche statt, die vom Helfer angeregt werden. Wie erwähnt, wird auch das soziale Umfeld kontaktiert und in den Fall eingebunden. Auch die Berücksichtigung von anderen Hilfeeinrichtungen ist in vielen Einzelfallhilfen ein Thema.

Es ist wichtig zu erwähnen, dass heutzutage nunmehr die sozialpädagogischen Interventionen im Rahmen der Einzelfallhilfe vorwiegend darauf abzielen, individuelle Stärken aufzudecken und zu fördern.

Das heißt: Ressourcenorientierung steht im Vordergrund, nicht die Defizitperspektive (WENDT 2008).

Auf die empfohlene Beziehungsgestaltung, die in allen psychosozialen Arbeitsfeldern verwirklicht werden soll, wurde schon hingewiesen: Mithilfe von Empathie, Kongruenz und Akzeptanz soll ein Zugang zum Klienten sowie zu seinen Ressourcen gefunden werden.

Neben der Beratung des Klienten wird auch *Unterstützungsmanagement* betrieben, anders gesagt, *Case-Management.* Die mit Case-Management verbundenen Handlungsstrategien bestehen vor allem aus Planung und Organisation.

Das heißt, der professionelle Helfer arbeitet im Rahmen der Einzelfallhilfe gezielt am Aufbau eines „helfenden Netzwerks" (MEINHOLD 2005), das den Klienten ganzheitlich unterstützt.

Die schemapädagogische Perspektive und entsprechende Interventionen können leicht in die Einzelfallhilfe eingebracht werden. Dies soll am oben angeführten Beispiel verdeutlicht werden.

Eigene Schemata und Schemamodi berücksichtigen

Im Rahmen der Fallstudie/Anamnese berücksichtigen Schemapädagogen ihre eigenen Schemata und Schemamodi. Sie sind achtsam im Berufsalltag und bemerken demnach eigene Aktivierungen.

Bei Bedarf werden diese unterdrückt, vor allem, wenn sie direkt durch den Klienten verursacht werden. Eine bewusste Hemmung bestimmter Modi unterbindet den Aufbau einer negativ gefärbten Beziehung.

Wer nichts über Schemata und Schemamodi weiß, lässt sich erfahrungsgemäß leicht manipulieren (siehe Beispiel). Die Schülerin sorgte mit ihrer offensiven, provokanten Art dafür, dass andere Schüler und Lehrer immer wieder zu negativen Reaktionen motiviert wurden, was die Anhängerin der Punker-Szene in ihrer schemagetriebenen Wahrnehmung bestätigte.

Ihre Selbst- und Beziehungsschemata, ihre Welt sozusagen, war nach solchen Zwischenfällen quasi wieder im Lot.

Der Lehrer hingegen unterdrückte weitgehend seinen Modus *Innerer Bestrafer (nach außen wirkend)* sowie andere offensive Modi in den entscheidenden Situationen, und er blieb der Schülerin zugewandt. Ohne dieses Verhalten hätte er wahrscheinlich keinen Zugang zur Jugendlichen gefunden.

Komplementärer Beziehungsaufbau

Da der Lehrer sich außerdem an ihr tiefer liegendes Bedürfnis nach Anerkennung anpasste, baute er kontinuierlich Beziehungskredit auf. Dies führte ihrerseits zu einer Hemmung der Schema- und Schemamodi-Aktivierung in seinem Unterricht. Im Gegensatz zum Unterricht bei seinen Kollegen konnte bei ihm in einem ruhigen Umfeld gelehrt und gelernt werden.

Auch die vertrauensvollen Telefonate zu Beginn des Schuljahres wirkten sich förderlich auf die Beziehungsqualität aus. Der damit verbundene Zeitaufwand hat sich schlussendlich gelohnt. Bei so einer Konstellation ist es außerdem sinnvoll, weitere Interessen der Klientin herauszufinden. Im obigen Fall hätte der Lehrer die wissenschaftlichen Vorlieben, die ja offensichtlich bestanden, erfragen können.

Bringt der Lehrer in so einem Fall der Schülerin ein Fachbuch zu einem bestimmten Thema mit, das er ihr zum Stöbern aushändigt, wird die Beziehung gewöhnlich noch stabiler. Natürlich sollten die anderen Schüler parallel hierzu nicht zu kurz kommen.

Erfahrungsgemäß reichen schon wenige der hier skizzierten Methoden dazu aus, um konfliktauslösende Schemamodi-Aktivierungen im Unterricht zu unterbinden. – Solche Schüler halten sich wegen der Qualität der Beziehung zur Lehrkraft zurück.

Ausbau von vorhanden Kompetenzen

Ressourcenorientiertes Arbeiten darf parallel zum Beziehungsaufbau aber nicht vernachlässigt werden. Hierzu ist es nötig, den Modus *Glückliches Kind* beim Klienten zu fokussieren.

Werden die Steckenpferde, Hobbys oder Interessen von Schülern mit der oben angedeuteten Schema- und Schemamodi-Struktur in einem persönlichen Rahmen angesprochen, kommt es gewöhnlich zur Aktivierung dieses Modus.

Anhand einer positiven Mimik und Gestik offenbart er sich, tatsächlich zeigt er sich auf der kognitiven und affektiven Ebene. Die Betreffenden berichten in entsprechenden Situationen von denjenigen Lebensinhalten, die sie befriedigen.

Wenn der professionelle Helfer über die Hobbys und Vorlieben des Klienten informiert wird, kann er ihn gezielt zur Persönlichkeitsentwicklung motivieren. Das heißt, der Schemapädagoge unterstützt den Betreffenden bei der Entfaltung seiner Talente, indem er etwa Kontakte zu entsprechenden Institutionen knüpft, wo der Klient seine Potenziale verfeinern kann.

Im oben ausgeführten Beispiel hätte der Lehrer der Schülerin einen Einführungskurs für Schriftstellerei an der Volkshochschule empfehlen können oder Ähnliches.

Interesse am Anderen zeigen, ihm neue Entfaltungsmöglichkeiten aufzeigen – das sorgt für den Ausbau von vorhandenen Kompetenzen einerseits sowie für den weiteren Aufbau von Beziehungskredit andererseits. Letzteres ist vor allem dann wichtig, wenn es darum geht, beim Klienten ein Problembewusstsein zu schaffen. Dieser Schritt ist im schemapädagogischen Rahmen unumgänglich.

Problemaktualisierung

Erfahrungsgemäß haben Kinder und Jugendliche – vor allem im Lebensraum Schule – so gut wie kein Bewusstsein von ihren kostenintensiven Schemata sowie Schemamodi. Infolgedessen kommt es regelmäßig zu Aktivierungen und somit zu gleichartigen Konflikten mit dem sozialen Umfeld, an denen aus Sicht des Betreffenden „immer die Anderen daran schuld sind".

Zur Problemaktualisierung kommt es im hier thematisierten Arbeitsfeld quasi von selbst, ohne Animation. Solche Konfliktsituationen werden in der schemapädagogischen Arbeit aufgegriffen.

Sehr vorteilhaft ist es, wenn es im Beisein des professionellen Helfers zu Aktivierungen kommt. Dann steht die Existenz des Fehlverhaltens auf einem festen Fundament.

Im oben skizzierten Beispiel war dies der Fall, zumindest zu Beginn des Schuljahres, als die Schülerin das Umfeld manipulierte. Der Lehrer hat durch eine professionelle Beziehungsgestaltung weitere Aktivierungen in seinem Unterricht unterbunden, aber nicht die zugrundeliegenden Schemamodi bearbeitet.

Die Schülerin entwickelte infolgedessen keinerlei Bewusstsein vom Eigenanteil an den sich stets wiederholenden Konflikten mit den Mitschülern und Lehrern. Daher kam es auch wieder zur Aktualisierung ihrer Probleme an der Fachhochschule.

Problemklärung

Im Rahmen der Einzelfallhilfe muss der Klient irgendwann erkennen, dass auch er an seinen psychosozialen Problemen beteiligt ist, genauer gesagt, seine dysfunktionalen Schemamodi. Maladaptive Schemata sind nicht Gegenstand der Gespräche mit dem Klienten, da es ansonsten eventuell zu einer Re-Traumatisierung kommen kann.

Berichtet der Klient einmal über leidvolle Kindheitserfahrungen, offenbart der Schemapädagoge Empathie und Verständnis; aber er kommt immer wieder auf die Schemamodi zurück, die sich im Hier und Jetzt nachteilig auswirken.

Auf vielerlei Arten kann der Schemapädagoge den Klienten dazu motivieren, über eine bestimmte Persönlichkeitsfacette (Schemamodus) zu reflektieren. Wie oben schon dargelegt, benennt der Klient letztlich selbst den entsprechenden Modus. Über den Modus können Helfer und Klient dann als Objekt, quasi als dritte Person sprechen.

Dies entlastet den Klienten einerseits, aber erschafft gleichzeitig ein Verantwortungsbewusstsein andererseits. Denn wenn Klienten den Modus des *Gesunden Erwachsenen* erleben, sind sie sich gewöhnlich ihrer persönlichen Schattenseiten bewusst.

In Bezug auf obiges Beispiel fand keine Klärung statt.

Aktive Motivation zur Problembewältigung

Ist der Modus des Gesunden Erwachsenen mithilfe des professionellen Helfers gestärkt, wird der Klient in die Verantwortung genommen. Er ist infolge der Schemamodus-Klärung verantwortlich für die Überwachung seines kostenintensiven Modus. („Du sorgst jetzt dafür, dass die fiese K. nicht wieder im Unterricht zum Vorschein kommt, die macht Dir nur Ärger!")

Unter Umständen wird ein Schemamodus-Memo (Kapitel 5.2.4) erstellt – dies unterstützt die Aufgabe effizient.

Erfahrungsgemäß ist ein weiteres Ergebnis der Zusammenarbeit, die bis hierhin geleistet wurde, dass der Klient den Schemapädagogen nunmehr als wichtige Bezugsperson wahrnimmt. Alleine dieser Faktor wirkt aus Sicht des Klienten motivierend.

Er will seine Bezugsperson nicht enttäuschen und versucht sich entsprechend an der Kontrolle seiner kostenverursachenden Persönlichkeitsfacette.

In dieser Phase erkundigt sich der professionelle Helfer immer mal wieder beim Klienten nach dem Stand der Dinge. Kam es zu Rückfällen? Wenn ja, wie hat sich der Klient dabei gefühlt? Wurde ein bestimmter Modus erfolgreich unterdrückt? Wann und wie geschah das? usw.

Der Schemapädagoge belohnt erfolgreiche Versuche und unterstützt den Klienten auch weiterhin.

Deutung des Eingangsfalls und mögliche Interventionen

Die Schülerin K. ist 23 Jahre alt und besucht die Fachschule für Sozialpädagogik. Ihr Erscheinungsbild zielt offensichtlich darauf ab, aus der Masse herauszustechen: blau gefärbte Haare, alternative Kleidung, Piercings (***Modus Impulsiv-undiszipliniertes Kind***). Bei der Vorstelllungen zu Beginn des Schuljahres gibt sie an, sie sei „Punkerin aus Leidenschaft" und sie hätte schon zwei Jahre „auf der Straße" gelebt (***Image „Ich bin etwas Besonderes"***). Ihr Lebensziel: „In einer Kommune in Berlin abseits des Kapitalismus leben und Bücher schreiben" (***Image „Ich bin etwas Besonderes", Modus Impulsiv-undiszipliniertes Kind und Selbsterhöher***). Der Klassenlehrer übergeht bewusst diese „Herausforderungen" (***Tests***), nimmt sie ernst und geht kurz, aber authentisch auf ihre Vorstellungen ein (***komplementäre Beziehungsgestaltung***), die sie immer wieder in den Unterricht einfließen lässt.
Die ersten Monate der Erzieherausbildung verlaufen unauffällig. Dann mehren sich Vorfälle, die den Klassenlehrer zum Intervenieren zwingen. Kolleginnen und Kollegen berichten, dass K. gegenüber Schülerinnen und Lehrern ausfällig wird (***Modus Selbsterhöher***). Sie mobbt außerdem aktiv einen bestimmten Mitschüler (***Modus Schikanierer- und Angreifer-Modus***) („Der Dialekt regt mich auf!") (***Externale Kausalattribuierung***) und verstrickt Lehrkräfte in ausufernde Diskussionen, in denen sie ihren Gesprächspartnern Bildungslücken nachweisen will (***Psychospiel „Ich bin besser als Du"***); dabei verwendet sie auffällig oft Fachausdrücke aus verschiedenen Wissenschaften (***Modus Selbsterhöher***). Die Konflikte mehren sich.
Der Klassenlehrer setzt sich mit ihr in einer Pause zusammen. Zuvor führten beide mehrere Telefonate, in denen das manchmal auffällige Verhalten von K. thematisiert wurde. Beide verbindet eine grundsätzliche Sympathie („Sie sind nicht so wie die Anderen!"). Auf die Ursache ihres Verhaltens angesprochen, gibt sie als hauptsächlichen Grund an, dass die Lehrer und Mitschüler „alle so dumm sind". Sie wäre für „etwas Höheres" geschaffen und hätte „das alles" eigentlich

gar nicht nötig. Sie könne auch gleich wieder „auf die Straße" gehen – wenn die Anderen sie auch weiterhin nerven würden (***Externale Kausalattribuierung***). Angesprochen auf ihr Fehlverhalten im Unterricht zeigt sie Einsicht (***Modus des Gesunden Erwachsenen***); stets gelobt sie Besserung – was sich im Nachhinein aber immer als Fehleinschätzung herausstellt.
Obwohl der Klassenlehrer sich um Akzeptanz, Kongruenz und Empathie bemüht und ihr gleichzeitig die Grenzen in Bezug auf ihr Sozialverhalten aufzeigt, kommt es in den drei Jahren der Ausbildung regelmäßig zu gleichartigen Ausuferungen im Unterricht. Auch ein schriftlicher Verweis trägt nur wenige Wochen zur Entspannung bei. Immer wieder kommt es „zum alten Thema".
Dennoch erreicht sie das Klassenziel und beginnt ein Studium (Sozialpädagogik). Auch an der Fachhochschule wiederholen sich die Probleme (***eventuell: Aktivierung des Schemas Anspruchshaltung/Grandiosität***).

Schemapädagogische Analyse und Interventionen
Der Pädagoge hat authentisch an einer komplementären Beziehungsgestaltung gearbeitet und dabei Durchhaltevermögen bewiesen: er hat Tests über sich ergehen lassen, ohne auf sie einzugehen. Die Images (etwa: „Ich bin Punkerin aus Leidenschaft!") wurden andererseits positiv aufgenommen.
Auf diese Weise – Anpassung an die Motivebene – fand er einen Zugang zur Schülerin. Sie empfand daraufhin Sympathie, weshalb sie ihre kostenintensiven dysfunktionalen Schemamodi und Psychospiele unterließ – zumindest in den Unterrichtsstunden des Klassenleiters. Der Unterricht bei den anderen Lehrern verlief hingegen überwiegend schemagetrieben.
Der Pädagoge hätte in passenden Momenten, in denen seitens der Schülerin der Modus *Gesunder Erwachsener* aktiviert war, Schemamodus-Klärung betreiben können. Dies hätte auch zur Entwicklung eines Problembewusstseins beigetragen; gleichzeitig wäre auch die externale Kausalattribuierung reduziert worden.
Da diese Phasen aber nicht thematisiert wurden, blieben die Probleme (Schemamodi) der Schülerin trotz der üblichen Maßnahmen bestehen, und sie holten K. an der Fachhochschule wieder ein.

5.4 Paarberatung

Ehepaar G. sucht eine Paarberatungsstelle auf. Das Paar ist seit vier Jahren verheiratet. Stefan (35) ist Sozialarbeiter, Lisa (32) Hausfrau. Grund für die Beratung sind häufige Konflikte im Alltag. Das Paar streitet sich oft. Stefan fasst seine Sicht der Dinge zusammen: „Lisa müsste einfach aktiver am Leben teilnehmen, sie ist so passiv! Und sie könnte sich öfter bei mir bedanken!" Lisa hat eine andere Wahrnehmung: „Stefan reißt alles an sich und sieht mich wie ein kleines Kind! Wieso sollte ich ihm dankbar sein?"

Kennengelernt hatten sich beide auf einer Uni-Fete. Er arbeitete gerade am Getränkeausschank. Als sie sich etwas zu trinken bestellte, kamen sie ins Gespräch. Lisa verarbeitete gerade eine missglückte Klausur und war eigentlich nicht zum Flirten aufgelegt. Aber Stefan imponierte Lisa; vor allem durch seine Selbstsicherheit. Sie hörte schon viel Positives über ihn von ihren Freundinnen. Er war in seinem Fachbereich sehr beliebt, da er viele Projekte für Studenten anbot und sich für deren Rechte einsetzte. Noch am ersten Abend wurden ausgiebig ihre Probleme gewälzt. Er interessierte sich sehr für sie – was ihr imponierte.

Die Chemie stimmte vom ersten Moment an. Es folgten weitere Treffen – und Stefan half Lisa bei ihrem Studium (letztlich bestand sie aber aufgrund von Panikattacken und diversen Erkrankungen ihre Abschlussprüfungen nicht). Sie war totunglücklich, und Stefan stand ihr beiseite. Daraus zog er viel Selbstbestätigung. („Ich fühle mich gut, wenn ich meinen Mitmenschen helfen kann!")

Nachdem Stefan sein Studium erfolgreich beendete und gleich eine Anstellung fand, bezogen die beiden eine gemeinsame Wohnung. Der Sozialarbeiter bestand darauf, die Miete selbst zu bezahlen. Er organisierte den Haushalt, die Finanzplanungen, die Freizeit. Das Grundthema „Sorgen und umsorgt werden" stellte die Basis der Partnerschaft dar. Schließlich musste Lisa nur noch Stichwörter geben, Stefan reagierte irgendwann automatisch („Hunger!", „Langweilig!", „Krank").

In dieser Zeit begannen die Probleme, die nunmehr den Partnerschaftsalltag bestimmen. Lisa wurde das „ständige Umsorgen" zu viel. Auf der anderen Seite tat sie aber nichts gegen ihren Lebensstil, den der Paarberater nach einigen Treffen als passiv diagnostiziert. Im Gegenteil, sie verstärkte ihn sogar unbewusst, versagte auffällig oft bei Vorstellungsgesprächen, die Stefan mit verschiedenen Arbeitgebern vereinbarte. Sie machte „aus Versehen" Fehler bei den simpelsten Haushaltsaufgaben (falsche Programmierung der Waschmaschine, fehlerhafte Bedienung des Herds, unzureichender Wohnungsputz). Dies brachte Stefan regelmäßig auf die Palme. Diese Art Stress ertränkte er meistens in Rotwein. „Die

Hilflosigkeit, die Lisa seit Beginn der Partnerschaft an den Tag legt, empfinde ich schon lange nicht mehr als angenehm", sagt er in einer Sitzung.
Zwei Monate vor Beginn der Paarberatung spitzten sich die Konflikte zu. Lisa beschwerte sich darüber, dass er zu selten zu Hause sei, er hätte zu viele „Baustellen" (ehrenamtliche Tätigkeiten in pädagogischen Einrichtungen). Sie wünschte sich mehr Nähe und Unterstützung, er mehr Dank für seine Hilfsbereitschaft.
Eine Scheidung wäre für beide eine Katastrophe, sie läge aber im Falle einer Stagnation der Verhältnisse für beide im Bereich des Möglichen.

Allgemeines

Paarberatung im Kontext der psychosozialen Arbeit wird an Erziehungsberatungsstellen angeboten. Die professionellen Helfer sind meistens ausgebildete Sozialpädagogen oder Sozialarbeiter mit einer Zusatzausbildung, häufig eine systemisch orientierte (VON SCHLIPPE 1995). Es gibt verschiedene Sozialformen. Der Berater arbeitet je nach Fall mit Einzelpersonen, Paaren oder auch mit Familien.

In diesem Arbeitsfeld ergeben sich aufgrund der Rahmenbedingungen einige Änderungen im Schemapädagogik-Ablauf. Die Phase des (üblicherweise verdeckten) komplementären Beziehungsaufbaus fällt weg. Im Paartherapie-Setting drängt sich eine offene, transparente Psycho-Edukation auf, da die Paare sich der Existenz von Problemen bewusst und demnach motiviert sind, die Verhältnisse zu verbessern.

In Bezug auf die Beziehungsgestaltung heißt das: die populären Beratervariablen Empathie, Kongruenz und Akzeptanz reichen aus, um mit den Klienten effizient arbeiten zu können.

Der Berater achtet, wie auch im Arbeitsfeld Sozialpädagogischen Familienhilfe der Fall (Kapitel 5.5), auf die Wahrung der Neutralität. Er ist sich darüber bewusst, dass manche Partner den Berater dazu animieren, eine Allianz gegen den Anderen zu schmieden.

Auch der Faktor Problemaktualisierung ist hiervon betroffen, das heißt er spielt aus dem genannten Grund ebenfalls keine Rolle in der Paarberatung. Das Paar gibt ja bereitwillig Auskunft über den Beziehungsalltag und über die anfallenden Unstimmigkeiten. Diese Informationen sind die Ausgangsbasis der schemapädagogischen Interventionen.

Die im Folgenden skizzierten Feststellungen und Vorgehensweisen sind auf das Eingangsbeispiel zugeschnitten; sie orientieren sich an dem kürzlich erschienen Transfer des Schematherapieansatzes auf die Paartherapie (ROEDIGER & JACOB 2010). Im Anschluss daran werden verschiedene Möglichkeiten und Innovationen für die psychosoziale Arbeit mit Paaren beschrieben.

Problemklärung

Der Berater führt das Paar in die Grundlagen des Schemamodells ein. Es wird geklärt, was Schemata sind und wie sie entstehen. Ebenfalls wird besprochen, welche Auswirkungen die innerpsychischen Faktoren auf den Partnerschaftalltag im Hier und Jetzt haben bzw. hatten (SCHULZE 2009). (Die Beschreibung der Schemamodi erfolgt erst später, wenn es um Konfliktlösungen geht.)

Infolge der gemeinsamen Arbeit mit dem Berater kommt Stefan zu dem Schluss, dass das Schema *Aufopferung* seit langer Zeit eine große Rolle in seinem Leben spielt. Hierfür spricht seine Ausbildungs- und Berufswahl sowie seine aktuellen Freizeitbeschäftigungen.

Aber auch seine Partnerwahl ist aller Wahrscheinlichkeit davon betroffen. Denn Lisa wirkte offensichtlich hilfsbedürftig, und auch ihre bisherigen Erlebnisse sprechen für die Existenz eines maladaptiven Schemas; gemeint ist das Muster *Abhängigkeit/Inkompetenz.*

Daher lautet das Resümee: Die Partner fühlten sich unbewusst von den komplementären (passenden) Eigenschaften des Anderen angezogen. Stefan offenbarte sich als Helfer, Lisa als Hilfsbedürftige.

Diese Ausführungen erinnern zweifellos an die Arbeiten des Paartherapeuten JÜRG WILLI (1975/2001). In seinem *Kollusionskonzept* (lat.: colludere: zusammenspielen) beschreibt er vier verschiedene Muster, die in vielen Partnerschaften das Zusammenleben prägen.

Das oben ausgeführte Beispiel kann als sogenannte *orale Kollusion* gelten. Der entsprechende Interaktionszirkel heißt (ebenda, 101): „Ich [Stefan] bin so fürsorglich, weil Du so pflegebedürftig bist - ich [Lisa] bin so pflegebedürftig, weil Du so fürsorglich bist".

Wieso ist eine solche Partnerwahl nicht geradezu ideal? Schließlich passen sich beide Partner aneinander an und spielen bereitwillig ihre zugedachten Rollen. Das Problem liegt darin, dass solche Zweierbeziehungen stagnieren und die Beteiligten somit notwendigerweise frustrieren. Denn der Helfer ist stets darauf angewiesen, dass der Hilflose auch hilflos bleibt; er braucht ja jemand, den er umsorgen kann, gleichzeitig „nervt" es ihn irgendwann.

Der Hilflose andererseits dankt dem Anderen nicht mehr für seinen Einsatz, die Position des permanent Untergebenen wirkt sich auf Dauer demotivierend aus.

Irgendwann kommt es zu einem Interaktionszirkel, der den wesentlichen Paarkonflikt ausmacht, nämlich (ebenda): „Ich [Stefan] bin so vorwurfsvoll und abweisend, weil Du so unersättlich und undankbar bist – ich [Lisa] bin so unersättlich und undankbar, weil Du so vorwurfsvoll und abweisend bist".

Aktive Motivation zur Problembewältigung

Wenn die Partner ihre bisherigen Beziehungen und die aktuelle Partnerwahl unter dem Gesichtspunkt des komplementären Prinzips betrachten, kommt es erfahrungsgemäß zur allgemeinen Verwunderung, aber auch zu Aha-Effekten. Plötzlich werden Parallelen zwischen der Biografie und den aktuellen Verhältnissen erkannt.

Das kann sehr verstörend wirken. Nicht selten haben die Beteiligten dann das Gefühl, das bisherige Leben nicht richtig gelebt zu haben. Durch die Reflexionen wird ja gerade das Verhalten infrage gestellt, das den Betreffenden eine wesentliche Stütze im Leben war.

In dieser Phase muss der Berater positiv intervenieren, er deklariert die charakterlichen Einseitigkeiten nicht als Schwächen oder Neurosen. Lässt er das Paar in einer Sitzung, in der maladaptive Schemata bewusst gemacht werden, mit ihrer Erkenntnis alleine, kann das sehr belastend für die Beteiligten sein. Deshalb muss er Ängste und vorschnelle irrationale Schlussfolgerungen der Klienten ausbalancieren.

Der Berater nutzt die Gegebenheit, dass Klienten beim gemeinsamen Reflektieren vorwiegend im Modus des *Gesunden Erwachsenen* sind. Darauf lässt sich die weitere Vorgehensweise aufbauen.

Den Partnern sollte klar werden, dass sie nicht mit ihrem Charakter auf die Welt gekommen sind, sondern infolge von bestimmten sozialen Erfahrungen so geprägt wurden. So hat Stefan, das kam schließlich heraus, viel Anerkennung für seine Hilfsbereitschaft in der frühen Kindheit und Jugend ausgesprochen bekommen. Außerdem musste er sehr früh viele Aufgaben in seiner Familie übernehmen und Dinge regeln, die eigentlich Aufgaben von Eltern sind. Auf der anderen Seite wurde Lisa nur dann in ihrer Familie wahrgenommen, wenn sie Anzeichen von Hilflosigkeit offenbarte.

Nachdem die Biografie der beiden in diesem Sinne beleuchtet wird, kann fortan ressourcenorientiert gearbeitet werden. Der Berater weist das Paar darauf hin, dass in den aktuellen Konflikten eine große Chance gemeinsamen Wachstums liegt. Wenn eingefahrene Interaktionszirkel durchschaut werden, kann ein völlig neuer Zugang zu Lösungen gefunden werden.

Die Partner verstehen einander besser, und sie können auch zukünftig anders aufeinander zugehen. Außerdem muss das neurotische Zusammenspiel „Pflegen und gepflegt werden" abgeschwächt werden, damit beide Individuen neue Potenziale freisetzen können.

Hierzu muss das Paar zunächst lernen, die altbekannten Schema-Aktivierungen im Alltag wahrzunehmen und zu stoppen beziehungsweise auch mal mit einer Art Humor wahrzunehmen.

Nach der bewussten Hemmung sollten beide in den Modus des Gesunden Erwachsenen wechseln und neue Kompromisse beschließen können. Hierzu können sich die Partner auch gegenseitig motivieren.

ROEDIGER (2009a, 256) schlägt vor, gemeinsam ein Codewort festzulegen, das einer der beiden ausspricht, wenn er beim Anderen eine Schema-Aktivierung bemerkt (etwa: „Banane").

Um einem möglichen Missverständnis vorzubeugen: Das Ziel der Vorgehensweisen ist nicht, dass Stefan seiner Frau überhaupt keine Unterstützung mehr anbieten soll. Ebenso wenig impliziert das Gesagte, dass Lisa plötzlich ihre Angelegenheiten selbst erledigen muss.

Es geht um die Ausbalancierung von festgefahrenen Positionen und darum, gewissermaßen einen Mittelweg zu finden.

Der Berater kann den Partnern auch Hausaufgaben diktieren, die im gemeinsamen Wohnraum ausgeführt werden sollen. In Bezug auf obigen Fall kann das so aussehen: Lisa (a) verfasst selbstständig zwei Bewerbungen und (b) kocht dreimal in der Woche für Stefan einfache Gerichte. Außerdem soll sie während dieser Aufgaben auf ihren Modus *Manipulierer, Trickser, Betrüger* achten, der solche Projekte schon oft aus dem Verborgenen heraus sabotiert hat.

Stefan wiederum muss seinerseits in drei Situationen, in der er Lisa bei ihren

Hausaufgaben automatisch helfen will,

- (a) seine Schema-Aktivierung bemerken und
- (b) bewusst unterdrücken. Hat Lisa ihre Hausaufgaben erfolgreich absolviert, muss er sie
- (c) dafür loben (dies entspricht dem Prinzip der Nachbeelterung).

Wenn er sich darüber ärgert, dass er zu wenig Anerkennung für seine uneigennützige Hilfsbereitschaft erfährt, muss er seinen Modus *Distanzierter Selbstberuhiger* im Auge behalten, und somit seinen unkontrollierten Rotweinkonsum.

Durch diese Interventionen entsteht eine neue Paar-Dynamik. Lisa erkennt, dass sie nicht so hilflos ist, wie sie meint. Die Anerkennung von Stefan verstärkt entsprechende Aktivitäten.

Stefan wird sich darüber klar, dass er nicht in allen Lebensbereichen die Anderen mit seiner Helferambition beeindrucken muss. Er kann sich mehr auf seinen Beruf konzentrieren.

Erfolgreiche Schemaheilungsversuche sollten vom Paar irgendwann selbst bemerkt und positiv verstärkt werden, etwa in Form von Belohnungen, die die beiden vorab als solche definieren.

Deutung des Eingangsfalls und mögliche Interventionen

Ehepaar G. sucht eine Paarberatungsstelle auf. Das Paar ist seit vier Jahren verheiratet. Stefan (35) ist Sozialarbeiter, Lisa (32) Hausfrau. Grund für die Beratung sind häufige Konflikte im Alltag. Das Paar streitet sich oft. Stefan fasst seine Sicht der Dinge zusammen: „Lisa müsste einfach aktiver am Leben teilnehmen, sie ist so passiv! Und sie könnte sich öfter bei mir bedanken!“ (***Kompensation des Schemas Aufopferung***) Lisa hat eine andere Wahrnehmung: „Stefan reißt alles an sich und sieht mich wie ein kleines Kind! Wieso sollte ich ihm dankbar sein?“ (***Kompensation des Schemas Abhängigkeit/Inkompetenz***)
Kennengelernt hatten sich beide auf einer Uni-Fete. Er arbeitete gerade am Getränkeausschank. Als sie sich etwas zu trinken bestellte, kamen sie ins Gespräch. Lisa verarbeitete gerade eine missglückte Klausur und war eigentlich nicht zum Flirten aufgelegt. Aber Stefan imponierte Lisa; vor allem durch seine Selbstsicherheit. Sie hörte schon viel Positives über ihn von ihren Freundinnen. Er war in seinem Fachbereich sehr beliebt, da er viele Projekte für Studenten anbot und

sich für deren Rechte einsetzte (***Erduldung des Schemas Aufopferung***). Noch am ersten Abend wurden ausgiebig ihre Probleme gewälzt. Er interessierte sich sehr für sie – was ihr imponierte.
Die Chemie stimmte vom ersten Moment an. Es folgten weitere Treffen – und Stefan half Lisa bei ihrem Studium (letztlich bestand sie aber aufgrund von Panikattacken und Erkrankungen ihre Abschlussprüfungen nicht) (***Erduldung des Schemas Abhängigkeit/Inkompetenz***). Sie war totunglücklich, und Stefan stand ihr beiseite. Daraus zog er viel Selbstbestätigung. („Ich fühle mich gut, wenn ich meinen Mitmenschen helfen kann!")
Nachdem Stefan sein Studium erfolgreich beendete und gleich eine Anstellung fand, bezogen die beiden eine gemeinsame Wohnung. Der Sozialarbeiter bestand darauf, die Miete selbst zu bezahlen. Er organisierte den Haushalt, die Finanzplanungen, die Freizeit (***Erduldung des Schemas Aufopferung***). Das Grundthema „Sorgen und umsorgt werden" stellte die Basis der Partnerschaft dar. Schließlich musste Lisa nur noch Stichwörter geben (***Erduldung des Schemas Abhängigkeit/Inkompetenz***), Stefan reagierte irgendwann automatisch („Hunger!", „Langweilig!", „Krank").
In dieser Zeit begannen die Probleme, die nunmehr den Partnerschaftsalltag bestimmen. Lisa wurde das „ständige Umsorgen" zu viel (***Modus Aggressiver Beschützer***). Auf der anderen Seite tat sie aber nichts gegen ihren Lebensstil, den der Paarberater nach einigen Treffen als passiv diagnostiziert. Im Gegenteil, sie verstärkte ihn sogar unbewusst, versagte auffällig oft bei Vorstellungsgesprächen, die Stefan mit verschiedenen Arbeitgebern vereinbarte (***Modus Manipulierer, Trickser, Lügner***). Sie machte „aus Versehen" Fehler bei den simpelsten Haushaltsaufgaben (falsche Programmierung der Waschmaschine, fehlerhafte Bedienung des Herds, unzureichender Wohnungsputz) (***Modus Manipulierer, Trickser, Lügner***). Dies brachte Stefan regelmäßig auf die Palme. Diese Art Stress ertränkte er meistens in Rotwein (***Modus Distanzierter Selbstberuhiger***). „Die Hilflosigkeit, die Lisa seit Beginn der Partnerschaft an den Tag legt, empfinde ich schon lange nicht mehr als angenehm", sagt er in einer Sitzung.
Zwei Monate vor Beginn der Paarberatung spitzten sich die Konflikte zu. Lisa beschwerte sich darüber, dass er zu selten zu Hause sei (***Modus Ärgerliches (bzw. Wütendes) Kind***), er hätte zu viele „Baustellen" (ehrenamtliche Tätigkeiten in pädagogischen Einrichtungen). Sie wünschte sich mehr Nähe und Unterstützung, er mehr Dank für seine Hilfsbereitschaft.

Schemapädagogische Analyse und Interventionen

Bei Stefan und Lisa handelt sich um eine sogenannte komplementäre Partnerwahl. Sein zentrales Schema *Aufopferung* korrespondiert mit ihrem Muster *Abhängigkeit/Inkompetenz.* Zu Beginn der Partnerschaft ergänzen sich beide hervorragend. Lisa ist glücklich darüber, dass Stefan ihr bei ihren Lebensproblemen hilft, er schöpft daraus Selbstbestätigung.

Zum Konflikt kommt es schließlich, weil die beiden Positionen im Laufe der Zeit unflexibel geworden sind. Die Partnerschaft stagniert: Stefan stemmt irgendwann widerwillig die Organisation der Beziehung, bekommt aber dafür von Lisa kein Lob, da auch sie mit der Gesamtsituation unzufrieden ist, sie empfindet sich als hilflose Person.

Die Paarberatung zielt nun darauf ab, die einseitige Rollenverteilung auszubalancieren. Das heißt, Lisa muss selbstständiger werden, andererseits muss Stefan solche Tendenzen entgegen seines zentralen Schemas positiv verstärken. Auf der anderen Seite sollte Stefan lernen, auch eigene Bedürfnisse und Ansprüche gegenüber Lisa anzumelden. In diesen Situationen sollte sie die Aktivierung ihres Schemas *Verstrickung/unentwickeltes Selbst* bemerken und unterdrücken; ansonsten reagiert sie auf das Verhalten von Stefan negativ.

Es bietet sich im Rahmen der Beratung außerdem an, Schema- und Schemamodus-Memos zu verfassen, die die Partner mit nach Hause nehmen und in ihre neuartige Alltagsgestaltung integrieren.

5.5 Sozialpädagogische Familienhilfe

Die Familienhelferin Frau G. unterstützt seit einem halben Jahr die alleinerziehende Mutter Maria (46) und ihre Tochter Sara (17). Die beiden leben in einem gemeinsamen Haushalt. Maria ist arbeitslos, Sara besucht eine Fachschule. Ihren Vater Heinz (53) sieht Sara nicht oft, worunter sie sehr leidet. Ihre Eltern haben sich vor zwei Jahren getrennt.

Mutter und Tochter haben aktuell ein angespanntes Verhältnis. Das liegt laut Sara, mit der Frau G. häufig unter vier Augen spricht, überwiegend am neuen Freund ihrer Mutter. „Er ist so aggressiv wie all die anderen vorher!“ Der 50jährige Dachdecker Mike kommt häufig zu Besuch. Ausschließlich abends, wenn die Familienhelferin nicht mehr anwesend ist. Er und Maria veranstalten dann meistens ein Trinkgelage. Im Laufe der Zecherei geraten die beiden aneinander. Die Tochter verlässt daraufhin die Wohnung und übernachtet bei ihrer Freundin – es

kommt dann auch bei ihr zum Alkoholmissbrauch und zu selbstschädigendem Verhalten (Ritzen).
Laut Sara arten die Abende, an denen ihre Mutter mit ihrem Freund trinkt, manchmal in Handgreiflichkeiten aus. Mike hat Sara bisher stets in Ruhe gelassen. Aber sie hat Angst vor ihm, vor allem, wenn sie nach solchen Abenden bemerkt, dass das Gesicht ihrer Mutter einige Schrammen und Hämatome aufweist. Trotzdem lässt Maria nichts über Mike kommen. Im Gegenteil: Wenn ihre Tochter sie mit ihren Verletzungen im Gesicht konfrontiert, verliert sie die Fassung, zweimal hat sie unkontrolliert auf Sara eingeschlagen. Als Frau G. Maria auf ihren neuen Freund anspricht, sagt Maria: „Er ist ein netter Kerl!"
Die Familienhelferin stößt noch auf ein weiteres Problem: Sara fehlt oft in der Schule; meistens nach besagten Abenden. Die erste Mahnung aufgrund unentschuldigter Fehlzeiten kam schon per Post – was wiederum zum Streit zwischen Mutter und Tochter führte. Ansonsten sind ihre Noten recht gut.
Die Familienhelferin baut zu Mutter und Kind ein vertrauensvolles Verhältnis auf und unterstützt sie bei alltäglich anfallenden Aufgaben. Maria erzählt ihr reflektiert unter vier Augen, dass ihre Kindheit sehr schlimm gewesen sei. Ihr Vater sei ein gewalttätiger Säufer gewesen, der sie und ihre Mutter oft psychisch und physisch gequält hätte.
Nach solchen biografisch orientierten Gesprächen ist Maria regelrecht ergriffen und einsichtig. Eines Tages kommt während einer solchen Unterhaltung Sara die Tür herein. Die Mutter bricht spontan in Tränen aus, umarmt ihre Tochter und bittet sie um Vergebung. Frau G. stellt noch am selben Tag mit den beiden eine Liste zusammen, die zukünftige Kommunikations- und Verhaltensregeln beinhaltet. Unter anderem wird auch schriftlich fixiert, dass der Kontakt zu Mike unterbunden werden soll, weil er eine Gefährdung für Mutter und Kind darstellt. Sara verpflichtet sich, nicht mehr die Schule zu schwänzen. Falls die Abmachungen nicht eingehalten werden und es zu weiteren körperlichen Schädigungen kommt, so der Konsens, schaltet Frau G. das Jugendamt ein.
Zwei Tage nach der Erstellung des Plans besucht die Helferin erneut die Familie. Sie wird von Maria empfangen, die ihr noch an der Tür eröffnet: „Sara ist abgehauen, ich weiß auch nicht, warum!" Maria trägt dickes Make-up, aber Frau G. bemerkt, dass Maria ein blaues Auge hat – und eine Alkoholfahne.

Allgemeines

Die Sozialpädagogische Familienhilfe (SPFH) wird als ambulante Hilfe zur Erziehung definiert (KREUZER 2001). Das Angebot wird von so gut wie allen örtlichen

Jugendämtern angeboten.

Eine für die Maßnahme zuständige Familienhelferin sucht in der Regel mehrmals in der Woche die Familie, um die es geht, in ihren eigenen vier Wänden auf und unterstützt und betreut sie. Im Interesse der Helferin stehen unter anderem:

- Alltags-, Beziehungs- und Kommunikationsprobleme,
- Erziehungsangelegenheiten,
- Erziehungsfehler (Gewalt, Missbrauch, Gleichgültigkeit).

SPFH ist längerfristig angelegt und kann sich über mehrere Monate erstrecken. Doch nicht selten stoßen professionelle Helfer in diesem Arbeitsfeld auf ein bestimmtes Problem: Nicht immer sind die Familienmitglieder motiviert, das Angebot auch anzunehmen.

Dies führt in Bezug auf die hier dargestellten schemapädagogischen Perspektive häufig zu energischen Tests, Images und Psychospielen in der Anfangsphase der SPFH (siehe unten). Diese muss die Familienhelferin bestehen und eigene Schemamodi bewusst unterdrücken.

Verschiedene Arbeitsansätze werden in der SPFH vertreten (HOFGESANG 2005). Je nach theoretischem Hintergrund wendet die Helferin verschiedene Interventionen an. Im Allgemeinen ist festzustellen, dass systemisches Arbeiten und Ressourcenorientierung im Vordergrund der SPFH stehen.

In Bezug auf die systemische Perspektive heißt das: Das Verhalten von Vater, Mutter, Kind muss vor dem Hintergrund des Familiensystems betrachtet werden. Die Verhaltensweisen der Beteiligten stehen in Wechselbeziehungen: *Das Tun des Einen ist das Tun des Anderen.*

Kommt es beispielsweise zu individuellen Krisen, so wird das Familiensystem als Ganzes davon in Mitleidenschaft gezogen. Unter Umständen kommt es dann auch zur Herausbildung eines „Sündenbocks", an dem verschiedene Konflikte gleichzeitig ausgetragen werden.

Der Betreffende ist dann quasi der Symptomträger, der stellvertretend für einige familiäre Probleme steht.

Während der Praxis der familienorientierten Interventionen wird auch irgendwann ein Hilfeplan unter Beteiligung der einzelnen Familienmitglieder erstellt, in denen kurzfristige und langfristige Ziele festgehalten werden. Jeder kommt zu Wort und wird erhört. Dabei geht es um die Verbalisierung von Wünschen, Ängsten und um andere relevante Anliegen.

Die Familienhelferin wahrt entsprechend der systemischen Arbeitsweise Neutralität, das heißt, sie verbündet sich nicht mit einem Familienmitglied. Das Thema Kindeswohlgefährdung ist trotz der neutralen Einstellung stets hoch relevant.

Da die SPFH eine familienerhaltende Methode ist, hat sie folgendes Ziel: Die Familie soll dazu befähigt werden, ihre Schwierigkeiten selbst in den Griff zu bekommen und die Zukunft selbst zu bewältigen. Die Maßnahme hat also wieder den Charakter einer Hilfe zur Selbsthilfe.

Die SPFH stellt die Fachkraft vor hohe Anforderungen. Sie wird selbst Teil des Systems und damit muss sie kompetent umgehen. Sie bewegt sich geradezu in einem Spannungsfeld zwischen Wertschätzung und Zurückhaltung einerseits und Provokation und Veränderung andererseits.

Das heißt, die Familienhelferin muss eine vertrauensvolle Beziehung aufbauen, darf aber dabei nicht ihr Ziel aus den Augen verlieren; dieses Ziel wird nicht durch Anpassung alleine erreicht. Reine Anpassung führt auf Klientenseite nicht zur Veränderung.

Netzwerkarbeit ist auch in diesem Arbeitsfeld ausdrücklich erwünscht. Gerade bei Familien, die sich überwiegend von der Gesellschaft abgeschottet haben, ist es Programm, das System nach außen hin zu öffnen.

In der Diagnostikphase geht es daher auch um Fragen wie: Welches Bild hat die Familie von sich selbst? Welche aushäusigen Kontakte unterhalten die Familienmitglieder?

Oft zeigt sich bei problematischen Gruppen die Tendenz zur sozialen Isolation. In solchen Fällen interveniert die Familienhelferin gezielt. Die einzelnen Mitglieder werden entsprechend Schritt für Schritt „vergesellschaftet", sozial vernetzt. Hierzu veranstaltet die Familienhelferin gemeinsame Projekte, Ausflüge, Spielabende, an denen auch Personen aus dem Umkreis teilnehmen. Diese Interventionen sollen außerdem Ressourcen aktivieren und fördern.

Eigene Schemata und Schemamodi berücksichtigen

In diesem Arbeitsfeld dürfte es aufseiten des professionellen Helfers häufig zur

Auslösung eigener Schemata und Schemamodi kommen. Schließlich erlebt man bei der Arbeit mit problembeladenen Familien des Öfteren Konfliktsituationen, die Parallelen zur eigenen Biografie aufweisen können.

Das kann dann sehr schnell Stress auslösen. Diese Gegebenheit muss die Familienhelferin berücksichtigen, sprich einen hohen Grad an Achtsamkeit aufbringen, damit entsprechende eigene Aktivierungen auch bemerkt werden.

Fehlt eine solche schemafokussierende Aufmerksamkeit, neigt die Fachkraft naturgemäß zur subjektiven Verzerrung der realen Verhältnisse. Die Interventionen, die aus solchen Wahrnehmungsverzerrungen resultieren, verfehlen daher meistens ihr Ziel.

Auf der anderen Seite, und das ist ein großer Vorteil, können in diesem Arbeitsfeld maladaptive Schemamodi bei den Familienmitgliedern leicht diagnostiziert werden, da man ja unmittelbar am Familienleben teilnimmt und überwiegend die Rolle eines Beobachters hat.

Komplementärer Beziehungsaufbau

Wer Familien häufiger aufsucht, der weiß auch irgendwann um die zentralen Bedürfnisse und Schemamodi der einzelnen Mitglieder. Gezielt kann dann ein komplementärer Beziehungsaufbau stattfinden, ohne den die Konfrontation mit den kostenverursachenden innerpsychischen Mustern später hinaus nicht gelingt.

Wie oben schon ausgeführt, lohnt das Registrieren von Psychospielen, Tests und Images; sie weisen den Weg zu den frustrierten Grundbedürfnissen. Alleine schon spezifische Aussagen von Familienmitgliedern können Images kommunizieren und so unbewusste Anliegen verraten.

Auch anhand der Art der bevorzugten Freizeitbeschäftigungen lassen sich bestimmte Grundbedürfnisse ableiten, die eine große Rolle im Leben des Betreffenden spielen. So neigen zum Beispiel viele Jugendliche zum Chatten am PC.

Nicht selten ist dieses Hobby eine sekundäre Befriedigung des Bedürfnisses nach Bindung, das aus Sicht des Betreffenden in der Realität nicht ausgelebt werden kann. Beobachtet man zufällig einmal ein Familienmitglied beim Chatten, kann man die Situation direkt aufgreifen.

Verschiedene Interventionen bieten sich an. Es schadet mit Sicherheit nicht, wenn man von eigenen Erlebnissen am PC berichten kann. Vielleicht erzählt man auch humorvoll von eigenen Blinddates. Hat man keine erlebt, darf man in der Phase des Beziehungsaufbaus ein entsprechendes Erlebnis erfinden.

Es geht ja prinzipiell immer auch darum, das Bedürfnis nach Solidarität auf Klientenseite zu befriedigen; dieses Bedürfnis ist neben Anerkennung erfahrungsgemäß meistens vorwiegend existent.

Ausbau von vorhanden Kompetenzen

Hat die Familienhelferin mit (möglichst) allen Personen im Haushalt einen vertrauensvollen Kontakt hergestellt, bietet sich eine Förderung der vorhandenen Kompetenzen an. Im angeführten Beispiel wurde erwähnt, dass die schulischen Leistungen der jungen Frau im oberen Leistungsbereich liegen. Darauf lässt sich zum Beispiel aufbauen.

Trifft man in der Familie auf Teenager, die gute Leistungen in einem bestimmten Fach zeigen, darf man authentisch Anerkennung dafür aussprechen und Respekt zeigen. Hegen Jugendliche großes Interesse für ein konkretes Thema, ist gezieltes Intervenieren angebracht. Vielleicht bringt die Familienhelferin beim nächsten Besuch ein Sach- oder Fachbuch zur Materie mit, das sie der Schülerin ausleiht.

Eventuell kann man auch gemeinsam im Internet nach ansprechenden Artikeln suchen und sie besprechen, möglich ist auch ein gemeinsamer Besucht der Stadtbibliothek oder Ähnliches. Dadurch wird das Interesse des Jugendlichen positiv verstärkt, und daraus können unter Umständen neue Betätigungsfelder entstehen.

Wenn Familienmitglieder hingegen ein sehr schwaches Ich und keinerlei Bewusstsein von ihren Stärken haben, können ressourcenorientierte Fragen gestellt werden. Sie dienen dazu, aufseiten des Klienten ein Bewusstsein für die eigenen Kompetenzen zu erschaffen.

Der Schemapädagoge stellt sogenannte Wie-Fragen. Diese können sich auf die familiäre Gesamtsituation beziehen (etwa an Maria: „Wie hast Du es geschafft, dass Sara so nett zu ihren Mitmenschen ist?"); aber auch konkrete Handlungen können aufgegriffen werden („Wie hast Du das Mittagessen zubereitet? Es schmeckt gut"). Durch das *Wie* wird der Gesprächspartner zur Selbstachtsamkeit animiert. Er geht Schritt für Schritt die Handlungsschritte durch, die er ausgeführt hat. Auf diese Weise entsteht leicht ein Gefühl für die Eigenwirksamkeit nach dem Motto: „Ich kann ja doch etwas!"

Problemaktualisierung

In Bezug auf den Faktor Problemaktualisierung ergeben sich gewöhnlich keine Schwierigkeiten. So kommt es erfahrungsgemäß oft im Beisein des Helfers zur Aktivierung von Schemamodi, die

- (a) bemerkt,
- (b) eingeordnet und
- (c) irgendwann in den Fokus der Interventionen rücken müssen.

Im oben ausgeführten Beispiel können verschiedene Schemata und Modi diagnostiziert werden. Die Partnerwahl der Mutter lässt die Annahme zu, dass bei ihr das Schema *Misstrauen/Missbrauch* eine Rolle spielt. Weitere entsprechende Hinweise finden sich in den Gesprächen, in denen sie über ihre problembeladene Beziehung zum Vater berichtet.

Die Treffen mit dem „passenden Partner" Mike wirken sich, wie oben dargestellt, auf die Beziehung zwischen Mutter und Tochter aus. Maria erduldet ihr maladaptives Schema, Sara flüchtet an besagten Abenden zu ihrer Freundin, um den Stress durch Alkoholmissbrauch zu betäuben (Modus *Distanzierter Selbstberuhiger*). Dies führt zu einer Beeinträchtigung ihrer Leistungsfähigkeit in der Schule sowie zu den erwähnten Fehlzeiten.

Problemklärung

Klienten haben normalerweise kein Bewusstsein von ihren maladaptiven Schemamodi. Schwerwiegende Probleme, die mit diesen Mustern zusammenhängen, können nur dann effizient bearbeitet werden, wenn beim Betreffenden der Modus des *Gesunden Erwachsenen* aktiviert ist.

Im Beispiel war dies beim persönlichen Gespräch der Fall, als Maria von ihrem biografischen Hintergrund berichtete. Solche Situationen werden vom Schemapädagogen ausgenutzt, um beim Klienten ein Problembewusstsein zu erwecken. Die Familienhelferin kann in einer entsprechenden Situation den Zusammenhang zwischen Vergangenheit und Gegenwart aufzeigen. Bei ausreichend vorhandenem Beziehungskredit fruchten erfahrungsgemäß solche Interventionen, die sicherlich einen konfrontativen Charakter haben.

„Und jetzt hast Du in Mike einen Partner gefunden, der Dich genauso behandelt wie Dein Vater. Er ist so eine Art Ersatzvater!" – Mit so einem Satz hätte die Familienhelferin die Klientin in der genannten Situation konfrontieren können. Die Wahrscheinlichkeit, dass eine solche Deutung angenommen wird, liegt erfahrungsgemäß hoch.

Es ist schon viel erreicht, wenn die Klienten die Auswirkung der Vergangenheit auf das Hier und Jetzt auch nur ansatzweise erkennen.

Im nächsten Schritt – es geht weiterhin um das obige Beispiel – muss die Klientin einen Namen für ihren *Untergeordneten Modus (Angepasster Unterwerfer)* finden. Die Familienberaterin kann einen Vorschlag unterbreiten á la: „Manchmal kommt die selbstschädigende Maria in Dir heraus, nicht?" Eventuell freundet sich die Klientin mit so einer Bezeichnung an.

Letztlich geht es darum, dass der professionelle Helfer irgendwann mit dem Klienten gemeinsam über den entsprechenden kostenverursachenden Schemamodus sprechen und reflektieren kann, auch über seine Vor- und Nachteile. Ansonsten wird der Eigenanteil am jeweiligen Problem nicht wahrgenommen.

Auch die problematischen Verhaltensweisen der Tochter, das Ritzen und der Alkoholmissbrauch, müssen thematisiert werden. Ist der Modus des *Gesunden Erwachsenen* aktiviert, versteht die junge Frau leicht den Sinn und Zweck ihrer Entgleisungen.

Die Familienhelferin kann dann zwei Arbeitsbegriffe für die beteiligten Schemamodi – (a) Modus *Innerer Bestrafer – nach innen wirkend* und (b) *Modus Distanzierter Selbstberuhiger* – anbieten. Möglich ist etwa (a): „Wenn Du Dich ritzt, ist das dann die selbstschädigende Sara in Dir?", oder: „Wenn Du zu Deiner Freundin flüchtest und trinkst, dann macht das die selbstbetäubende Sara in Dir, nicht?"

Haben die Familienmitglieder in Momenten, in denen der Modus des *Gesunden Erwachsenen* aktiviert ist, ein Gespür für ihre problematischen Persönlichkeitsfacetten entwickelt, werden die Begriffe immer mal wieder thematisiert und in den Zusammenhang mit den aktuellen Lebensschwierigkeiten gebracht. Zunächst bietet sich die Arbeit mit den Schemamodi an, wenn die Betreffenden den Modus des *Gesunden Erwachsenen* erleben, später auch in Momenten, in denen gerade aktuell die problematischen Muster aktiviert sind.

Zu der Arbeit mit den Modi gehören in der SPFH unbedingt auch die Schemamodi-Memos. In Bezug auf das hier besprochene Beispiel müsste Maria ein Memo erstellen, das den *Untergeordneten Modus (Angepasster Unterwerfer)* thematisiert; Maria müsste die Aufgabe erledigen, zwei Memos zu entwerfen, und zwar in Anlehnung an ihre beiden Schemamodi.

Aktive Motivation zur Problembewältigung

Die Familienmitglieder werden danach wie üblich in die Verantwortung genommen. Die Betreffenden wissen um die Ursachen, Wirkungsweisen und (negativen) Auswirkungen ihrer Schemamodi. Bei besonders kostenintensiven Modi kann der Schemapädagoge auch die Möglichkeit in Betracht ziehen, den Klienten gegen den Modus aufzuhetzen.

Bei Maria hätte die Familienhelferin folgendermaßen intervenieren können (mit Nachdruck): „Du wirst immer wieder Ersatzväter finden, die Dich schlecht behandeln, wenn Du Dich weiter von der selbstschädigenden Maria beeinflussen lässt! Willst Du das Dir und Deiner Tochter antun!?"

Bei Sara wären vielleicht folgende verbale Eingriffe infrage gekommen: „Wenn Du die selbstschädigende Sara nicht kontrollierst, tust Du Dir was an, das Du nicht verdient hast! Ich finde nämlich, dass Du voll in Ordnung bist! Ich mag Dich!" – beziehungsweise: „Wenn Du die selbstberuhigende Sara nicht öfters unterdrückst, wirst Du vielleicht zur Trinkerin!"

Die Familienhelferin stärkt bei den Familienmitgliedern den Modus des *Gesunden Erwachsenen*, indem sie die Persönlichkeiten bewusst anerkennt, ihnen Solidarität entgegenbringt.

Es nützt erfahrungsgemäß nicht viel, von den Klienten von jetzt auf gleich eine effiziente Kontrolle ihrer Schemamodi einzufordern. Sie sollen Schritt für Schritt lernen, mit ihren prekären Mustern umzugehen.

Dass es dabei zu Rückfällen kommt, versteht sich von selbst. Diese sollten aber dann wieder aufgegriffen und mit den Schemamodi in Verbindung gesetzt werden. Hierbei sind Schemapädagogen flexibel; das eine Mal kann die Konfrontation humorvoll ausgedrückt werden, das andere Mal ernsthaft.

Ein Belohnungssystem kann ebenfalls etabliert werden. Es unterstützt und festigt den Transfer der erarbeiteten Lösungen in den Alltag.

Denkbar wäre auch, dass sich die Familienhelferin mit der ganzen Familie zusammensetzt und die Umsetzung der Schemamodi-Memos bespricht.

Nicht zu vernachlässigen ist jedoch die Stärkung der persönlichen Ressourcen der Familienmitglieder. Das heißt, der Familienalltag soll sich nicht nur um persönliche Defizite drehen, sondern um die Voraussetzung einer positiven Zukunft, an der möglichst alle mitarbeiten.

Deutung des Eingangsfalls und mögliche Interventionen

Die Familienhelferin Frau G. unterstützt seit zwei Monaten die alleinerziehende Mutter Maria (46) und ihre Tochter Sara (17). Die beiden leben in einem gemeinsamen Haushalt. Maria ist arbeitslos, Sara besucht eine Fachschule. Ihren Vater Heinz (53) sieht Sara nicht oft, worunter sie sehr leidet. Ihre Eltern haben sich vor zwei Jahren getrennt.

Mutter und Tochter haben aktuell ein angespanntes Verhältnis. Das liegt laut Sara, mit der Frau G. häufig unter vier Augen spricht, überwiegend am neuen Freund ihrer Mutter. „Er ist so aggressiv wie all die anderen vorher!" (***Hinweis auf das Schema Misstrauen/Missbrauch***). Der 50jährige Dachdecker Mike kommt häufig zu Besuch, ausschließlich abends, wenn die Familienhelferin nicht mehr anwesend ist. Er und Maria geben veranstalten dann meistens ein Trinkgelage. Im Laufe der Zecherei geraten die beiden aneinander. Die Tochter verlässt daraufhin die Wohnung und übernachtet bei ihrer Freundin – es kommt dann auch bei Ihr zum Alkoholmissbrauch (***Modus Distanzierter Selbstberuhiger***) und zum selbstschädigenden Verhalten (Ritzen) (***Modus Innerer Bestrafer – nach innen wirkend***).

Laut Sara arten die Abende, an denen ihre Mutter mit ihrem Freund trinkt, manchmal in Handgreiflichkeiten aus. Mike hat Sara bisher stets in Ruhe gelassen. Aber sie hat Angst vor ihm, vor allem, wenn sie nach solchen Abenden bemerkt, dass das Gesicht ihrer Mutter einige Schrammen und Hämatome aufweist (***Erduldung des Schemas Misstrauen/Missbrauch***). Trotzdem lässt Maria nichts über Mike kommen. Im Gegenteil: Wenn ihre Tochter sie mit ihren Verletzungen im Gesicht konfrontiert, verliert sie die Fassung, zweimal hat sie unkontrolliert auf Sara eingeschlagen (***Modus Aggressiver Beschützer/Innere Bestrafer – nach außen wirkend***). Dann ergreift die Tochter die Flucht und ist mehrere Tage nicht auffindbar. „Wenn ich weg bin, bin ich richtig scheiße drauf, dann muss ich mich *ritzen*!" (***Modus Innerer Bestrafer – nach innen wirkend***). Als Frau G. Maria auf ihren neuen Freund anspricht, sagt Maria: „Er ist ein netter Kerl!" (***Modus Distanzierter Beschützer***)

Die Familienhelferin stößt noch auf ein weiteres Problem: Sara fehlt oft in der Schule; meistens nach besagten Abenden (***Modus Impulsiv-undiszipliniertes Kind***). Die erste Mahnung aufgrund unentschuldigter Fehlzeiten kam schon per Post – was wiederum zum Streit zwischen Mutter und Tochter führte. Ansonsten sind ihre Noten recht gut.

Die Familienhelferin baut zu Mutter und Kind ein vertrauensvolles Verhältnis auf und unterstützt sie bei alltäglich anfallenden Aufgaben. Maria erzählt ihr reflektiert unter vier Augen, dass ihre Kindheit sehr schlimm gewesen sei (***Modus des Gesunden Erwachsenen***). Ihr Vater sei ein gewalttätiger Säufer gewesen, der sie und ihre Mutter oft psychisch und physisch gequält hätte (***Ursache des Schemas Misstrauen/Missbrauch***).

Nach solchen biografisch orientierten Gesprächen ist Maria regelrecht ergriffen und einsichtig. Eines Tages kommt während einer solchen Unterhaltung Sara die Tür herein. Die Mutter bricht spontan in Tränen aus, umarmt ihre Tochter und bittet sie um Vergebung (***Modus des Gesunden Erwachsenen***). Frau G. stellt noch am selben Tag mit den beiden eine Liste zusammen, die zukünftige Kommunikations- und Verhaltensregeln beinhaltet. Unter anderem wird auch schriftlich fixiert, dass der Kontakt zu Mike unterbunden werden soll, weil er eine Gefährdung für Mutter und Kind darstellt. Sara verpflichtet sich, (a) nicht mehr die Schule zu schwänzen, (b) nicht mehr Reißaus zu nehmen und (c) sich nicht mehr zu ritzen (***Modus des Gesunden Erwachsenen***). Falls die Abmachungen nicht eingehalten werden und es zu weiteren körperlichen Schädigungen kommt, so der Konsens, schaltet Frau G. das Jugendamt ein.

Zwei Tage nach der Erstellung des Plans besucht die Helferin erneut die Familie. Sie wird von Maria empfangen, die ihr noch an der Tür eröffnet: „Sara ist abgehauen, ich weiß auch nicht, warum!" (***Modus Distanzierter Beschützer***) Maria trägt dickes Make-up, aber Frau G. bemerkt, dass Maria ein blaues Auge hat – und eine Alkoholfahne (***Erduldung des Schemas Misstrauen/Missbrauch; Untergeordneter Modus – Angepasster Unterwerfer***).

Schemapädagogische Analyse und Interventionen

Maria hat in ihrem aktuellen Freund wahrscheinlich eine Vater-Ersatzfigur gefunden, mit der die Vergangenheit wieder aktualisiert wird. Dass eine solche Beziehung schwerwiegende Probleme mit sich bringt, ist für die Betreffende nicht relevant. Es kommt zu körperlicher Gewalt, und auch die Tochter erfährt massive Beeinträchtigungen. Sie reagiert darauf mit der Aktivierung zweier maladaptiver Modi.

Die Mutter sollte im Laufe der SPFH den Zusammenhang zwischen Vergangenheit und Gegenwart erkennen; dies wäre die Grundlage für Verhaltensänderungen. Die Erstellung eines Schemamodus-Memos ist sinnvoll. Auch die Tochter sollte sich über ihre beiden maladaptiven Bewältigungsmuster bewusst werden.

5.6 Erziehungsberatung

Ein Familienvater sucht mit seiner Frau die Erziehungsberatungsstelle auf. Der Grund, so erzählte er der Fachkraft eine Woche vorher am Telefon, sei das Verhalten von Tochter Lara (15). „Seit einem halben Jahr gibt es Probleme“, eröffnet der 50jährige Buchhalter dem Erziehungsberater, Herrn K.

Bei den Schilderungen der Vergehen der Jugendlichen wirkt er sehr förmlich und ernst; er könne nicht verstehen, wieso seine Tochter nicht „so funktioniert wie sonst“. Man müsse vielleicht die „Kontrollen“ verstärken und mehr Verbote erlassen.

Lara wird aus Sicht der Eltern „immer aufmüpfiger“. Besonders die Mutter, eine 46jährige Grundschullehrerin, ist darüber sehr besorgt. Sie meint, ihre Tochter solle die „Spinnereien unterlassen“ und sich mehr auf die Schule konzentrieren, denn das wäre ja das A und O im Leben (die schulischen Leistungen von Lara verschlechterten sich trotz ihrer Zusicherung, mehr zu lernen).

Die Eltern vermuten außerdem Drogenmissbrauch (Marihuana). Als „sehr schlimm“ wird ferner empfunden, dass die Jugendliche seit einiger Zeit einen festen Freund hat. Dies wäre doch viel zu früh! Zu ihrer Zeit, so die Eltern weiter, hätte es „so etwas“ nicht gegeben.

Der Erziehungsberater notiert sich die Informationen und gibt irgendwann seine Verwunderung darüber zum Ausdruck, dass die Person, um die es ausschließlich geht, gar nicht anwesend ist. Die beiden Erziehungsberechtigten erklären dem professionellen Helfer, dass erst ein Gespräch „unter Erwachsenen“ stattfinden müsse, man sollte „an einem Strick ziehen“, geeignete Strategien im Voraus entwickeln und dann umsetzen. Sie müsse wieder auf „den rechten Weg“ gebracht werden.

Abschließend richtet der Vater sein Wort an die Fachkraft: „Wir werden das zusammen schon wieder hinbekommen, nicht?“ Der Erziehungsberater bejaht die Frage authentisch. Man einigt sich darauf, dass ein Einzelgespräch zwischen Berater und Tochter stattfinden soll, daraufhin verabschiedet man sich voneinander.

Zwei Wochen später betritt Lara die Räumlichkeiten der Erziehungsberatungsstel-

le. Ihr Outfit ist unauffällig. Auf die Begrüßung seitens Herrn K. reagiert sie nicht, sie setzt sich offensichtlich gelangweilt vor ihn und hat noch die Stöpsel ihres MP3-Players in den Ohren. Auf ihren Satz „Ich bin nur hier, weil meine Eltern das so wollen“ reagiert er nicht. Stattdessen erwidert er: „In meiner Jugendzeit waren das noch richtig große Kopfhörer! Lass man hören, was für Musik im Moment up to date ist.“ Sie ist zunächst baff, geht aber auf die Aufforderung ein.
Danach erklärt Herr K. ganz allgemein seinen Arbeitsbereich und beschließt seine Ausführungen mit dem Satz: „Deine Eltern machen sich Sorgen um Dich.“ Sie meint, das würde sie freuen. Sie habe die ganze „Scheißsituation zu Hause“ satt. Lara zeichnet ein völlig anderes Bild als ihre Eltern. Sie berichtet, dass sie immer die Vorzeigetochter war, die „funktionieren musste“. Nun wäre Schluss damit, und sie hätte ein neues Hobby gefunden; es hat den Namen: „Provozieren – wo es nur geht“. Herr K. will wissen, warum sie in der Schule nachgelassen hat. Ihre Antwort: „Weil ich ihnen damit richtig wehtun kann – und das tut mir gut!“
In Zukunft will sie nach eigenen Angaben „lauter neue Dinge“ ausprobieren, zum Beispiel das erste Mal Sex haben – und es den Eltern „unter die Nase reiben“.

Allgemeines

Erziehungsberatung wird wie die SPFH als Hilfe zur Erziehung definiert (MENNE 2008). Vorwiegend wird sie angeboten von Erziehungsberatungsstellen. Es handelt sich um ein sogenanntes niedrigschwelliges Angebot.

Erziehungsberatung ist unverbindlich, kostenfrei, und Interessenten können theoretisch sogar in den Sprechstundenzeiten die Räumlichkeiten ohne telefonische Anmeldung betreten.

Erziehungsberatung hat das Ziel, Einzelne, aber auch Partner und Familien bei der Bewältigung von Problemen zu unterstützen. Oft geht es um Fragen rund um Partnerschaft und Erziehung, auch um Verhaltensauffälligkeiten von Kindern und Jugendlichen.

Der Ablauf einer Beratung entspricht dem üblichen Prozedere, das in psychosozialen Arbeitsfeldern vorherrscht: Zunächst findet die psychosoziale Diagnostik statt, dann wird das jeweilige Problem konkret geklärt und eingeordnet, schließlich werden gemeinsam Interventionen beschlossen.

Im deutschen Sprachraum weit verbreitet sind beratungsspezifische Interventionen, die in der Tradition der humanistischen Psychologie stehen. Ergänzt werden diese Ansätze durch tiefenpsychologische und familientherapeutische

Konzepte.

Der Hilfeplan für den Einzelnen beziehungsweise für die Familie wird parallel auch meistens im Team besprochen, um ein möglichst ausdifferenziertes Konzept zu erstellen.

In der Regel sind in einem Erziehungsberatungsstellen-Team folgende Berufsgruppen vertreten: Psychologe, Sozialarbeiter/Sozialpädagoge, Kinder- und Jugendlichenpsychotherapeut, manchmal auch ein nebenamtlich tätiger Arzt. Das heißt, das Angebot an einer Erziehungsberatungsstelle reicht bei Bedarf über die Beratung hinaus (HUNDSALZ 1995).

Eigene Schemata und Schemamodi berücksichtigen

Im obigen Beispiel, das die Grundlage für die nachfolgenden Erörterungen darstellt, suchten die Eltern ohne die Zu-Erziehende die Beratungsstelle auf. Diese Konstellation ist nicht unbedingt typisch, aber sie kommt vor.

Der Erziehungsberater achtet bei so einer Gegebenheit auf die Wahrung der Allparteilichkeit.

Er lässt nicht zu, dass aufseiten der Gesprächspartner der Eindruck entsteht, man stünde ganz auf deren Seite. Dies würde nur dazu führen, dass sich die Verhaltensauffälligkeiten bei dem Betreffenden verstärken.

– In Bezug auf diesen Fall liegt der Gedanken nahe, dass die Jugendliche aufgrund des elterlichen Drucks die problematischen Verhaltensweisen ausprägte. Dass die Eltern selbst naturgemäß von so einer Diagnose wenig begeistert wären, versteht sich von selbst.

Erfahrungsgemäß ist es sinnvoll, durch aktives Zuhören und Paraphrasieren die Sorgen und Ängste der Erzieher transparent zu machen. Dies entlastet die Erwachsenen (und somit die aktuelle Situation insgesamt).

Außerdem bringt der Berater Verständnis für die Verhaltensauffälligkeiten des Heranwachsenden auf. Er kann zum Beispiel ausführen, dass er von vielen anderen Fällen weiß, die diesem einen sehr ähnlich sind. Auch diese Intervention entlastet die Eltern, sie sind nicht die einzigen, die mit so einer Konstellation leben müssen.

Auf der anderen Seite verbündet sich der professionelle Helfer auch nicht mit dem Jugendlichen. Diese Vorgabe hat, nebenbei erwähnt, Herr K. erfüllt.

Er reagierte auch professionell, als die Jugendliche ihm mit Stöpseln in den

Ohren gegenübertrat. Dies war sicherlich ein Test, der dazu dienen sollte, ihre Erwartung zu erfüllen (etwa: „Der will mich doch nur wieder zurechtweisen!").

Komplementärer Beziehungsaufbau

Er nutzte die Situation dazu, um der Jugendlichen ein erstes Beziehungsangebot zu machen. In diesem Fall klappte es: der erste Kontakt war positiv. Dies ist nicht immer so einfach. Die professionelle Fachkraft ist entsprechend aufmerksam und achtet auf Möglichkeiten, um Beziehungskredit aufzubauen.

Die Jugendliche schilderte daraufhin den Alltag zu Hause. Meistens stehen diese Ausführungen den elterlichen Meinungen diametral gegenüber – was oft ein Hinweis ist auf einen maladaptiven Interaktionszirkel.

Im vorliegenden Fall kann er folgendermaßen beschrieben werden: Die Eltern sind wahrscheinlich der Auffassung: „Wir kontrollieren Dich, weil Du Dich unserem Einflussbereich entziehst." Andererseits ist die Jugendliche offensichtlich der Meinung: „Ich entziehe mich Eurem Einflussbereich, weil Ihr mich kontrolliert."

Um einen komplementären Beziehungsaufbau in Bezug auf die Eltern in Gang zu bringen, ist es sinnvoll, die frustrierten Bedürfnisse, die erfahrungsgemäß den Betreffenden nicht transparent sind, direkt zu befriedigen. Einige Beispiele: „Sie haben bestimmt schon viel für ihre Tochter getan" (Bedürfnis Anerkennung), „Ich habe auch eine Tochter und weiß, wie das ist" (Bedürfnis Solidarität) usw.

In Bezug auf Lara sind ähnliche Interventionen denkbar, etwa: „Als ich so jung war wie Du, wollte ich auch vieles, was meine Eltern nicht wollten" (Solidarität) – oder: „Ich verspreche Dir: Ich setze Dich in unseren Gesprächen hier nicht unter Druck" (Grenzen/Territorialität).

Außerdem lässt sich auch effizient Beziehungskredit aufbauen, wenn man zu Beginn der Treffen mit Heranwachsenden unter vier Augen erst über einige positive Erlebnisse erzählt, die in den letzten Tagen passiert sind.

Ausbau von vorhanden Kompetenzen

Unter Umständen stößt man dabei auf Interessen und Vorlieben, die sich zur gezielten Förderung anbieten. Wenn die aktuellen Konflikte nicht permanent im Mittelpunkt stehen, etwa auf einen späteren Zeitpunkt während der Sitzungen verschoben werden, tritt somit gleichzeitig die Ressourcenorientierung in den Vordergrund. Eventuell berichten Klienten über ein Thema, das sie gerade sehr interessiert. Beim nächsten Treffen kann die Fachkraft dann Informationsmaterial mitbringen, das sie aus dem Internet runtergeladen hat oder Ähnliches.

Auch die Eltern sollten irgendwann einmal von den problematischen Inhalten des Alltags abgelenkt werden. Es kann sinnvoll sein, die vor-problematische Zeit anzusprechen. Vielleicht hat die Familie viele gemeinsame Rituale im Alltag praktiziert und sich entsprechend auch als System wahrgenommen.

Versetzt man Eltern in so eine Konzentrationsphase, verändert sich häufig deren Mimik, weil positive Emotionen ausgelöst werden.

In einer derartigen Stimmung können

- (a) sinnvolle Interventionen erschlossen werden, die auch im Interesse des Heranwachsenden sind,
- und sie sind auch (b) offener für Kompromisse. Dieselbe Vorgehensweise bietet sich natürlich auch bei Gesprächen mit Jugendlichen an.

Problemaktualisierung

Sitzt die ganze Familie vor der Fachkraft, kommt es auch in der Beratungsstelle möglicherweise zur Aktualisierung des Problems, der vorwiegende Konflikt tritt dann „ungebremst" in den Vordergrund.

Dieses Geschehen wird von der Fachkraft registriert, beinhaltet es doch viele Informationen über die Art, den Inhalt und die Hintergründe des Problems.

In Bezug auf den beschriebenen Fall kann sich die Fachkraft leicht vorstellen, wie die Beteiligten außerhalb der Institution miteinander umgehen. Aller Wahrscheinlichkeit ist der oben beschriebene Interaktionszirkel die Grundlage für viele Auseinandersetzungen.

Ansetzen kann der professionelle Helfer zunächst an den Schemamodi der Schülerin. Es spricht vieles für die Existenz folgender Modi:

- *(a) Manipulierer, Trickser, Lügner* (die Schülerin spricht davon, dass sie sich in der Schule verbessern will, tut es aber nicht),
- *(b) Schikanierer- und Angreifer-Modus* (sie gibt zu, ein Hobby Namens „Provozieren" zu praktizieren),

- *(c) Selbsterhöher/Wichtigtuer* (sie will Sex haben, um das den Eltern „unter die Nase zu reiben").

Wahrscheinlich sind die Eltern maßgeblich daran beteiligt, dass solche Schemamodi aktiviert werden. Dies liegt eventuell an dem praktizierten Erziehungsstil, der offensichtlich sehr autoritäre Elemente beinhaltet.

Problemklärung

Um bei den Klienten Selbsteinsicht zu fördern, können verschiedene Interventionsmöglichkeiten berücksichtigt werden. Im vorliegenden Fall sollten zunächst mehrere Einzelgespräche mit der Schülerin unter vier Augen erfolgen, damit die Einführung in die Schemamodi stattfinden kann.

Die Heranwachsende wird dann wahrscheinlich schnell erkennen, auf welchen Persönlichkeitsfacetten ihre provozierenden Verhaltensweisen fußen.

Es sollte auch auf die potenziellen Gefahren hingewiesen werden, denen sie sich selbst aussetzt. Die (a) „Trickser-Lara" wird zukünftig für den schulischen Misserfolg sorgen, die (b) „aggressive Lara" hält die alltäglichen Auseinandersetzungen aufrecht und die (c) „Ego-Lara" motiviert die Schülerin bald zum Sex mit ihrem Freund (was ebenfalls nicht ohne Auswirkungen bleiben wird).

Nachdem der Schülerin die Zusammenhänge bewusst werden, können Schemamodi-Memos verfasst werden. Die Schülerin wird dazu motiviert, ihre Schemamodi zu kontrollieren. Gleichzeitig regt die Fachkraft auch die Förderung der Potenziale und Ressourcen an, die in der Phase des (komplementären) Beziehungsaufbaus herausgefunden wurden.

In Bezug auf die Eltern ist denkbar, dass die Fachkraft die Klienten in das Schemamodi-Modell einführt; außerdem sollte der oben erwähnte Interaktionszirkel vermittelt werden, damit Kompromisse gefunden werden können. Diese Methoden können nur praktiziert werden, wenn der Beziehungskredit extrem hoch ist.

Nach dieser Phase sollten die Treffen mit der ganzen Familie stattfinden.

Aktive Motivation zur Problembewältigung

Der professionelle Helfer bespricht mit allen Beteiligten gleichzeitig einen Hilfeplan. Jeder sollte seine zukünftigen Vorstellungen eines sozialen Zusammenlebens formulieren und schriftlich festhalten. Der Erziehungsberater wirkt bei solchen Gesprächen als Moderator. Er vertritt die Interessen aller Familienmitglieder und sorgt dafür, dass die Kommunikation vorwiegend auf der Ebene des *Gesunden Erwachsenen* verläuft.

Um die erarbeiteten Lösungen zu festigen, bieten sich auch Hausaufgaben an, die die einzelnen Mitglieder erledigen sollen; aber auch die Familie als Ganzes wird in die Pflicht genommen.

Deutung des Eingangsfalls und mögliche Interventionen

Ein Familienvater sucht mit seiner Frau die Erziehungsberatungsstelle auf. Der Grund, so erzählte er der Fachkraft eine Woche vorher am Telefon, sei das Verhalten von Tochter Lara (15). „Seit einem halben Jahr gibt es Probleme", eröffnet der 50jährige Buchhalter dem Erziehungsberater, Herrn K.

Bei den Schilderungen der Vergehen der Jugendlichen wirkt er sehr förmlich und ernst (***möglicherweise ein Hinweis auf das Schema Emotionale Gehemmtheit***); er könne nicht verstehen, wieso seine Tochter nicht „so funktioniert wie sonst" (Man müsse vielleicht die „Kontrollen" verstärken und mehr Verbote erlassen (***eventuell: Anzeichen für das Schema Bestrafungsneigung***).

Lara wird aus Sicht der Eltern „immer aufmüpfiger". Besonders die Mutter, eine 46jährige Grundschullehrerin, ist darüber sehr besorgt. Sie meint, ihre Tochter solle die „Spinnereien unterlassen" und sich mehr auf die Schule konzentrieren, denn das wäre ja das A und O im Leben (***eventuell: Anzeichen für das Schema Überhöhte Standards***) (die schulischen Leistungen von Lara verschlechterten sich trotz ihrer Zusicherung, mehr zu lernen). – (***Modus Manipulierer, Trickser, Lügner***).

Die Eltern vermuten außerdem Drogenmissbrauch (Marihuana) (***eventuell: Modus Distanzierter Beruhiger***). Als „sehr schlimm" wird ferner empfunden, dass die Jugendliche seit einiger Zeit einen festen Freund hat. Dies wäre doch viel zu früh! Zu ihrer Zeit, so die Eltern weiter, hätte es „so etwas" nicht gegeben (***weiterer Hinweis auf das Schema Emotionale Gehemmtheit***).

Der Erziehungsberater notiert sich die Informationen und gibt irgendwann seine Verwunderung darüber zum Ausdruck, dass die Person, um die es ausschließlich geht, gar nicht anwesend ist. Die beiden Erziehungsberechtigten erklären dem professionellen Helfer, dass erst ein Gespräch „unter Erwachsenen" stattfinden müsse, man sollte „an einem Strick ziehen", geeignete Strategien im Voraus entwickeln und dann umsetzen. Sie müsse wieder auf „den rechten Weg" gebracht werden (***Hinweis auf das Schema Bestrafungsneigung***).

Abschließend richtet der Vater sein Wort an die Fachkraft: „Wir werden das zusammen schon wieder hinbekommen, nicht?" (***Test***) Der Erziehungsberater bejaht die Frage authentisch (***komplementäre Beziehungsgestaltung***). Man einigt sich darauf, dass ein Einzelgespräch zwischen Berater und Tochter stattfinden soll, daraufhin verabschiedet man sich voneinander.

Zwei Wochen später betritt Lara die Räumlichkeiten der Erziehungsberatungsstelle. Ihr Outfit ist unauffällig. Auf die Begrüßung seitens Herrn K. reagiert sie nicht, sie setzt sich offensichtlich gelangweilt vor ihn und hat noch die Stöpsel ihres MP3-Players in den Ohren (***Test***). Auf ihren Satz „Ich bin nur hier, weil meine Eltern das so wollen" (***Test***) reagiert er nicht. Stattdessen erwidert er: „In meiner Jugendzeit waren das noch richtig große Kopfhörer! Lass man hören, was für Musik im Moment up to date ist." (***komplementäre Beziehungsgestaltung***) Sie ist zunächst baff, geht aber auf die Aufforderung ein.

Danach erklärt Herr K. ganz allgemein seinen Arbeitsbereich und beschließt seine Ausführungen mit dem Satz: „Deine Eltern machen sich Sorgen um Dich." Sie meint, das würde sie freuen (***Test***). Sie habe die ganze „Scheißsituation zu Hause" satt (***Selbsterhöher/Wichtigtuer***). Lara zeichnet ein völlig anderes Bild als ihre Eltern. Sie berichtet, dass sie immer die Vorzeigetochter war, die „funktionieren musste". Nun wäre Schluss damit, und sie hätte ein neues Hobby gefunden; es hat den Namen: „Provozieren – wo es nur geht" (***Schikanierer- und Angreifer-Modus***). Herr K. will wissen, warum sie in der Schule nachgelassen hat. Ihre Antwort: „Weil ich ihnen damit richtig wehtun kann – und das tut mir gut!" (***Schikanierer- und Angreifer-Modus***)

In Zukunft will sie nach eigenen Angaben „lauter neue Dinge" ausprobieren, zum Beispiel das erste Mal Sex haben – und es den Eltern „unter die Nase reiben" (***Schikanierer- und Angreifer-Modus***).

Schemapädagogische Analyse und Interventionen

Zwischen Eltern und Kind hat sich ein maladaptiver Interaktionszirkel entwickelt Sie meinen: „Wir kontrollieren Dich, weil Du uns entgleitest"; sie meint „Ich entgleite Euch, weil Ihr mich kontrolliert." Dies führt aufseiten der Tochter zur Ausprägung von drei maladaptiven Schemamodi: *Manipulierer, Trickser, Lügner*; *Schikanierer- und Angreifer-Modus*; *Selbsterhöher/Wichtigtuer.*

Die Eltern offenbaren eine konservative Einstellung. Eventuell liegen bei ihnen die Schemata *Emotionale Gehemmtheit* und *Bestrafungsneigung* vor.

Zunächst sollte mit der Tochter alleine gearbeitet werden, da sich an der Position der Eltern zu Beginn der Arbeit erfahrungsgemäß wenig ändern lässt. Bei ihnen sollte vorrangig komplementärer Beziehungsaufbau praktiziert werden. Die Heranwachsende wird ins Schemamodi-Modell eingeführt und kann dadurch die Hintergründe ihrer überkompensierenden Verhaltensweisen erkennen und sie mithilfe von Schemamodus-Memos fassbar machen. Gleichzeitig wird ressourcenorientiert gearbeitet.
Die Eltern werden irgendwann in die Gespräche miteinbezogen und ebenfalls in das Modus-Modell eingeführt. Daraufhin wird ein Hilfeplan erstellt, Kompromisse werden außerdem erarbeitet, die durch Hausaufgaben gefestigt werden. Das heißt, die Erzieher sollten sich in Hinsicht auf ihre Kontrollambitionen zügeln, die Tochter kann sich im Zuge dessen wieder mehr auf ihre Stärken konzentrieren.

5.7 Schulsozialarbeit

Marek (16) besucht die Berufsfachschule 1 (Fachrichtung Technik) seit zwei Monaten. Er ist eine imposante Erscheinung, stämmig, groß gewachsen. Sein Sozialverhalten im Unterricht wird von vielen Mitschülern und einigen Lehrern schnell als auffällig und störend bezeichnet.
Mit drei Lehrern ist er in den ersten Wochen des Schuljahres bisher aneinandergeraten und hat dafür schon Klassenbucheinträge bekommen. Laut deren Aussage stört er den Unterricht mit einer bestimmten Masche. Er provoziert massiv; aber er tut dies nicht offensichtlich, sondern verdeckt, sodass er die Lehrkräfte schnell auf 180 bringt. So kommt er zum Beispiel bei bestimmten Kollegen stets zu spät in den Unterricht. Auf seine Verfehlungen angesprochen, regiert er gewöhnlich übertrieben höflich, manchmal auch aggressiv; dadurch verwickelt er sie in weitere Gespräche und bekommt Aufmerksamkeit. Aufgetragene Hausaufgaben werden grundsätzlich nicht erledigt. Stehen Gruppen-Präsentationen an, die benotet werden, lässt er seine Mitschüler im Stich, er fehlt dann am Tag der Präsentation.
Nachdem er eines Tages mit einer Lehrerin in der ersten Stunde streitet, wird er vor die Tür geschickt. Nach der 1. Pause – die Klasse wird noch von derselben Lehrerin betreut – marschiert er (verspätet) selbstbewusst und unbeeindruckt in

den Klassensaal, setzt sich ohne ein Wort hin und packt sein Pausenbrot aus. Als er sich daran macht, es zu verspeisen, verweist ihn die Lehrerin wiederum des Klassensaals.
Der Klassenleiter führt mehrere Einzelgespräche mit ihm, aber er kommt nicht weiter. Kritik scheint nicht anzukommen, der Schüler zeigt keinerlei Problembewusstsein. Marek meint, „die Lehrer" sind schuld, er „macht gar nichts". Gegen Ende solcher Unterhaltungen gelobt er stets Besserung, der Klassenlehrer hingegen ist von den Aussagen nicht überzeugt. Tatsächlich ändert sich Mareks Verhalten nicht.
Die Schulsozialarbeiterin Frau G. wird über die Probleme mit Marek informiert („Er ist außerdem schon von zwei Schulen geflogen!"), und sie vereinbart einen Termin mit ihm. Zum ersten Treffen erscheint Marek fünf Minuten zu spät und blafft ihr den Satz „Ich hab den Bus verpasst" entgegen.
Frau G. geht nicht näher darauf ein, sondern sagt: „Du trägst ja die ganz neuen Nike-Schuhe. Cool. Ich wusste gar nicht, dass die schon auf dem Markt sind!" Marek ist verblüfft und kriegt gerade noch ein „Danke!" über die Lippen.
Frau G. spricht die schulischen Probleme an. Marek verteidigt sich, „die Lehrer" würden ihn nicht leiden können, außerdem würde er „gar nichts machen". Die Schulsozialarbeiterin reagiert nicht darauf. Sie informiert Marek darüber, welche Aufgaben sie an der Schule wahrnimmt und dass ihr Büro eine Anlaufstation für Schüler und Lehrer ist.
Frau G. regt daraufhin wieder eine eher informelle Unterhaltung an. Sie will wissen, was Marek in seiner Freizeit tut, welche Hobbys er hat usw. Er gibt bereitwillig Auskunft über seine Aktivitäten. „Ich muss in fünf Minuten los, ich habe noch einen Gerichtstermin", sagt er irgendwann. Der Jugendliche erzählt, dass er vor Monaten mit seinen Freunden unterwegs war. Sie wurden auf einen Motorroller aufmerksam, der an der Straße stand. Marek schloss ihn kurz und fuhr ein paar Runden um den Block. Das ging nicht lange gut.
Ein vorbeifahrende Polizeistreife wurde auf ihn aufmerksam, stoppte den Roller und nahm den Jugendlichen fest.
Daraufhin sagt Frau G. humorvoll: „Und Du hast gar nichts gemacht – die Polizisten waren schuld."
Jetzt muss auch Marek grinsen.

Allgemeines

Schulsozialarbeit setzt im Allgemeinen an den Problemen von Kindern und Jugendlichen an, die sich im Lebensbereich Schule ergeben. Heranwachsende werden durch dieses Angebot auch zur Bewältigung ihrer Schülerrolle motiviert (BETTMER & PRÜSS 2005). Der Schulsozialarbeiter arbeitet aber auch mit Lehrern und Eltern zusammen, und das zeigt die systemische Ausrichtung dieses Arbeitsfeldes.

Schulsozialarbeiter ergänzen das schulische Leben, sie unterstützen die Lehrkräfte bei der Sicherstellung der Abläufe in der Schule. In Abhängigkeit der jeweiligen Schulform (Grundschule, Realschule, Hauptschule, berufsbildende Schule) gestaltet sich die praktische Ausrichtung des Schulsozialarbeiters (DRILLING 2004).

Schulsozialarbeit fokussiert nicht nur aktuelle Probleme von Schülerinnen und Schülern, sie dient auch der Vorbeugung zukünftiger Fehlentwicklungen seitens der Heranwachsenden, etwa Arbeitslosigkeit, soziale Probleme, Risikoverhalten usw.

Der professionelle Helfer sollte imstande sein, die Persönlichkeit von gefährdeten Schülern sowie ihre soziale Kompetenz zu fördern. Meistens bieten Schulsozialarbeiter auch Streitschlichtungsveranstaltungen an. Häufig unterstützt die Fachkraft auch Schüler beim Erstellen von Bewerbungsunterlagen.

Die Zielgruppen dieses Angebots sind (BRÜHL 2008) lernbeeinträchtigte Schüler, sozial benachteiligte Jugendliche, aber auch, wie bereits erwähnt, Heranwachsende mit bestimmten Problemen.

Anlässe für eine Beratung können sein: Hohe Fehlzeiten, Mobbing, Probleme mit anderen Schülern (oder auch Lehrern), Konflikte mit Freunden, Eltern usw.

Das Angebot stellt eine hilfreiche Ergänzung in Hinsicht auf den Schulalltag dar. Lehrer können nur eingeschränkt auf die persönlichen Probleme von Schülern eingehen, da wegen des damit verbundenen Zeitaufwandes die Qualität des Unterrichts in Mitleidenschaft gezogen werden würde.

Eigene Schemata und Schemamodi berücksichtigen

Schwierige Schüler, die viele Probleme im Schulalltag verursachen, offenbaren erfahrungsgemäß ein enormes Potenzial an manipulierenden Verhaltensweisen (siehe Beispiel). Vor dem Hintergrund des Schema- und Schemamodus-Modells können diese schnell diagnostiziert werden.

Den Schüler im Rahmen der Schulsozialarbeit beim ersten Aufeinandertreffen mit seinen kostenintensiven Schemamodi zu konfrontieren, ist völlig sinnlos.

Er erwartet ja geradezu eine konfrontative Reaktion. Images („Ich hab den Bus verpasst!"), Tests („Ich hab gar nichts gemacht!") und Psychospiele (provokante Verhaltensweisen) sollte die Fachkraft bei den ersten Treffen wohlwollend übersehen.

Sie macht sich entsprechend bewusst, dass solche Strategien in der Biografie des Schülers reflexweise entstanden sind; er hat sich dadurch an problematische soziale Verhältnisse angepasst. Sie sind streng genommen gar nicht persönlich gemeint, sondern laufen automatisiert ab.

Schulsozialarbeiter brauchen im Umgang mit solchen Schülern eine hohe Frustrationstoleranz; auch eine Portion Humor schadet nicht.

Komplementärer Beziehungsaufbau

In der Regel stellt sich der Schulsozialarbeiter zu Beginn des Schuljahres im Rahmen einer Eröffnungsveranstaltungen vor. Er erklärt, was seine Aufgaben in der Schule sind und verteilt eventuell Infomaterial (Flyer).

Sinnvoll ist es, in dieser ersten Zeit des Schuljahres aktiv den Kontakt zur Schülerschaft zu suchen. Dies kann zum Beispiel in den Pausen praktiziert werden. Je öfter die Fachkraft von den Kindern und Jugendlichen (positiv) wahrgenommen wird, desto leichter hat sie es später hinaus, wenn sich die ersten Problemfälle ergeben.

Es gibt verschiedene Möglichkeiten, einen komplementären Beziehungsaufbau zu etablieren.

In Bezug auf das Loben und Anerkennung im Arbeitsfeld Schule muss erwähnt werden: Erfahrungsgemäß tun sich manche Schülerinnen und Schüler schwer damit, ein Wort der Anerkennung anzunehmen. Das hat in den meisten Fällen damit zu tun, dass sie es schlicht und einfach nicht gewohnt sind oder einmal gelernt haben, dass positives Feedback letztlich in negative Erlebnisse mit dem sozialen Umfeld einmündete.

Die Fachkraft sollte daher unbedingt eine authentische Mimik zeigen, wenn sie Lob und Anerkennung ausspricht. Schon die kleinste Anomalie in der Mimik währenddessen kann sehr kontraproduktive Folgen nach sich ziehen. Schüler achten sehr genau darauf, ob die Mimik kompatibel mit dem Ausgesprochenen ist!

In Bezug auf obiges Beispiel hat die Schulsozialarbeiterin konkret an einem komplementären Beziehungsaufbau gearbeitet. Sie ließ die Provokationen (Verspätung und den Eröffnungssatz „Ich hab den Bus verpasst!") im Raum stehen und reagierte bereits beim ersten Aufeinandertreffen professionell, indem sie Marek auf die neuen Schuhe ansprach; dadurch befriedigte sie sein Bedürfnis nach Anerkennung.

Alleine durch diese wenig aufwändigen Interventionen sorgte sie dafür, dass er sich

- (a) ihr authentisch öffnete und
- (b) weitere Tests und Psychospiele unterließ.

Ausbau von vorhanden Kompetenzen

Der Schulsozialarbeiter ist in Bezug auf die Phase „Ausbau der vorhandenen Kompetenzen" vor allem auf die Lehrer angewiesen, die den betreffenden Schüler unterrichten. Sie verbringen in der Regel mehr Zeit mit dem Heranwachsenden und verfügen meistens über ausreichende Informationen in Hinsicht auf seine Stärken und Schwächen.

Aus diesen Gründen ist es sinnvoll, regelmäßig mit dem Klassenlehrer Gespräche über den einen oder anderen auffälligen Schüler zu führen. Ein Blick in die Schülerakte kann ebenfalls aus der ressourcenorientierten Perspektive aufschlussreich sein, da im Schüleraufnahmebogen gewöhnlich Angaben über die Hobbys des Heranwachsenden festgehalten sind.

Steht dann wieder ein Gesprächstermin mit Schüler X an, kann man an den Stärken ansetzen und sie gezielt fördern, indem man zum Beispiel dem Schüler Wege aufzeigt, wie er seine Bedürfnisse und Hobbys auf höherer Ebene ausformen kann.

Problemaktualisierung

Offenbaren Schüler maladaptive Modi, kommt es im Schulalltag gewöhnlich auch zu entsprechenden Aktivierungen, und die führen wiederum zu bestimmten Problemen, die Hinweise auf die einzelnen Modi beinhalten.

Im Zuge der offensichtlich unvermeidlichen Aktivierungen kommt es zu dem interessanten Phänomen, dass Schüler mit maladaptiven Schemamodi immer wieder dieselben Konflikte mit sich selbst oder, häufiger der Fall, mit dem sozialen Umfeld erleben.

Problemaktualisierung findet gewissermaßen schon statt, aber keine tiefgreifende Problemklärung. Schüler, die gegen die Regeln des Zusammenlebens verstoßen, werden von der Lehrkraft recht zügig sanktioniert. Und das muss auch passieren. Ansonsten würden manche Heranwachsende durch ihre maladaptiven Modi unbewusst dafür sorgen, dass Unterricht nicht mehr stattfinden kann.

Der Schulsozialarbeiter kann hingegen gezielt an den Schemamodi ansetzen, etwa wenn ein Gespräch mit einem bestimmten Schüler ansteht, der stets in dieselben Konflikte verwickelt ist. Hilfreich ist in so einem Fall die Sammlung von Situationen, in denen Schüler X „seine" Probleme erlebte, sprich seine Schemamodi einbrachte. Problematische Schemamodi werden, nachdem ausreichend Beziehungskredit erwirtschaftet worden ist, gemeinsam mit dem Heranwachsenden thematisiert, und zwar spielerisch.

Problemklärung

In Bezug auf das oben ausgeführte Beispiel hätte die Schulsozialarbeiterin bei späteren Treffen dem Schüler bewusst machen können, dass er schon vorher von seinem inneren „Selbstsabotage-Marek" (*Modus Manipulierer, Trickser, Betrüger*) in Schwierigkeiten gebracht wurde (zuvor sollte diese oder eine ähnliche Schemamodus-Bezeichnung humorvoll gefunden werden). Es ist aus schemapädagogischer Sicht durchaus vorstellbar, dass er an den beiden vorherigen Schulen, von denen er verwiesen wurde, dieselben Probleme hatte.

Der professionelle Helfer kann bei ausreichend vorhandenem Beziehungskredit eine konfrontative Intervention ausprobieren („Du bist jetzt da, wo Du schon mal warst! An den letzten beiden Schulen bist Du wegen des Selbstsabotage-Marek rausgeflogen – und hier passiert das Gleiche! Es sind nicht die Anderen, die immer daran schuld sind!").

Erwartungsgemäß ist es für manche Schüler, die erstmals den Zusammenhang zwischen der Vergangenheit und den aktuellen Erlebnissen zum ersten Mal erkennen, ein wahrhaft schockierendes Erlebnis.

Da Heranwachsende diese Erkenntnis zunächst verarbeiten müssen, ist es sinnvoll, eine entsprechende konfrontative Intervention am Ende eines Gesprächs zu platzieren, damit der Betreffende das Gehörte außerhalb des Büros verarbeiten kann. Beim nächsten Treffen kann der Schulsozialarbeiter wieder das Thema Schemamodus aufgreifen.

Es ist wichtig, die Vorteile des Schemamodus zu sammeln, die der Heranwachsende durch ihn verbucht (etwa: „Ich bekomme von meinen Freunden Anerkennung, wenn ich den Selbstsabotage-Marek rauslasse!").

Erfahrungsgemäß überwiegen die Nachteile; drei schwerwiegende dürfen unter vier Augen, wenn die Umstände passen, ausgesprochen werden, zum Beispiel in dieser Art: 1. „Du wirst wieder von der Schule verwiesen, wenn Du den Selbstsabotage-Marek nicht unter Kontrolle bekommst! Und dann sieht es richtig übel aus!" – 2. „Du hast viel mehr drauf! Verkauf Dich nicht länger unter Wert!" – 3. „Die Anderen bewundern den Selbstsabotage-Marek nicht, sie brauchen nur jemanden, der an ihrer Stelle was auf die Mütze bekommt!"

Daraus resultierende Gespräche können nur erfolgreich verlaufen werden, wenn beim Heranwachsenden der Modus des *Gesunden Erwachsenen* aktiviert ist. Unter Umständen muss man zu Beginn der Stunde wieder eine komplementäre Beziehungsgestaltung etablieren.

Es kann auch sein, dass es während der Unterhaltung wieder zu eine Schemamodus-Aktivierung kommt. Daher sollte man aufmerksam sein und die Aktivierung offen ansprechen („Und schon wieder ergreift der Selbstsabotage-Marek das Wort!").

Aktive Motivation zur Problembewältigung

Der Heranwachsende ist sich nach einigen Gesprächen über eine seiner kostenverursachenden Persönlichkeitsfacetten bewusst (Selbstsabotage-Marek).[24] Er wird vom Schulsozialarbeiter darauf hingewiesen, dass es nun an ihm selbst liegt, wie er mit seinem Schemamodus umgeht. Der Schüler ist dafür verantwortlich.

Sinnvoll ist es auch in diesem Arbeitsfeld, gemeinsam ein Schemamodus-Memo zu erstellen, das dem Heranwachsenden letztlich ausgehändigt wird. Der Schulsozialarbeiter erkundigt sich direkt beim Klienten in regelmäßigen Abständen über den Stand der Dinge.

---

24 Üblicherweise offenbaren verhaltensauffällige Schüler mehrere maladaptive Schemamodi. Es ist jedoch schon viel erreicht, wenn der kostenintensivste gemeinsam bearbeitet werden kann. Unter Umständen kann dann noch ein weiterer Modus thematisiert werden.

Erfolge werden durch Lob und Anerkennung positiv verstärkt, bei Misserfolgen drückt der professionelle Helfer seine Enttäuschung über den Rückfall aus (nicht über den Klienten als Person). Er bietet einen neuen Gesprächstermin an.

Deutung des Eingangsfalls und mögliche Interventionen

Marek (16) besucht die Berufsfachschule 1 (Fachrichtung Technik) seit zwei Monaten. Er ist eine imposante Erscheinung, stämmig, groß gewachsen. Sein Sozialverhalten im Unterricht wird von vielen Mitschülern und einigen Lehrern schnell als auffällig und störend bezeichnet (***Modus Manipulierer, Trickser, Lügner***).
Mit drei Lehrern ist er in den ersten Wochen des Schuljahres bisher aneinandergeraten und hat dafür schon Klassenbucheinträge bekommen. Laut deren Aussage stört er den Unterricht mit einer bestimmten Masche. Er provoziert massiv; aber er tut dies nicht offensichtlich, sondern verdeckt, sodass er die Lehrkräfte schnell auf 180 bringt (***Modus Manipulierer, Trickser, Lügner***). So kommt er zum Beispiel bei bestimmten Kollegen stets zu spät in den Unterricht (***Test***). Auf seine Verfehlungen angesprochen, regiert er gewöhnlich übertrieben höflich, manchmal auch aggressiv (***Modus Manipulierer, Trickser, Lügner***); dadurch verwickelt er sie in weitere Gespräche und bekommt Aufmerksamkeit (***Psychospiel***). Aufgetragene Hausaufgaben werden grundsätzlich nicht erledigt (***Test***). Stehen Gruppen-Präsentationen an, die benotet werden, lässt er seine Mitschüler im Stich, er fehlt dann am Tag der Präsentation (***Modus Manipulierer, Trickser, Lügner***).
Nachdem er eines Tages mit einer Lehrerin in der ersten Stunde streitet, wird er vor die Tür geschickt. Nach der 1. Pause – die Klasse wird noch von derselben Lehrerin betreut – marschiert er (verspätet) selbstbewusst und unbeeindruckt in den Klassensaal, setzt sich ohne ein Wort hin und packt sein Pausenbrot aus (***Modus Manipulierer, Trickser, Lügner***). Als er sich daran macht, es zu verspeisen, verweist ihn die Lehrerin wiederum des Klassensaals.
Der Klassenleiter führt mehrere Einzelgespräche mit ihm, aber er kommt nicht weiter. Kritik scheint nicht anzukommen, der Schüler zeigt keinerlei Problembewusstsein. Marek meint, „die Lehrer“ sind schuld, er „macht gar nichts“ (***externale Kausalattribuierung***). Gegen Ende solcher Unterhaltungen gelobt er stets Besserung, der Klassenlehrer hingegen ist von den Aussagen nicht überzeugt. Tatsächlich ändert sich Mareks Verhalten nicht.
Die Schulsozialarbeiterin Frau G. wird über die Probleme mit Marek informiert („Er ist außerdem schon von zwei Schulen geflogen!“), und sie vereinbart einen Ter-

min mit ihm. Zum ersten Treffen erscheint Marek fünf Minuten (***Test***) zu spät und blafft ihr den Satz „Ich hab den Bus verpasst" entgegen (***Modus Manipulierer, Trickser, Lügner***).

Frau G. geht nicht näher darauf ein, sondern sagt: „Du trägst ja die ganz neuen Nike-Schuhe. Cool. Ich wusste gar nicht, dass die schon auf dem Markt sind!" (***komplementäre Beziehungsgestaltung***) Marek ist verblüfft und kriegt gerade noch ein „Danke!" über die Lippen (***Grund: Unterbrechung des Psychospiels***).

Frau G. spricht die schulischen Probleme an. Marek verteidigt sich, „die Lehrer" würden ihn nicht leiden können, außerdem würde er „gar nichts machen" (***externale Kausalattribuierung***). Die Schulsozialarbeiterin reagiert nicht darauf. Sie informiert Marek darüber, welche Aufgaben sie an der Schule wahrnimmt und dass ihr Büro eine Anlaufstation für Schüler und Lehrer ist.

Frau G. regt daraufhin wieder eine eher informelle Unterhaltung an. Sie will wissen, was Marek in seiner Freizeit tut, welche Hobbys er hat usw. (***komplementäre Beziehungsgestaltung***) Er gibt bereitwillig Auskunft über seine Aktivitäten. „Ich muss in fünf Minuten los, ich habe noch einen Gerichtstermin", sagt er irgendwann (***Test***). Der Jugendliche erzählt, dass er vor Monaten mit seinen Freunden unterwegs war. Sie wurden auf einen Motorroller aufmerksam, der an der Straße stand. Marek schloss ihn kurz und fuhr ein paar Runden um den Block (***Modus Manipulierer, Trickser, Lügner***). Das ging nicht lange gut. Ein vorbeifahrende Polizeistreife wurde auf ihn aufmerksam, stoppte den Roller und nahm den Jugendlichen fest.

Daraufhin sagt Frau G. humorvoll: „Und Du hast gar nichts gemacht – die Polizisten waren schuld."

Jetzt muss auch Marek grinsen (***kurzzeitige Aufhebung der externalen Kausalattribuierung; Modus des Gesunden Erwachsenen***).

Schemapädagogische Analyse und Interventionen

Marek hat im Laufe seiner Biografie gelernt, dass es verschiedene Wege gibt, Aufmerksamkeit in der Schule und Freizeit zu provozieren. Diese Wege sind aus Sicht der Lehrkräfte sehr kostenintensiv, werden als negativ wahrgenommen. Doch das spielt für den Schüler keine Rolle. Die Klassenkameraden verstärken die Aktivierung des Schemamodus *Manipulierer, Trickser, Lügner.* Trotzdem kommt es zu Konflikten, die Lehrer werden schließlich durch seine Tests und Psychospiele zum Handeln gezwungen.

In seiner Freizeit hat ihm sein zentraler Schemamodus schon mit dem Gesetz in Konflikt gebracht. Dummerweise verstärkt seine Peergroup ebenfalls den Modus

Manipulierer, Trickser, Betrüger.
Die Schulsozialarbeiterin hat schon beim ersten Treffen eine komplementäre Beziehungsgestaltung etabliert und so die Grundlagen für die Ausprägung von gegenseitigem Vertrauen gelegt. Im nächsten Schritt folgt die Modusklärung und -bearbeitung. Das Verfassen eines Schemamodus-Memos ist sinnvoll. Gleichzeitig müssen Ressourcen erfasst und Potenziale verwirklicht werden.

5.8 Jugendstrafvollzug/Bewährungshilfe

Ein wegen mehrfachen Autodiebstahls und mehrfacher schwerer Körperverletzung vorbestrafter 18-jähriger Jugendlicher (Michael) gerät eines Tages in einer Discothek in eine Schlägerei.[25] Einer der Beteiligten zeigt ihn bei der Polizei an. Er wird wenig später verhaftet und muss sich nach kurzer Zeit vor dem Richter verantworten. Das Urteil: zwei Jahre Haft ohne Bewährung. Er wird in die Jugendstrafvollzugsanstalt verlegt. Zeugen der Schlägerei sagten im Prozess aus, er hätte ohne ersichtlichen Grund auf sein Opfer mit äußerster Brutalität eingeschlagen, bis es bewusstlos wurde.
In der Jugendstrafvollzugsanstalt wird er wegen der Qualität der Tat gezielt von einem Sozialarbeiter betreut, der nur unter Widerständen einen freundschaftlichen Kontakt zu ihm aufbauen kann. Begleitet wird die Phase des Beziehungsaufbaus von einigen Stolpersteinen („Alter, mit Dir will ich nix zu tun haben!"). Michael lässt ihn oft auflaufen und lacht ihn dann aus. Doch der Sozialarbeiter lässt sich davon nicht beeindrucken, ihm liegt etwas an Michael. Eines Tages führen Sie ein Gespräch über das Model Pamela Anderson, Michael hat ein Poster von ihr in seiner Zelle hängen. Diese Unterhaltung bricht das Eis.
Michael ärgert sich sehr darüber, dass er mit anderen Häftlingen an Gruppengesprächen teilnehmen muss. Sie finden jeden Montag statt, ein Psychologe betreut die Gruppe. Vor allem Sozialkompetenz soll erlernt werden. „Das interessiert mich einen Scheiß!", so sein Kommentar zu den Terminen.
Der Sozialarbeiter konfrontiert Michael irgendwann auch mit seinen Taten. „Warum hast Du die Autos geknackt?" – Antwort: „Tja, wenn die Besitzer so doof sind und die Schlüssel stecken lassen! Selbst schuld!" – „Und wie kam es zu den Schlägereien?" – Antwort: „Weil die Anderen mich immer so blöd angeguckt ha-

25 Das hier ausgeführte Beispiel ist die ausführliche Version des Eingangsfalls, der in Kapitel 1 bereits skizziert ist.

ben!"
An diesen Aussagen sieht man die Funktionsweise von reflexartigen Selbstrechtfertigungstendenzen. Dem Sozialarbeiter gelingt es in eineinhalb Jahren nicht, den Wahrnehmungsfehler externale Kausalattribuierung bei dem Inhaftierten zu reduzieren.
Es kommt trotz gemeinsamer Absprachen („Keine Gewalt!") während des Aufenthalts immer wieder zu Handgreiflichkeiten mit anderen Mithäftlingen, die „mich wieder blöd angeguckt haben". Mithäftlinge berichten von grausamen Misshandlungen von anderen jungen Männern („Scheinhinrichtung mit Probehängen") – aber auch von Diebstählen und Drogenhandel, in die Michael verwickelt sein soll. Nachweisen kann man ihm nichts.
Auch gegenüber dem Sozialarbeiter verliert Michael in dieser Zeit mehrmals die Fassung („Sie machen mich aggressiv!").
Bald soll die restliche Haft in eine Bewährungsstrafe umgewandelt werden.

Allgemeines

Die obersten Ziele des Strafvollzugs sind: Erziehung und Resozialisierung. Das heißt, der Straftäter soll während der Haft befähigt werden, zukünftig in sozialer Verantwortung ein Leben ohne Straftaten zu führen (MÜHREL 2005). Hierfür müssen gewöhnlich Defizite auf verschiedenen Ebenen (sozial, beruflich, schulisch) aufgearbeitet werden.

Die Maßnahmen und Aktivitäten in einer Jugendvollzugsanstalt (JA) sind entsprechend auf diese Ziele hin ausgelegt. Einige Beispiele: Die Gefangenen sind gewöhnlich in Wohngruppen untergebracht, wo unter anderem soziales Lernen stattfindet. Der Alltag ist hochgradig strukturiert.

Die Jugendlichen nehmen an Arbeitsangeboten teil. Sie können auch schulische und berufliche Qualifizierungsmaßnahmen wahrnehmen. Solche Aktivitäten werden finanziell vergütet – was zur Motivation seitens der Gefangenen beiträgt.

Auch durch andere Maßnahmen sollen die Heranwachsenden auf ihre Entlassung vorbereitet werden. Es gibt beispielsweise die Möglichkeit, dem Jugendlichen Vollzugslockerungen, Urlaub und sogar eine vorzeitige Entlassung in Aussicht zu stellen. Dafür muss er sich in vielerlei Hinsicht beweisen.

In der Regel ist in einer JA ein Team untergebracht, das aus zahlreichen Berufsgruppen besteht: Psychologen, Lehrer, Sozialarbeiter, Ärzte, Vollzugsbeamte, Seelsorger. In diesem Team werden auch die Fortschritte einzelner Jugendlicher, aktuelle Konflikte zwischen den Gefangenen usw. besprochen.

Sozialarbeiter arbeiten mit einzelnen Jugendlichen und auch Gruppen zusammen. In Bezug auf die Beziehungsgestaltung gelten wieder die Variablen Empathie, Kongruenz, Akzeptanz. Das Zusammenleben wird durch klare Regeln sichergestellt. Stärken und Ressourcen werden gestärkt (hier zeigt sich wieder der Grundgedanke einer Hilfe zur Selbsthilfe).

Auf der anderen Seite werden die Straftäter auch mit ihren Vergehen konfrontiert. Dies geschieht beispielsweise in Form von Gruppentreffen, die ein Psychologe betreut. Bei solchen Treffen werden die Taten thematisiert, und man ist darum bemüht, aufseiten des Straftäters ein Problembewusstsein zu erschaffen.

Gleichzeitig werden Jugendliche auch dazu motiviert, an anderen Behandlungsangeboten teilzunehmen (soziales Training, Selbsthilfe- und Sportgruppen, freizeitpädagogische Angebote, Antiaggressionsprogramme usw.).

Bewährungshilfe

Unter bestimmten Voraussetzungen wird eine Strafe auch zur Bewährung ausgesetzt, zum Beispiel wenn der Delinquent erstmalig auffällt und Hinweise auf eine positive Sozialprognose liefert (BRÜHL 2008). Dann bleibt dem Heranwachsenden eine Unterbringung in der JA erspart, aber er muss sich in der Bewährungszeit beweisen. Diese Vorgehensweise wird auch *Primärbewährung* genannt.

Manchmal wird auch bei bestimmten Häftlingen die Reststrafe nach teilweise Verbüßung zur Bewährung ausgesetzt (die sogenannte *sekundäre Bewährung*). In beiden Fällen wird vom Gericht für die Dauer der Bewährungszeit ein Bewährungshelfer bestellt.

Die Aufgaben des professionellen Helfers bestehen vor allem darin, dem Verurteilten helfend und betreuend zur Seite zu stehen. Der Bewährungshelfer ist dem für den Fall zuständigen Gericht unterstellt; er muss in bestimmten Zeitabständen über die Lebensführung des Jugendlichen und besonders über etwaige Verstöße gegen die Bewährungsauflagen berichten.

Weiter steht die Wiedereingliederung in die Gesellschaft an; sie hat auch in diesem Arbeitsfeld einen erzieherischen Charakter. Behördengänge gilt es auszuführen, eventuell muss eine Wohnung für den Jugendlichen gesucht und gemietet werden, der regelmäßige Schulbesuch muss gewährleistet sein usw.

Eigene Schemata und Schemamodi berücksichtigen

In der JA hat man es häufig mit Jugendlichen zu tun, die sehr nachteilige Kombinationen von maladaptiven Schemata und Schemamodi aufweisen. Hinzu kommen weitere ungünstige Faktoren, die das Zusammenleben stören.

Viele Häftlinge haben eine geringe Frustrationstoleranz, offenbaren Anzeichen von Hyperaktivität, latenter Aggressivität, und sie zeigen ferner spezifische charakterologische Facetten, die die Arbeitsbeziehung belasten können (antisoziale, narzisstische und paranoide).

Die Fachkraft muss entsprechend jederzeit mit Manipulationen, Psychospielen, Images rechnen. Sie ist sich aber darüber bewusst, dass die Manipulationen im Laufe der Biografie des Klienten entstanden sind, und sie sind nicht persönlich gemeint.

Zur Ausprägung einer hohen Frustrationstoleranz seitens der Fachkraft hilft die Herstellung eines dynamischen Gleichgewichts zwischen Unterstützung und Verständnis einerseits und empathischer Konfrontation andererseits.

Dieselbe Einstellung ist auch in der Bewährungshilfe angebracht. Es steht immer die Möglichkeit im Raum, dass man vom delinquenten Jugendlichen manipuliert wird. Besonders Neulinge in diesem Arbeitsfeld machen entsprechend negative Erfahrungen.

Komplementärer Beziehungsaufbau

Es bedarf viel Fingerspitzengefühl beim Aufbau von Beziehungen, die *wirklich* authentisch sind. Die Arbeit mit den Schemamodi bietet sich besonders bei dieser Klientel an, wie unten noch zu zeigen sein wird.

In Bezug auf die Beziehungsgestaltung ist besonders die Kenntnis der Aktenlage der Jugendlichen, mit denen man zu tun hat, hilfreich. Die meisten begangenen Delikte können leicht mit bestimmten Schemamodi in Verbindung gebracht werden.

Mit diesen muss die Fachkraft jederzeit rechnen. Schließlich können sie auch in der Haft durch Mithäftlinge oder bestimmte Situationen ausgelöst werden.

In der folgenden Tabelle sind einige Beispiele zusammengefasst:

Delikt	Beteiligte Schemamodi
Raub, Erpressung	Schikanierer- und Angreifer-Modus
Straftaten gegen das Leben, Körperverletzung	Zerstörer-/Killer-Modus
Betrug, Untreue	Manipulierer, Trickser, Lügner
Verstoß gegen das Betäubungsmittelgesetz	Distanzierter Selbstberuhiger

Da es in einer JA stets berufliche, schulische und andere Angebote gibt, kann es lohnenswert sein, die bevorzugten Aktivitäten von Jugendlichen zu registrieren. Daran kann sich eine komplementäre Beziehungsgestaltung orientieren.

Vielleicht hat ein Jugendlicher ein offensichtliches Interesse an einer bestimmten Aktivität (etwa Fußball); eventuell spricht er im Unterricht (in der in der JA untergebrachten Schule) ein Thema an, das ihn motiviert.

Solche Hinweise können gezielt aufgegriffen und thematisiert werden. Eventuell ergibt sich ein Gespräch über die Zeit vor der Haft – und man kann Ressourcen freisetzen.

An geeignete Informationen kommt die Fachkraft auch möglicherweise in den regelmäßigen Teamsitzungen, an denen gewöhnlich alle Kolleginnen und Kollegen teilnehmen.

Die Berücksichtigung der an den Delikten beteiligten Schemamodi ist auch im Arbeitsfeld Bewährungshilfe sinnvoll. Der professionelle Helfer kann sich mithilfe der Kenntnis von bestimmten Mustern auf charakteristische Images, Psychospiele und sonstige Manipulationen einstellen.

Wer auf die Interessen und Motivationen des Jugendlichen bewusst eingeht, trägt zu einem raschen Aufbau von Beziehungskredit bei. In den ersten Tagen und Wochen der Zusammenarbeit ist es wichtig, eine vertrauensvolle Beziehung herzustellen.

Gerade in dieser Zeit ist die Gefahr eines Rückfalls in alte (delinquente) Verhaltensweisen erfahrungsgemäß im Durchschnitt recht hoch. Leicht kann der Jugendliche wieder in sein altes Umfeld abgleiten, und dann bleiben Schemamodi-Aktivierungen höchstwahrscheinlich nicht aus.

Ausbau von vorhanden Kompetenzen

Straftäter, die in einer JA untergebracht sind, finden, wie oben schon erwähnt, viele lebenspraktische Angebote vor, in denen sie ihre Ressourcen erkennen und ihre Potenziale verwirklichen können. Das Team hat während der Haft die Aufgabe, entsprechende Interessen und Potenziale zu fördern.

Wird der Jugendliche aus der Haft entlassen, sollte er ein vorbereitetes Netz aus Hilfsinstitutionen vorfinden, das ihn fordert (Beratungsstelle, Sportverein, Arbeitgeber, Schule usw.). Unter Umständen kann auch die Herkunftsfamilie in den Prozess eingebunden werden (SCHMITT 2008).

Im Arbeitsfeld Bewährungshilfe wird die gesellschaftliche Integration weiter vorangetrieben. Die Fachkraft unterstützt den Straftäter bei der Bewältigung des Alltagslebens. Jegliche Erfolge in verschiedenen Lebensbereichen, auch noch so unscheinbare, werden vom professionellen Helfer positiv verstärkt; er spricht Anerkennung aus und zeigt sich solidarisch mit dem Klienten.

Problemaktualisierung

Es ist leider eine Tatsache, dass manche Jugendliche sogar schon in der Haft in delinquente Verhaltensmuster zurückfallen. Erpressung, Raub, Gewalt, Drogenhandel - diese Phänomene sind keine Seltenheit (LAUBENTHAL 2008).

Tatsächlich entwickeln manche Straftäter eine gewisse Perfektion im Umgang mit Freiräumen, mit dem Ziel, trotz der für sie widrigen Umstände die eigenen Interessen durchzusetzen.

Werden solche Vorfälle bekannt, sollte spätestens jetzt die Arbeit mit den Schemamodi beginnen. Dies sollte zeitnah erfolgen, um die übliche Neigung zur externalen Kausalattribuierung („Der Andere war schuld!") bestmöglich zu unterbinden.

Entsprechende Rückfälle, unerfreulich, wie sie sind, bieten gleichzeitig die seltene verheißungsvolle Möglichkeit, beim Klienten ein Problembewusstsein zu erschaffen.

Im Arbeitsfeld Bewährungshilfe kann die Problemaktualisierung durch die Aktivierung eines maladaptiven Schemamodus immense Auswirkungen haben. Vielleicht kommt es im Zuge dessen zu erneuten Straftaten.

Spätestens dann ist das Projekt Bewährungshilfe gescheitert. Daher sollte die Arbeit mit den Schemamodi im Arbeitsfeld Bewährungshilfe schon während der Aufnahme der Zusammenarbeit stattfinden.

Problemklärung

Ein Hauptproblem bei vielen jugendlichen Straftätern ist der Mechanismus externale Kausalattribuierung, worauf schon hingewiesen wurde. Viele delinquente Heranwachsende sehen sich entsprechend selbst als Opfer ihrer eigenen Vergehen. Das Schemamodus-Modell soll diesen Wahrnehmungsfehler schrittweise beheben.

Die Arbeit mit den Schemamodi ist nicht nur bei akuten Rückfällen hilfreich, sondern sie kann auch zur Prävention eingesetzt werden. Spielerisch beziehungsweise humorvoll kann die Fachkraft einfache, aber eindeutige Schemamodi-Bezeichnungen in Gespräche mit den Straffälligen einstreuen („Na, Michael, kam da vor zwei Tagen der Killer-Michael in Dir raus, hm?").

Bei solchen Interventionen sollte ausreichend Beziehungskredit vorhanden sein; außerdem muss sich der Klient gerade im Modus des *Gesunden Erwachsenen* befinden. Reagiert der Jugendliche auf solche Feststellungen nicht positiv, wartet die Fachkraft auf die nächste Situation, in der der Straftäter gesprächsbereit erscheint.

Sobald der Jugendliche eine Schemamodus-Bezeichnung als „Arbeitsbegriff" akzeptiert, wird dieser immer wieder mal von der Fachkraft aufgegriffen. Irgendwann kann man aktuelle Probleme des Klienten in Zusammenhang mit vergangenen Konflikten (vor der Haft) bringen („Der Killer-Michael in Dir hat Dich schon öfter in die Bredouille gebracht, stimmt's?" oder Ähnliches).

Eventuell entwickeln sich durch solche humorvollen Sticheleien authentische Unterhaltungen über einen bestimmten maladaptiven Schemamodus. Die Vor- und Nachteile der entsprechenden Persönlichkeitsfacette werden gemeinsam abgewogen.

Denkbar ist auch, dass die Fachkraft in einem passenden Moment unter vier Augen die Wirkungsweisen von ausgewählten Schemamodi erklärt. Anhand einer Tabelle beispielsweise kann so der Klient in Sachen Schemamodi geschult werden. Eine solche Tabelle kann (in Anlehnung an das obige Beispiel) folgendermaßen aussehen:

Innerer…	… motiviert Dich dazu…
Schikanierer-Michael	… Deine Mitmenschen zu mobben und fertig zu machen.
Zerstörer/Killer-Michael	… Sachen zu zerstören, aber auch dazu, andere zu schlagen, zu verletzen.
Trickser-Michael	… andere zu manipulieren, für Deine Absichten einzuspannen.

Erfahrungsgemäß hilft es dem Betreffenden sehr, wenn die Fachkraft die Tabelle auf ihre eigenen Modi bezieht und (harmlose) Beispiele abseits des Berufsalltags einbringt.

Es sollte auch geklärt werden, wann und wie genau welcher Modus ausgelöst wird. Letztlich soll, wie auch bei den anderen Arbeitsfeldern der Fall, der Klient in die Verantwortung genommen werden, er muss seine charakterlichen Schattenseiten kontrollieren lernen. Ansonsten, darauf weist der professionelle Helfer immer wieder hin, kommt es gezwungenermaßen zu Rückfällen und somit zu Straftaten, die nicht ungesühnt bleiben werden.

Auch im Arbeitsfeld Bewährungshilfe kann der professionelle Helfer die beschriebenen Phasen berücksichtigen. Hierfür ist es notwendig, sich genau über die begangenen Straftaten zu informieren und sie auf maladaptive Schemamodi zu beziehen.

Aktive Motivation zur Problembewältigung

Wenn Klienten verschiedene Namen für ihre kostenverursachenden Persönlichkeitsfacetten gefunden haben, sind die Voraussetzungen für eine bewusste Kontrolle der Schemamodi geschaffen.

Zur Unterstützung der Arbeit sollten Schemamodus-Memos erstellt werden. Außerdem bietet sich für Straffällige das Führen von Schemamodus-Tagebüchern an. In diesem wird täglich festgehalten, wann es zu Aktivierungen kommt und wie man der Sachlage letztlich Herr wurde.

Erfahrungsgemäß schreiben delinquente Jugendliche erst dann Tagebücher, wenn sie dem professionellen Helfer völlig vertrauen und ihn als persönliche Bezugsperson akzeptieren.

Es soll an dieser Stelle nicht verschwiegen werden, dass erfolgreiches Arbeiten in den beiden hier dargestellten Arbeitsfeldern nur selten gelingt und viel vom Helfer abverlangt wird. Er muss Rückschläge hinnehmen, verzeihen, einfordern, empathisch konfrontieren usw.

Deutung des Eingangsfalls und mögliche Interventionen

Ein wegen mehrfachen Autodiebstahls und mehrfacher schwerer Körperverletzung vorbestrafter 18-jähriger Jugendlicher (Michael) gerät eines Tages in einer Discothek in eine Schlägerei. Einer der Beteiligten zeigt ihn bei der Polizei an. Er wird wenig später verhaftet und muss sich nach kurzer Zeit vor dem Richter verantworten. Das Urteil: zwei Jahre Haft ohne Bewährung. Er wird in die Jugendstrafvollzugsanstalt verlegt. Zeugen der Schlägerei sagten im Prozess aus, er hätte ohne ersichtlichen Grund auf sein Opfer mit äußerster Brutalität eingeschlagen, bis es bewusstlos wurde (***Zerstörer-/Killer-Modus***).
In der Jugendstrafvollzugsanstalt wird er wegen der Qualität der Tat gezielt von einem Sozialarbeiter betreut, der nur unter Widerständen einen freundschaftlichen Kontakt zu ihm aufbauen kann (***Modus Manipulierer, Trickser, Lügner***). Begleitet wird die Phase des Beziehungsaufbaus von einigen Stolpersteinen („Alter, mit Dir will ich nix zu tun haben!") (***Modus Aggressiver Beschützer***). Michael lässt ihn oft auflaufen und lacht ihn dann aus (***Modus Manipulierer, Trickser, Lügner***). Doch der Sozialarbeiter lässt sich davon nicht beeindrucken (***Herstellung von innerem Anstand***), ihm liegt etwas an Michael. Eines Tages führen Sie ein Gespräch über das Model Pamela Anderson, Michael hat ein Poster von ihr in seiner Zelle hängen (***Komplementäre Beziehungsgestaltung***). Diese Unterhaltung bricht das Eis.
Michael ärgert sich sehr darüber, dass er mit anderen Häftlingen an Gruppengesprächen teilnehmen muss (***Modus Aggressiver Beschützer***). Sie finden jeden Montag statt, ein Psychologe betreut die Gruppe. Vor allem Sozialkompetenz soll erlernt werden. „Das interessiert mich einen Scheiß!", so sein Kommentar zu den Terminen (***Modus Aggressiver Beschützer***).
Der Sozialarbeiter konfrontiert Michael irgendwann auch mit seinen Taten. „Warum hast Du die Autos geknackt?" (***Modus Aggressiver Beschützer***) – Antwort: „Tja, wenn die Besitzer so doof sind und die Schlüssel stecken lassen! Selbst schuld!" (***Modus Aggressiver Beschützer***) – „Und wie kam es zu den Schlägereien?" – Antwort: „Weil die Anderen mich immer so blöd angeguckt haben!" (***Modus Aggressiver Beschützer***)

An diesen Aussagen sieht man die Funktionsweise von reflexartigen Selbstrechtfertigungstendenzen. Dem Sozialarbeiter gelingt es in eineinhalb Jahren nicht, den Wahrnehmungsfehler externale Kausalattribuierung bei dem Inhaftierten zu reduzieren.

Es kommt trotz gemeinsamer Absprachen („Keine Gewalt!") während des Aufenthalts immer wieder zu Handgreiflichkeiten mit anderen Mithäftlingen (***Schikanierer- und Angreifer-Modus***), die „mich wieder blöd angeguckt haben". Mithäftlinge berichten von grausamen Misshandlungen von anderen jungen Männern („Scheinhinrichtung mit Probehängen") (***Zerstörer-/Killer-Modus***) – aber auch von Diebstählen und Drogenhandel, in die Michael verwickelt sein soll (***Modus Manipulierer, Trickser, Lügner***). Nachweisen kann man ihm nichts.

Auch gegenüber dem Sozialarbeiter verliert Michael in dieser Zeit mehrmals die Fassung („Sie machen mich aggressiv!").

Bald soll die restliche Haft in eine Bewährungsstrafe umgewandelt werden.

Schemapädagogische Analyse und Interventionen

Der Jugendliche offenbart eine brisante Mischung aus maladaptiven Schemamodi. Die Verhaltensweisen von Michael weisen auf die Relevanz des Schemas *Misstrauen/Missbrauch* hin (siehe Straftaten, Handgreiflichkeiten mit anderen Häftlingen, Durchführung von „Scheinhinrichtungen"). Es kommt in der JA immer wieder zu Modus-Aktivierungen, unter denen Mithäftlinge leiden müssen. Ein Problembewusstsein existiert nicht.

Die Fachkraft spricht nach der Realisierung der komplementären Beziehungsgestaltung den Jugendlichen auf seine kostenverursachenden Schemamodi an. Das kann humorvoll, spielerisch oder zynisch praktiziert werden. Bevorzugt kann das auch dann passieren, wenn der Jugendliche aggressiv gegenüber dem professionellen Helfer auftrifft („Siehst Du, das ist jetzt der Killer-Michael!"). Wenn nach mehreren Gesprächen ausreichend Bewusstsein von den Schemamodi vorhanden ist, können Schemamodus-Memos verfasst werden. Der Jugendliche sollte außerdem dazu animiert werden, ein Schemamodus-Tagebuch zu führen.

Dies unterstützt die üblichen pädagogischen und therapeutischen Vorgehensweisen, die der Förderung der Ressourcen und Potenziale des Jugendlichen dienen.

5.9 Straßensozialarbeit

Der 36jährige Streetworker Herr K. hat sein Büro in einem sozialen Brennpunktviertel in einer rheinland-pfälzischen Großstadt. Vor vier Monaten hat er seine Tätigkeit aufgenommen. Die Analyse der ansässigen Jugendszene ergab, dass viele Nationalitäten im Viertel vertreten sind, vor allem türkischstämmige Familien. Die Arbeitslosenquote liegt bei über 20 Prozent, die Kriminalitätsrate ebenso.
Viele Jugendliche im Viertel treffen sich auf den beiden nahe gelegenen Spielplätzen. Aber Herr K. begegnet ihnen auch an bestimmten Straßenecken.
Er erfährt in persönlichen Gesprächen, dass die meisten Kids keinen Job beziehungsweise keine Berufsausbildung haben. Probleme haben viele auch in der Schule.
Seine ersten ernsthaften Kontaktversuche sind mehr oder weniger erfolglos. Er wird von einer sechsköpfigen Clique, die er als erste Zielgruppe fokussiert, etwa zehnmal in verschiedenen Variationen wüst beschimpft (etwa: „Verpiss Dich, Du Nazi! Wir wollen nichts von Dir!"). Andere Jugendliche erzählen ihm, dass die Gruppe nachts durch die Straßen zieht und randaliert, zum Beispiel Mülleimer in Brand steckt.
Eines Mittags läuft er am Spielplatz vorbei. Dort stehen die besagten Jugendlichen. Sie üben Kicks und andere Kampfsport-Moves. Er geht zu ihnen rüber, schaut kurz zu und sagt: „Nicht schlecht, der Kick. Ihr habt's anscheinend drauf. Kennt Ihr Bruce Lee?" Einer in der Gruppe antwortet: „Mann, das war der beste Kung-Fu-Kämpfer, den es je gab!" – „Na, dann kommt am Samstagabend mal zu mir ins Büro. Ich zeig' Euch was über Bruce Lee, das habt ihr noch nicht gesehen. Ihr wisst ja, wo mein Büro ist."
Dieses Beziehungsangebot wird angenommen. Die Gruppe sucht am vereinbarten Abend sein Büro auf. Herr K. hat für jeden Jugendlichen aus dem Internet Material zu Bruce Lee zurechtgelegt. An diesem Abend hält Herr K. einen Kurzvortag über den asiatischen Kämpfer und händigt den Jugendlichen Memory-Sticks aus, auf denen der Powerpoint-Vortrag gespeichert ist. Einer sagt: „Hey, willst Du uns bestechen, Mann?"
Es finden weitere Treffen statt. Zwei Jugendliche halten einen Vortrag über einen anderen Asiaten (Jackie Chan). An einem Abend präsentiert er einen „Überraschungsgast": einen Kampfsportlehrer. Der macht mit den Jugendlichen einige Übungen – sie sind begeistert.
Die Beziehung zwischen dem professionellen Helfer und den Klienten wird zunehmend stabiler. Endlich kann der Sozialarbeiter weitgehend störungsfrei seine

Gruppe unterstützen. Sie erzählen ihm eines Abends von den nächtlichen Machenschaften und sehen nach diversen Gesprächen ein, „dass das Mist ist“. Herr K. vermittelt Praktika, schreibt mit den Kids Bewerbungen und gründet sogar einen „Stammtisch“, zu dem er jeden Samstagmorgen die Jugendlichen und deren Eltern einlädt. Außerdem werden Projekte und erlebnispädagogische Freizeitaktivitäten gemeinsam geplant und durchgeführt.

Allgemeines

Straßensozialarbeit (Streetwork) ist eine Arbeitsform der sogenannten *mobilen Jugendarbeit*. Sie findet in ländlichen Räumen und städtischen Ballungsgebieten statt und beginnt dort, wo Jugendliche nicht (mehr) von den öffentlichen Institutionen erreicht werden.

Die Klienten sind in der Regel zwischen 12 und 21 Jahren alt. Zielgruppen sind:

- Randständige Subkulturen,
- Jugendliche aus verschiedenen Szenen (Punks, Skins, Raver usw.),
- aggressive, gewaltbereite Jugendliche,
- Drogengefährdete,
- Obdachlose,
- Prostituierte.

Die professionellen Helfer sind darum bemüht, Zugang zu den eben genannten Jugendgruppen zu bekommen. Erfahrungsgemäß kann dieses Unternehmen für die Fachkraft sehr Stress auslösend sein.

Ein ganz wichtiges Charakteristikum der Straßensozialarbeit ist, dass sie weitgehend in das alltägliche Lebensmilieu der erwähnten Zielgruppen eingebunden ist (STEFFAN 1989). – Der Streetworker sucht die Klienten dort auf, wo sie sich schwerpunktmäßig (außerhalb des Wohnbereichs) aufhalten. Meistens handelt es sich dabei um Szenetreffpunkte, die frequentiert werden.

Gewöhnlich wird dann vor Ort, das heißt am jeweiligen Treffpunkt, eine unverbindliche Beratung angeboten. Aber es gibt oft auch die Möglichkeit einer institutionellen Zusammenkunft, etwa in Büroräumen, die dem Streetworker zur Verfügung stehen (KEPPELER & SPECHT 2005). Diese Rückzugsmöglichkeit wird erfahrungsgemäß von den Jugendlichen überwiegend positiv angenommen.

Streetwork hat das Ziel, benachteiligten Jugendlichen den Weg zurück ins gesellschaftliche Leben zu ebnen (SACHSSE 2008); hierzu wird ressourcenorientiert interveniert, außerdem werden gleichzeitig institutionelle Hilfsnetzwerke aufgebaut, um die Betreffenden sozial zu integrieren.

Eigene Schemata und Schemamodi berücksichtigen

Die Arbeit mit Jugendlichen, die zu den oben genannten Zielgruppen gehören, erfordert eine hohe Frustrationstoleranz. Leicht werden aufseiten der Fachkraft maladaptive Schemamodi aktiviert; die Jugendlichen setzen ihre ganzen Manipulationskompetenzen ein.

Streetworker haben vor allem in der Phase des Beziehungsaufbaus entsprechend mit allerhand Tests, Images und stressauslösenden Psychospielen zu tun. Es ist sehr wichtig, dass sich die Fachkraft nicht zu negativem Feedback verleiten lässt. Hierzu muss sie sich bewusst machen, dass sich viele Peergroups bewusst nach außen hin abkapseln.

Die einzelnen Mitglieder erleben die Gleichaltrigengruppe als Schonraum. Jedwede Intervention von außen kann als „Störung" wahrgenommen werden. Auf der anderen Seite haben viele Jugendliche die Auffassung entwickelt, dass „die" Erwachsenen sie einschränken, kontrollieren und erziehen wollen. Entsprechend kommt es häufig zu vorauseilendem Argwohn dem Streetworker gegenüber.

Komplementärer Beziehungsaufbau

Im Arbeitsfeld Straßensozialarbeit braucht die Fachkraft meistens ein ganz bestimmtes Fingerspitzengefühl, um auf die Jugendlichen einen guten Ersteindruck zu machen. Wie schon gesagt, es ist sehr wichtig, dass man etwaige Tests erfolgreich besteht (in Bezug auf das obige Beispiel: „Verpiss Dich, Du Nazi. Wir wollen nichts von Dir!").

Bei so einer Provokation bleibt die Fachkraft auf der Sachebene und verweist eventuell auf seine Tätigkeiten und Aufgaben, die sie aufnehmen will.

Herr K. konnte einen ersten positiven Kontakt zu der von ihm ausgewählten Gruppe knüpfen, als er authentisch auf ihre Interessen einging; in diesem Fall stand Kampfsport im Mittelpunkt. Das von ihm dann formulierte Beziehungsangebot traf die Motivation der Jugendlichen, und sie suchten ihn in seinem Büro auf. Sie sahen sich seinen Powerpoint-Vortrag an und zeigten dabei Interesse.

Erfahrungsgemäß ist es eine sinnvolle Vorgehensweise, sich zunächst voll und ganz auf die Interessen der Zielgruppe einzustellen. Vielleicht hört der Sozialpädagoge den Namen eines Musikers oder Künstlers. Kann er dann über dieses oder jenes Thema mitreden, reicht das häufig schon aus, um einen guten Eindruck zu hinterlassen.

Meistens ist es auch ein Vorteil, wenn man die Sprache beherrscht, die auf der Straße gesprochen wird, oder aber auch den ortsüblichen Dialekt kommunizieren kann. Solche Eigenschaften können sicherlich in diesem Arbeitsfeld als soziale Kompetenzen bezeichnet werden, die ihren Sinn meistens nicht verfehlen.

Erwähnt werden sollte noch: Hat der Streetworker eine andere Nationalität als die Zielgruppe, kann dies dazu führen, dass die Phase des komplementären Beziehungsaufbaus länger andauert. Die Fachkraft sollte sich auf diese mögliche Komplikation einstellen.

Ausbau von vorhanden Kompetenzen

Die Konfrontation mit den Kosten der maladaptiven Schemamodi der Jugendlichen kann erst stattfinden, wenn genug Beziehungskredit erarbeitet wurde. Gerade im Arbeitsfeld Straßensozialarbeit dient der Ausbau der vorhandenen Kompetenzen gleichzeitig auch dem Beziehungsaufbau.

In der Regel geht die Gruppe als Ganzes verschiedenen Interessen nach, die Ansatzpunkte für die Fachkraft darstellen. In Bezug auf obiges Exempel hat der Streetworker das Thema asiatischer Kampfsport aufgegriffen. Andere Gruppen hätte man vielleicht mit einem Musik- oder Tanzprojekt zu gemeinsamen Aktivitäten motivieren können. Prinzipiell erscheint es jedoch besser, Schritt für Schritt vorzugehen.

Werden gemeinsame Projekte irgendwann realisiert, wird die ganze Gruppe in vielerlei Hinsicht gefördert. Jeder ist involviert, hat seine Aufgabe, und jeder erfährt Anerkennung, Solidarität und das Gefühl von Wichtigkeit.

Infolge dieser Entwicklungen wird der Streetworker mehr und mehr von der Gruppe akzeptiert und respektiert. Die manipulativen Interaktionsspiele, die noch am Anfang der Zusammenarbeit praktiziert wurden, werden von der

Gruppe nach und nach aufgegeben.

Eventuell ergeben sich Gespräche mit den Klienten, in denen sie von ihren beruflichen oder schulischen Zukunftsplänen berichten. Sie Fachkraft kann die Jugendlichen daraufhin eventuell bei der Vermittlung von Praktika beziehungsweise Schulplätzen unterstützen. Die Durchführung von Bewerbertrainings in den Büroräumen der Fachkraft ist ebenso denkbar.

Problemaktualisierung

In der Zeit des komplementären Beziehungsablaufs bleiben problematische Erlebnisse der Jugendlichen außerhalb der gemeinsamen Zeit gewöhnlich nicht aus, sei es in der Schule, Freizeit, im Beruf oder Ähnliches.

Es ist dann wichtig, Konflikte, die sich offensichtlich stets wiederholen, zu registrieren, einzuordnen und auf zugrundeliegende Schemamodi zu beziehen.

Meistens erzählen die Jugendlichen irgendwann auch dem Streetworker von den Vorfällen. Falls nicht, wird dies von der Fachkraft bemerkt und sie konzentriert sich wieder auf den komplementären Beziehungsaufbau.

Werden entsprechende Vorfälle geschildert, hört die Fachkraft aktiv zu und unterstützt die Ausführung der Jugendlichen durch Empathie, Kongruenz und Akzeptanz. Kritik beziehungsweise Tipps äußert der Helfer anfangs nur, wenn er darum gebeten wird.

Dies trägt wieder zu mehr Beziehungskredit bei. Die Fachkraft ist sich darüber bewusst, dass jegliche Konfrontation wieder Beziehungskredit abbucht. Daher praktiziert sie ausschließlich entsprechende Interventionen, wenn sie wirklich angebracht sind.

Problemklärung

In einer passenden Situation führt der Streetworker die Gruppe in die Schemamodi ein, wobei er, wie in anderen Arbeitsfeldern auch, Begriffe zur Beschreibung wählt, die aus der Sprache der Klienten entlehnt ist.

Diese Phase kann etwa an einem gemeinsamen Abend beginnen, wenn es die Umstände erlauben. Dann herrscht eine hohe Wahrscheinlichkeit vor, dass viele der Anwesenden gerade im Modus des *Gesunden Erwachsenen* sind.

Herr K. beispielsweise hat in so einer Situation die Jugendlichen auf die nächtlichen Sachbeschädigungen angesprochen; sie haben ihm Gegenüber aufgrund von ausreichend vorhandenem Beziehungskredit Reue gezeigt.

Unterstützt werden kann ein entsprechend klärendes Gespräch durch die Einführung in die Schemamodi. Der Streetworker kann dann alle anwesenden Jugendlichen ansprechen; er kann in den Raum werfen: „Na, in wem von Euch steckt denn noch so ein kleiner Randalierer, der manchmal ein bisschen auf den Putz hauen will?" Eine solche Intervention ist erfahrungsgemäß wirkungsvoller, wenn sie humorvoll klingt (obwohl das Vergehen der Jugendlichen alles andere als humorvoll ist).

Melden sich mehrere Jugendliche – und das passiert dann meistens –, knüpft der Streetworker an weiteren möglichen Vergehen an, an denen der „kleine Randalierer" möglicherweise beteiligt ist.

Eventuell ist es sogar möglich, weitere Persönlichkeitsfacetten der Jugendlichen noch am selben Tag zu thematisieren. Die Fachkraft schätzt vor Ort ein, ob die Jugendlichen dazu motiviert sind.

Mithilfe der Schemamodus-Klärung entsteht bei den Klienten meistens ein Problembewusstsein. Um dieses zu fördern, entwirft der Streetworker mit den Betreffenden Schemamodus-Memos. Mit diesen wird weiter gearbeitet.

Die Fachkraft kann in Absprache mit den Jugendlichen etwa ein Belohnungs- und Bestrafungssystem in Bezug auf die angestrebte Kontrolle des jeweiligen Schemamodus einrichten.

Aktive Motivation zur Problembewältigung

Die Arbeit mit Gruppen bringt einen erfreulichen Vorteil mit sich. Die Jugendlichen, die ihr Leben wirklich verändern wollen, motivieren die anderen Heranwachsenden – was zu einer wechselseitigen Verstärkung führen kann.

Auf der anderen Seite macht auch der Streetworker als ganzheitliches Vorbild einen positiven Eindruck. Von vielen Heranwachsenden wird er als Freund, von manchen als Kumpel oder sogar als Vater-Ersatz wahrgenommen.

Er hat entsprechend einen großen Einfluss auf die Klienten, kann sie motivieren, anspornen, in die Verantwortung nehmen usw.

Der 36jährige Streetworker Herr K. hat sein Büro in einem sozialen Brennpunktviertel in einer rheinland-pfälzischen Großstadt. Vor vier Monaten hat er seine Tätigkeit aufgenommen. Die Analyse der ansässigen Jugendszene ergab, dass viele Nationalitäten im Viertel vertreten sind, vor allem türkischstämmige Familien. Die Arbeitslosenquote liegt bei über 20 Prozent, die Kriminalitätsrate ebenso.
Viele Jugendliche im Viertel treffen sich auf den beiden nahe gelegenen Spielplätzen. Aber Herr K. begegnet ihnen auch an bestimmten Straßenecken.
Er erfährt in persönlichen Gesprächen, dass die meisten Kids keinen Job beziehungsweise keine Berufsausbildung haben. Probleme haben viele auch in der Schule.
Seine ersten ernsthaften Kontaktversuche sind mehr oder weniger erfolglos. Er wird von einer sechsköpfigen Clique, die er als erste Zielgruppe fokussiert, etwa zehnmal in verschiedenen Variationen wüst beschimpft (etwa: „Verpiss Dich, Du Nazi! Wir wollen nichts von Dir!") (**eventuell: *Erduldung des Schemas Soziale Isolation***). Andere Jugendliche erzählen ihm, dass die Gruppe nachts durch die Straßen zieht und randaliert, zum Beispiel Mülleimer in Brand steckt (***Zerstörer-/Killer-Modus***).
Eines Mittags läuft er am Spielplatz vorbei. Dort stehen die besagten Jugendlichen. Sie üben Kicks und andere Kampfsport-Moves (***Modus Selbsterhöher/Wichtigtuer***). Er geht zu ihnen rüber, schaut kurz zu und sagt: „Nicht schlecht, der Kick. Ihr habt's anscheinend drauf. Kennt Ihr Bruce Lee?" (***Berücksichtigung des Bedürfnisses nach Anerkennung, komplementäre Beziehungsgestaltung***) Einer in der Gruppe antwortet: „Mann, das war der beste Kung-Fu-Kämpfer, den es je gab!" – „Na, dann kommt am Samstagabend mal zu mir ins Büro. Ich zeig' Euch was über Bruce Lee, das habt ihr noch nicht gesehen. Ihr wisst ja, wo mein Büro ist." (***komplementäre Beziehungsgestaltung***)
Dieses Beziehungsangebot wird angenommen. Die Gruppe sucht am vereinbarten Abend sein Büro auf. Herr K. hat für jeden Jugendlichen aus dem Internet Material zu Bruce Lee zurechtgelegt (***Berücksichtigung der Bedürfnisse Wichtigkeit, Anerkennung, Verlässlichkeit***). An diesem Abend hält Herr K. einen Kurzvortag über den asiatischen Kämpfer und händigt den Jugendlichen Memory-Sticks aus, auf denen der Powerpoint-Vortrag gespeichert ist. Einer sagt: „Hey, willst Du uns bestechen, Mann?" (***Test***)
Es finden weitere Treffen statt. Zwei Jugendliche halten einen Vortrag über einen anderen Asiaten (Jackie Chan) (***Befriedigung des Bedürfnisses nach Anerkennung***). An einem Abend präsentiert er einen „Überraschungsgast": einen

Kampfsportlehrer. Der macht mit den Jugendlichen einige Übungen – sie sind begeistert. (***Der Streetworker befriedigt das Bedürfnis der Jugendlichen nach Solidarität***)
Die Beziehung zwischen dem professionellen Helfer und den Klienten wird zunehmend stabiler. Endlich kann der Sozialarbeiter weitgehend störungsfrei seine Gruppe unterstützen. Sie erzählen ihm eines Abends von den nächtlichen Machenschaften und sehen nach diversen Gesprächen ein, „dass das Mist ist" (***Modus des Gesunden Erwachsenen***). Herr K. vermittelt Praktika, schreibt mit den Kids Bewerbungen (***Berücksichtigung der Bedürfnisse Wichtigkeit, Anerkennung, Verlässlichkeit***) und gründet sogar einen „Stammtisch", zu dem er jeden Samstagmorgen die Jugendlichen und deren Eltern einlädt. Außerdem werden Projekte und erlebnispädagogische Freizeitaktivitäten gemeinsam geplant und durchgeführt.

Schemapädagogische Analyse und Interventionen
Die Gruppe wollte zunächst vom Sozialarbeiter nichts wissen und wies seine Kontaktversuche aggressiv zurück. Der Sozialarbeiter lies sich von diesen Tests nicht beeindrucken und blieb weiter positiv zugewandt. Hätte er sich provozieren lassen, hätte er seinen bis dato aufgebauten Eindruck auf einmal verloren.
Es gelang ihm schließlich, über das Thema Kampfsport einen Zugang zur Gruppe zu finden. Er orientierte sich weiterhin an den Interessen der Jugendlichen und konnte so maßgeblich dazu beitragen, dass sie ihm gegenüber ihr manipulatives Verhalten und weitere Tests unterließen.
Die Gruppe gestand sogar die nächtlichen Vergehen. In diesen Momenten, in denen der Modus Gesunder Erwachsener aktiviert war, hätte der Streetworker verschiedene maladaptive Schemamodi thematisieren können, und zwar in einer humorvollen Weise („So, in wem von Euch steckt denn noch so ein kleiner Randalierer?"). Bei weiteren Treffen hätte der Streetworker auch gemeinsam mit den Jugendlichen Schemamodi-Memos erarbeiten können.
In Bezug auf den professionellen Umgang mit potenziell delinquenten oder allgemein schwierigen Gruppen ist es sinnvoll, irgendwann die Schemamodi anzusprechen und mit ihnen zu arbeiten.
Denn nur weil infolge der komplementären Beziehungsgestaltung vorwiegend der Modus des Gesunden Erwachsenen aktiviert ist, sind andere (maladaptive) mentale Zustände nicht plötzlich „weg". Sie können – vor allem in Abwesenheit des Streetworkers – in entsprechenden Situationen wieder aktiviert werden und delinquentes Verhalten auslösen. Es kommt dann trotz etwaiger Versprechen („Ich

mach kein Scheiß mehr!“) wieder zu Rückfällen. Diese sollten dann wieder thematisiert werden.

6. Ausblick

In diesem Buch wurden erstmals Brücken zwischen verschiedenen schemaorientierten Psychotherapiekonzepten (Kognitive Therapie, Klärungsorientierte Psychotherapie und Schematherapie) und ausgewählten psychosozialen Arbeitsfeldern geschlagen.

Beabsichtigt war, die Lücke zwischen beiden Dimensionen zu schließen und einen Beitrag zur Professionalisierung in Bezug auf letztgenannte Arbeitsfelder zu leisten. Denn in den meisten nicht-psychotherapeutischen Helferberufen sind Arbeitsweisen und Konzepte, die innerpsychische Prozesse der Klienten konkret fokussieren, thematisieren und bearbeiten, Mangelware. Dies stellt ein Manko dar.

Neuere Erkenntnisse verschiedener Humanwissenschaften (Neurobiologie, Bindungstheorie, Motivationstheorie) legen nahe, dass auffällige, kostenintensive Verhaltensweisen von Klienten durch kognitive *und* affektive Motive verursacht werden, die Betreffende selbst nicht durchschauen.

Wenn diese umfassenden Muster nicht gemeinsam mit dem Helfer geklärt werden, kommt es mit hoher Wahrscheinlichkeit zukünftig immer wieder zu entsprechenden Aktivierungen, sprich zu Rückfällen (was ja auch in psychosozialen Arbeitsfeldern gerade verhindert werden soll).

Es lohnt also die Perspektive, im Berufsalltag die Klienten als Bündel aus Teil-Persönlichkeiten wahrzunehmen. Das Schemamodus-Modell ist dabei hilfreich, es unterstützt die Diagnostik.

Schemapädagogik berücksichtigt die Befunde von Neurobiologie, Bindungstheorie und Motivationstheorie. Schemapädagogen gehen entsprechend davon aus, dass die Probleme von Klienten der Sozialpädagogik und Sozialen Arbeit vor allem durch dysfunktionale innerpsychische Muster, genauer gesagt, Schemata und Schemamodi, verursacht sind, die sich im biografischen Kontext über einen längeren Zeitraum hinweg entwickelt und sich neuronal kognitiv und affektiv niedergeschlagen haben.

Werden solche Muster durch Situationen oder Mitmenschen aktiviert, provozieren sie seitens des Klienten stets dieselben Kognitionen, Affekte, Handlungsimpulse und Handlungen selbst.

Da es sich um nachteilige Muster handelt, sorgen sie für hohe Kosten in Bezug auf den Umgang mit sich selbst und anderen. Betreffende erleben immer wieder dieselben Konflikte, wofür sie im Zuge des menschlichen, allzu menschlichen Wahrnehmungsfehlers externale Kausalattribuierung stets die Anderen verantwortlich machen.

Es liegt fatalerweise in der Natur der Sache, dass Klienten nicht über ihre kostenintensiven Schemata und Schemamodi Bescheid wissen, sie sind ihnen nicht präsent, sondern unbewusst.

Schemapädagogen diagnostizieren daher in erster Linie die dysfunktionalen Schemata und Schemamodi (Persönlichkeitsfacetten) der Klienten. Parallel dazu wird eine komplementäre Beziehungsgestaltung etabliert. Der professionelle Helfer passt sich bewusst an die Motivebene des Anderen an. Sobald genug Beziehungskredit zwischen Klient und Helfer besteht, werden maladaptive Schemamodi bewusst gemacht und gemeinsam geklärt.

Der Klient lernt dadurch eine konkrete und fassbare Persönlichkeitsfacette von sich kennen, die hohe Kosten verursacht. Am Ende der Zusammenarbeit kann der Klient seine maladaptiven Schemamodi kontrollieren und in entsprechenden Situationen unterdrücken.

Hierzu werden Schemamodi-Memos erstellt. Natürlich kommt es immer wieder zu Rückschlägen, das lässt sich gar nicht vermeiden. Der Grund liegt darin, dass Menschen ungern das aufgeben, was sie seit Kindheit oder Jugend sehr gut kennen. Maladaptive Schemata und Schemamodi gehören in dieser Hinsicht zum „Bekannten".

Fazit

Die Berücksichtigung und der Transfer von Elementen der schemaorientierten

Psychotherapiekonzepte in psychosoziale und sozialpädagogische Arbeitsfelder erscheinen verheißungsvoll; erste Rückmeldungen von Angehörigen der Helferberufe stimmen optimistisch.

In Bezug auf die Praxis der Schemapädagogik lassen sich nunmehr Ansatzpunkte für vertiefende Fragestellungen und Forschungsaufgaben ableiten.

Weiterführende Literatur

Damm, M. (2009). Nervensägen - und wie man mit ihnen klarkommt. Freiburg i.B.: Herder.
In diesem Buch werden verschiedene Persönlichkeitstypen beschrieben, die spezifische Selbst- und Beziehungsschemata offenbaren (unter anderem Narzissten, Paranoiker, Schizoide, Zwanghafte). Es finden sich Anregungen zum Umgang mit „schwierigen" Partnern, Eltern, Kunden und Chefs.

Damm, M. (2010). Sei du selbst. Es ist dein Leben. Freiburg i.B.: Herder.
Ein praktischer Ratgeber zum Umgang mit eigenen nachteiligen Selbst- und Beziehungsschemata – auf der Basis von psychodynamischen Konzepten.

Damm, M. (2010). Von der Schematherapie zur Schemapädagogik. Neue Möglichkeiten und Methoden für das Praxisfeld Erziehung. Wiesbaden: VS Verlag.
Das Buch schlägt eine Brücke zwischen Schematherapie und Sozialpädagogik. Neue Innovationen werden für folgende Arbeitsfelder dargestellt: Krippe, Kindergarten, Hort, Heimerziehung, Offene Kinder- und Jugendarbeit, Schule, Kinder- und Jugendpsychiatrie.

Damm, M. (2011). Schemapädagogik im Unterricht. Schwierige Schüler verstehen und mit ihnen klarkommen. Stuttgart: Ibidem Verlag.
Dieses Buch beinhaltet die Grundlagen der Schemapädagogik und ihr Transfer in den Unterrichtsalltag.

Roediger, E. (2009). Praxis der Schematherapie. Stuttgart: Schattauer.
In diesem Fachbuch werden die Grundlagen und einige Erweiterungen der Schematherapie erläutert.

Roediger, E. (2009). Was ist Schematherapie? Eine Einführung in Grundlagen, Modell und Anwendung. Paderborn: Junfermann.
Dieses Buch ist ein guter Einstieg in die Theorie und Praxis der Schematherapie.

Roediger, E. & Jacob, G. (Hrsg.) (2010). Fortschritte der Schematherapie. Göttingen: Hogrefe.
Ausdifferenzierungen der Schematherapie finden interessierte Leser hier.

Sachse, R., Püschel, O., Fasbender, J., Breil, J. (2008). Klärungsorientierte Schemabearbeitung. Dysfunktionale Schemata effektiv verändern. Göttingen u.a.: Hogrefe.
In diesem praxisorientierten Buch geht es vor allem um das Schema-Verständnis in der Klärungsorientierten Psychotherapie. Außerdem wird die Schema-Bearbeitung ausführlich dargestellt.

Sachse, R., Fasbender, J., Breil, J., Püschel, O. (2009). Grundlagen und Konzepte Klärungsorientierter Psychotherapie. Göttingen u.a.: Hogrefe.
Hier werden die theoretischen Grundlagen und praktischen Arbeitsweisen der Klärungsorientierten Psychotherapie erläutert.

Sachse, R. (2006). Persönlichkeitsstörungen verstehen. Zum Umgang mit schwierigen Klienten. Bonn: Psychiatrie-Verlag.
Dieser leicht verständliche Ratgeber richtet sich an Angehörige der psychotherapeutischen und sozialpädagogischen Berufe.

Young, J.E., Klosko, J. & Weishaar, M.J. (2005). Schematherapie. Ein praxisorientiertes Handbuch. Paderborn: Junfermann.
Dieses Fachbuch ist das Grundlagenwerk der Schematherapie.

Young, J.E. & Klosko, J. (2006). Sein Leben neu erfinden. Wie Sie Lebensfallen meistern. Paderborn: Junfermann.
Ursprünglich für Klienten der Schematherapie verfasst, eignet sich dieses Buch auch für Laien, die sich für Schematherapie interessieren.

Kontakte

Weitere Informationen zur Schemapädagogik (auch als Download) finden Interessenten auf der Homepage des Autors (www.schemapädagogik.de).

Fortbildungen in Schemapädagogik

Am Institut für Schemapädagogik (Worms) werden verschiedene Fortbildungen zur Schemapädagogik angeboten. Auf der oben genannten Homepage werden sie ausführlich beschrieben.

Kontakt:

Institut für Schemapädagogik
Dr. Marcus Damm
Höhenstr. 56
67550 Worms

Im Rahmen der (Berufsschul-)Lehrerfortbildung in Rheinland-Pfalz werden die theoretischen Grundlagen und praktischen Anwendungen der Schemapädagogik in der Weiterbildung „Berufsförderpädagogik“ vermittelt, am Institut für schulische Fortbildung und schulpsychologische Beratung des Landes Rheinland-Pfalz (IFB).

Ansprechpartner:

Marc-Guido Ebert
IFB Speyer
Otto-Mayer-Str. 14
67346 Speyer

Literatur

Andresen, J.R. (2001). Kognitive Psychologie (3. Aufl.). Heidelberg, Berlin: Spektrum.

Arnold, R. (2008). Die emotionale Konstruktion der Wirklichkeit (2. Aufl.). Balmannsweiler: Schneider Verlag Hohengehren.

Arntz, A., Klokman, J., Sieswerda & Simke (2005). An experimental test of the schema mode model of borderline personality disorder. Journal of behavior Therapie and Experimental Psychiatry, 36 (3), 226-239.

Ainsworth, M.D.S. (1968). Object relations, dependency and attachment. A theoretical review of the infant-mother relationship. Child Dev, 40, 969-1025.

Bauer, J. (2007a). Warum ich fühle, was du fühlst (6. Aufl.). München: Heyne.

Bauer, J. (2007b). Prinzip Menschlichkeit. Warum wir von Natur aus kooperieren (3. Auf.). Hamburg: Hoffmann & Campe.

Beck, A.T. (1976). Cognitive therapy and the emotional disorders. New York: International University Press.

Beck, A.T., Rush, A.J., Shaw, B.F. & Emery, G. (1979/2001). Kognitive Therapie der Depression. Weinheim: Beltz

Beck, A.T., Freeman, A. & Davis, D. (2004). Cognitiv Therapy of Personality Disorders. New York, London: Guilford Press.

Berbalk, H. & Young, J.E. (2008). Schematherapie. In: J. Markgraf & S. Schneider. (Hrsg.). Verhaltenstherapie 1. Grundlagen und Verfahren (3. Aufl.). Berlin: Springer.

Berne, E. (1964/2005). Spiele der Erwachsenen. Psychologie der menschlichen Beziehungen (5. Aufl.). Reinbek: Rowohlt.

Bettmer, F. & Prüß, F. (2005). Schule und Jugendhilfe. In: H.-U. Otto & H. Thiersch (Hrsg.). Handbuch Sozialarbeit/Sozialpädagogik (3. Aufl.), 1536–1539. München: Reinhardt.

Bierhoff, H.-W. (2006). Sozialpsychologie. Ein Lehrbuch (6. Aufl.). Stuttgart: Kohlhammer.

Bodenburg, I. & Kollmann, I. (2009). Frühpädagogik - arbeiten mit Kindern von 0-3 Jahren. Troisdorf: Bildungsverlag Eins.

Bowlby, J. (1973). Attachment and Loss (Vol. 2). Separation. Anxiety and anger. New York: Basic Books.

Brühl, A. (2008). Bewährungshilfe. In: D. Kreft & I. Mielenz (Hrsg.). Wörterbuch Soziale Arbeit (6. Aufl.), 179–183. Weinheim und München: Juventa.

Damasio, A.R. (2000). Ich fühle, also bin ich. München: List.

Damasio, A.R. (2004). Descartes' Irrtum. Fühlen, Denken und das menschliche Gehirn. Berlin: List.

Damm, M. (2006). Psychologie der Eifersucht. Ursachen, Formen und Wege aus der Eifersuchtsfalle. Paderborn: Junfermann.

Damm, M. (2007). Frei von Ängsten. Sich neuen Lebensmöglichkeiten öffnen. Freiburg i.B.: Herder.

Damm, M. (2009). Nervensägen - und wie man mit ihnen klarkommt. Freiburg i.B.: Herder.

Damm, M. (2010). Sei du selbst. Es ist dein Leben. Freiburg i.B.: Herder.

Drilling, M. (2004). Schulsozialarbeit. Antworten auf veränderte Lebenswelten (3. Aufl.). Bern: Hans-Huber.

de Jung-Meyer, R. (2008). Kognitive Verfahren nach Beck und Ellis. In: J. Markgraf & S. Schneider (Hrsg.). Verhaltenstherapie 1: Grundlagen und Verfahren (3. Aufl.). Berlin: Springer, 611-628.

Edelman, G.M. (1995). Göttliche Luft, vernichtendes Feuer. München: Piper.

Ellis, A. (1962). Die rational-emotive Therapie. München: Pfeiffer.

Erler, M. (2007). Soziale Arbeit. Ein Lehr- und Arbeitsbuch zu Geschichte, Aufgaben und Theorie (7. Aufl.). Weinheim & München: Juventa.

Fiedler, P. (2001). Persönlichkeitsstörungen (5. Aufl.). Weinheim: PVU.

Freeman, A. (2000). Persönlichkeitsstörungen. In: M. Hautzinger (Hrsg.). Kognitive Verhaltenstherapie bei psychischen Erkrankungen (3. Aufl.), 249–294. Berlin, München: Quintessenz.

Galuske, M. (2009). Methoden der Sozialen Arbeit. Eine Einführung (8. Aufl.). Weinheim & München: Juventa.

Grawe, K. (1998). Psychologische Psychotherapie. Göttingen u.a.: Hogrefe.

Grawe, K. (2004). Neuropsychiatrie. Göttingen u.a.: Hogrefe.

Greenberg, L.S. (2004). Emotion-Focused Therapy. Washington: American Psychological Association.

Greenberg, L.S., Rice, L.N. & Elliot, R. (2003). Emotionale Veränderung fördern. Grundlagen einer prozess- und erlebnisorientierten Therapie. Paderborn: Junfermann.

Grutschpalk, J. (2008). Diagnostik im Rahmen der Schematherapie unter besonderer Berücksichtigung der Persönlichkeitsakzentuierungen. Dissertation verfügbar unter: http://www.sub.uni-hamburg.de/opus/volltexte/2009/3986/ [09.09.2009].

Hammelstein, P. (2009). Kognitive Therapie, Schematherapie und Klärungsorientierte Psychotherapie. Vergleich einzelner Aspekte. In: Sachse, R. et al. Grundlagen und Konzepte Klärungsorientierter Psychotherapie, 184–200. Göttingen u.a.: Hogrefe.

Haug-Schnabel, G. & Bensel, J. (2007). Das erste Lebensjahr. In: Kindergarten Heute spezial. Vom Säugling zum Schulkind (5. Aufl.). Freiburg i.B.: Herder.

Hautzinger, M. (2000). Kognitive Verhaltenstherapie bei Depressionen. In: M. Hautzinger (Hrsg.). Kognitive Verhaltenstherapie bei psychischen Erkrankungen (3. Aufl.), 39–61. Berlin, München: Quintessenz.

Heckhausen, J. & Heckhausen, H. (2006). Motivation und Handeln (3. Aufl.). Heiderlberg: Springer.

Heiner, M. (2007). Soziale Arbeit als Beruf. München: Reinhardt.

Hofgesang, B. (2005). Sozialpädagogische Familienhilfe. In: H.-U. Otto & H. Thiersch (Hrsg.). Handbuch Sozialarbeit/Sozialpädagogik (3. Aufl.), 529–539. München: Reinhardt.

Hundsalz, A. (1995). Die Erziehungsberatung. Grundlagen, Organisation, Konzepte und Methoden. Weinheim & München: Juventa.

Joines, S.J. & Stewart, I. (2008). Persönlichkeitsstile. Wie frühe Anpassungen uns prägen (Band 1). Paderborn: Junfermann.

Junge, H. & Lendermann, H.B. (1990). Das Kinder- und Jugendhilfegesetz (KJHG). Freiburg i.B.: Lambertus.

Keppeler, S. & Specht, W. (2005). Mobile Jugendarbeit. In: H.-U. Otto & H. Thiersch (Hrsg.). Handbuch Sozialarbeit/Sozialpädagogik (3. Aufl.), 1234–1235. München: Reinhardt.

Kleine-Katthöfer, G. (2001). Grundbausteine Sozialpädagogik. Köln: Stam.

König, K. (2003). Abwehrmechanismen (3. Aufl.). Göttingen: Vandenhoeck & Ruprecht.

Kreft, D. & Mielenz, I. (Hrsg.) (2005). Wörterbuch Soziale Arbeit (5. Aufl.). Weinheim und München: Juventa.

Kreuzer, M. (Hrsg.) (2001). Handlungsmodelle in der Familienhilfe. Zwischen Networking und Beziehungsempowerment. Neuwied: Luchterhand.

Kriz, J. (2007). Grundkonzepte der Psychotherapie (6. Aufl.). München: Psychologie Verlags Union.

Kuhl, J. (2001). Motivation und Persönlichkeit. Göttingen u.a.: Hogrefe.

Kreft, D. & Mielenz, I. (Hrsg.). (2008). Wörterbuch Soziale Arbeit (6. Aufl.). Weinheim und München: Juventa.

Lammers, C.-H. (2007). Emotionsbezogene Psychotherapie. Grundlagen, Strategien und Techniken. Stuttgart: Schattauer.

Laubenthal, K. (2008). Strafvollzug (5. Aufl.). Berlin: Springer.

LeDoux, J.E. (2001). Das Netz der Gefühle – Wie Emotionen entstehen. Wien: Carl Hanser.

Leahy, R.L. (2007). Techniken kognitiver Therapie. Paderborn: Junfermann.

Limbrunner, A. (2004). Soziale Arbeit als Beruf (2. Aufl.). Weinheim und München: Juventa.

Markgraf, J. & Schneider, S. (Hrsg.) (2008). Verhaltenstherapie 1. Grundlagen und Verfahren (3. Aufl.). Berlin: Springer.

Main, M. & Solomon, J. (1986). Discovery of a new, insecure-disorganized/disoriented attachment pattern. In: T.B. Brazelton & M. Yohman (Hrsg.). Affective Development in Infancy, 95–124. Norwood, N.J.: Ablex.

McKay, M. & Fanning, P. (2007). Selbstachtung. Das Herz einer gesunden Persönlichkeit. Paderborn: Junfermann.

Meinold, M. (2005). Einzelfallhilfe/Case-Management. In: H.-U. Otto & H. Thiersch (Hrsg.). Handbuch Sozialarbeit/Sozialpädagogik (3. Aufl.), 361-367. München: Reinhardt.

Mentzos, S. (2009). Lehrbuch der Psychodynamik. Die Funktion der Dysfunktionalität psychischer Störungen (2. Aufl.). Göttingen: Vandenhoeck & Ruprecht.

Menne, K. (2008). Erziehungsberatung. In: D. Kreft & I. Mielenz (Hrsg.). Wörterbuch Soziale Arbeit (6. Aufl.), 259–263. Weinheim und München: Juventa.

Mührel, M. (2005). Einzelfallhilfe/Case-Management. In: H.-U. Otto & H. Thiersch (Hrsg.). Handbuch Sozialarbeit/Sozialpädagogik (3. Aufl.), 1842–1849. München: Reinhardt.

Myers, D.G. (2008). Psychologie (2. Aufl.). Berlin: Springer.

Neudeck, P. & Wittchen, H.-U. (Hrsg.). (2005). Konfrontationstherapie bei psychischen Störungen: Theorie und Praxis. Göttingen u.a.: Hogrefe.

Nissen, L. & Bader, K. (2008). Schematherapie nach Jeffrey Young. Grundlagen und Stand der Forschung. Verhaltenstherapie und Psychosoziale Praxis, 40, 249-268.

Nowacki, K. (2009). Klärungsorientierte Psychotherapie aus bindungstheoretischer Sicht. In: Sachse, R. et al. Grundlagen und Konzepte Klärungsorientierter Psychotherapie, 165–183. Göttingen u.a.: Hogrefe.

Nuber, U. (2009). Lass die Kindheit hinter dir. Frankfurt a.M.: Campus.

Otto, H.-U. & Thiersch, H. (Hrsg.). (2005). Handbuch Soziale Arbeit/Sozialpädagogik (3. Aufl.). München: Reinhardt.

Piaget, J. (1976). Die Äquilibration der kognitiven Strukturen. Stuttgart: Klett.

Piaget, J. (1980). Psychologie der Intelligenz. Stuttgart: Klett-Cotta.

Pfister, O. (1921). Erziehung schwererziehbarer und abnormer Kinder. Bern.

Püschel, O. & Sachse, R. (2009). Eine motivationstheoretische Fundierung Klärungsorientierter Psychotherapie. In: Sachse, R. et al. Grundlagen und Konzepte Klärungsorientierter Psychotherapie, 89–110. Göttingen u.a.: Hogrefe.

Rattner, J. & Danzer, G. (2006). Selbstverwirklichung. Seelische Hygiene und Sinnsuche im Dasein. Würzburg: Königshausen & Neumann.

Roediger, E. (2009a). Praxis der Schematherapie. Stuttgart: Schattauer.

Roediger, E. (2009b). Was ist Schematherapie? Eine Einführung in Grundlagen, Modell und Anwendung. Paderborn: Junfermann.

Roediger, E. & Jacob, G. (Hrsg.) (2010). Fortschritte der Schematherapie. Göttingen: Hogrefe.

Rogers, C. (1972/1999). Die nicht-direktive Beratung (9. Aufl.). Frankfurt a.M.: Fischer.

Roth, G. (2003). Fühlen, Denken, Handeln. Wie das Gehirn unser Verhalten steuert. Frankfurt a.M.: Suhrkamp.

Roth, G. (2007). Persönlichkeit, Entscheidung und Verhalten. Warum es so schwierig ist, sich und andere zu verstehen. Stuttgart: Klett-Cotta.

Roth, G. (2009). Aus Sicht des Gehirns (2. Aufl.). Frankfurt a.M.: Suhrkamp.

Sachse, R. (1992). Zielorientierte Gesprächspsychotherapie. Eine grundlegende Neukonzeption. Göttingen: Hogrefe.

Sachse, R. (1996). Praxis der Zielorientierten Gesprächspsychotherapie. Göttingen u.a.: Hogrefe.

Sachse, R. (2001). Psychologische Psychotherapie bei Persönlichkeitsstörungen. Göttingen u.a.: Hogrefe.

Sachse, R. (2002). Histrionische und narzisstische Persönlichkeitsstörungen. Göttingen u.a.: Hogrefe.

Sachse, R. (2003). Klärungsorientierte Psychotherapie. Göttingen u.a.: Hogrefe.

Sachse, R. (2004). Persönlichkeitsstörungen. Leitfaden für die Psychologische Psychotherapie. Göttingen u.a.: Hogrefe.

Sachse, R. (2006a). Therapeutische Beziehungsgestaltung. Göttingen u.a.: Hogrefe.

Sachse, R. (2006b). Persönlichkeitsstörungen verstehen. Zum Umgang mit schwierigen Klienten. Bonn: Psychiatrie-Verlag.

Sachse, R. (2006c). Therapeutische Beziehungsgestaltung. Göttingen u.a.: Hogrefe.

Sachse, R., Püschel, O., Fasbender, J., Breil, J. (2008). Klärungsorientierte Schemabearbeitung. Dysfunktionale Schemata effektiv verändern. Göttingen u.a.: Hogrefe.

Sachse, R., Fasbender, J., Breil, J., Püschel, O. (2009). Grundlagen und Konzepte Klärungsorientierter Psychotherapie. Göttingen u.a.: Hogrefe.

Sachse, R., Breil, J. & Fasbender, J. (2009). Beziehungsmotive und Schemata: Eine Heuristik. In: Sachse, R. et al. Grundlagen und Konzepte Klärungsorientierter Psychotherapie, 66–88. Göttingen u.a.: Hogrefe.

Sachsse, C. (2008). Straßensozialarbeit/Streetwork. In: D. Kreft & I. Mielenz (Hrsg.). Wörterbuch Soziale Arbeit (6. Aufl.), 940–946. Weinheim und München: Juventa.

Senf, W. & Broda, M. (Hrsg.) (2000). Praxis der Psychotherapie. Ein integriertes Lehrbuch. Psychoanalyse, Verhaltenstherapie, Systemisch Therapie. Stuttgart: Thieme.

Schulze, N. (2009). Schemaprozesse in Partnerschaften. Zusammenhänge zwischen frühen maladaptiven Schemata der Partner und deren Auswirkungen auf die subjektiv erlebte Zufriedenheit in der Partnerschaft. Saarbrücken: VDM.

Schmitt, B. (2008). Kriminologie, Jugendstrafrecht, Strafvollzug (5. Aufl.). Münster: Alpmann Schmidt.

Siegel, D.J. (2006). Wie wir werden, die wir sind. Paderborn: Junfermann.

Solso, R.L. (2005). Kognitive Psychologie. Heidelberg: Springer.

Speck, K. (2006). Qualität und Evaluation in der Schulsozialarbeit. Konzepte, Rahmenbedingungen und Wirkungen. Wiesbaden: VS Verlag.

Steffan, W. (1989). Straßensozialarbeit, eine Methode für heiße Praxisfelder. Weinheim: Beltz.

Thole, W. (Hrsg.) (2005). Grundriss Soziale Arbeit (2. Aufl.). Wiesbaden: VS Verlag.

von Schlippe, A. (1995). Familientherapie im Überblick. Basiskonzepte, Formen, Anwendungsmöglichkeiten. Paderborn: Junfermann.

Weidner, J. & Kilb, R. (2008). Konfrontative Pädagogik (3. Aufl.). Wiesbaden: VS Verlag.

Wendt, W.R. (2008). Einzelfallhilfe. In: D. Kreft & I. Mielenz (Hrsg.). Wörterbuch Soziale Arbeit (6. Aufl.), 223–227. Weinheim und München: Juventa.

Werth, L. & Mayer, J. (2007). Sozialpsychologie. Heidelberg: Spektrum Akademischer Verlag.

Willi, J. (1975/2001). Die Zweierbeziehung (13. Aufl.). Reinbek Rowohlt.

Wilson, T.D. (2007). Gestatten, mein Name ist Ich. Das adaptive Unbewusste – eine psychologische Entdeckungsreise. München & Zürich: Pendo.

Winterhoff, M. (2009). Warum unsere Kinder Tyrannen werden. Gütersloh: Gütersloher Verlagshaus.

Young, J.E. & Brown, G. (1990). Young Schema Questionaire. New York: Schema Therapy Institut.

Young, J.E. (1999). Cognitive therapy for personality disorders. A schema-focused approach. (rev. Ausg.). Sarasota, FL: Professional Resources Press.

Young, J.E., Klosko, J.S. & Weishaar, M.J. (2008). Schematherapie. Ein praxisorientiertes Handbuch (2. Aufl.). Paderborn: Junfermann.

Young, J.E. & Klosko, J. (2006). Sein Leben neu erfinden. Wie Sie Lebensfallen meistern. Paderborn: Junfermann.

***ibidem*-Verlag**

Melchiorstr. 15

D-70439 Stuttgart

info@ibidem-verlag.de

www.ibidem-verlag.de
www.ibidem.eu
www.edition-noema.de
www.autorenbetreuung.de

Zeitfracht Medien GmbH
Ferdinand-Jühlke-Straße 7
99095 Erfurt, Deutschland
produktsicherheit@kolibri360.de